法博士教你
学法用法系列

教你化解
工伤认定争议

100个工伤认定
疑难法律问题实操指引

谭秋勤 著

法律出版社 | LAW PRESS
北京

图书在版编目（CIP）数据

教你化解工伤认定争议 ：100 个工伤认定疑难法律问题实操指引 / 谭秋勤著. -- 北京 ：法律出版社，2025.
ISBN 978-7-5197-9975-5

Ⅰ. D922. 545

中国国家版本馆 CIP 数据核字第 2025NK4443 号

教你化解工伤认定争议：100 个工伤认定疑难法律问题实操指引 **JIAONI HUAJIE GONGSHANG RENDING ZHENGYI：100 GE GONGSHANGRENDING YI'NAN FALÜ WENTI SHICAO ZHIYIN**	谭秋勤　著	策划编辑 陈　妮 责任编辑 陈　妮　李晶晶 装帧设计 鲍龙卉

出版发行 法律出版社	**开本** 710 毫米×1000 毫米　1/16
编辑统筹 法治与经济出版分社	**印张** 20. 25　　**字数** 377 千
责任校对 王　丰　李景美	**版本** 2025 年 1 月第 1 版
责任印制 吕亚莉	**印次** 2025 年 1 月第 1 次印刷
经　　销 新华书店	**印刷** 涿州市星河印刷有限公司

地址：北京市丰台区莲花池西里 7 号（100073）
网址：www. lawpress. com. cn　　销售电话：010-83938349
投稿邮箱：info@ lawpress. com. cn　　客服电话：010-83938350
举报盗版邮箱：jbwq@ lawpress. com. cn　　咨询电话：010-63939796

书号：ISBN 978-7-5197-9975-5　　**定价**：99. 00 元

凡购买本社图书，如有印装错误，我社负责退换。电话：010-83938349

重庆市政府人文社科重点研究基地——中国社会稳定与危机管理研究中心
重庆市十四五重点一级学科公共管理学科资助支持
国家社科基金项目“新业态下社会保险的关系结构及其法律表达研究”（22XFX010）阶段性成果
重庆市社会科学规划项目“新业态从业人员工伤保险补阙研究”（2023NDYB39）阶段性成果

自　序

我国人口基数庞大,随着经济的迅速发展,城市化进程的加速,越来越多的农村人口转移到城市就业,城市用工数量不断扩大。在劳动生产过程中工伤事故的数量增长快,涉及的问题多、情形复杂,而现行的工伤法律、法规及司法解释不可能提前预估各种复杂的工伤问题,因而难以涵盖工伤认定的各种情形。加之我国工伤保险待遇在国际上处于较高水平,待遇项目数量相对较多、工伤保险待遇水平增幅较快,且有的用人单位不按时足额缴纳工伤保险费用,导致工伤认定争议多、涉及领域广、事实认定复杂、争议处理难度较大,一些法律规则存在模糊地带,导致实践中出现类案不同判现象。因此,针对实践中争议较大的工伤认定法律适用问题,研究工伤认定案件的类案裁判规则,给出专业的解答,对于规范工伤认定行为、依法保障劳动者合法权益、妥善解决工伤认定争议具有重要的现实意义。

现有的工伤认定领域书籍,法律法规司法解释汇编和疑难案例解析居多,系统介绍工伤认定裁判规则的较少。工伤认定中,对标准场景下的工伤认定争议并不大,大多数争议主要集中在工伤认定规则的模糊地带。本书针对工伤认定规则的模糊地带进行系统的整理,提炼出常见的 100 个争议点,阐释法理,给出专业解答,指导读者如何正确适用。

作为一名曾从事 12 年行政审判工作的专业人士,我亲见工伤认定案件数量多、数量占比高、争议大、裁判规则不统一。在实践中基于相同的案件事实可以有完全不同的裁判观点,这些法官、专业律师、当事人普遍感到困惑。这激发了我写本书,希望本书可以为大家提供一些有益的参考。本书具有以下三个特点:

第一,理论与实务并重。本书旨在帮助读者正确理解并掌握常见疑难问题的工伤认定规则,围绕工伤认定的各种情形、各种场景展开,对工伤认定争议中常见的问题进行专业解答,场景辅助案例,栩栩如生。

第二,通俗与实用并重。本书的创新之处在于展示争议、解决争议,通俗易懂,具有实用性。通过工伤认定争议规则的不同裁判观点的展示,深入浅出的学理分析,帮助读者理解工伤认定争议缘由,学习如何用工伤认定的法理和现有规定判断工伤认定争议,让复杂的争议变得简单、易懂和明了。

第三,系统与深度并重。本书对工伤认定实践中的疑难问题进行梳理,重点针对目前实践中争议较大、法律适用不统一的 100 个典型法律适用疑难问题进行探讨。本书的写作按照《工伤保险条例》的体例逐次分析工伤认定中的疑难问题，重点分析该条例第十四条、第十五条、第十六条中因工作原因引发事故伤害的工伤认定、因工作原因引发意外伤害的工伤认定中、职业病的工伤认定、视同工伤的工伤认定、不得认定为工伤中的多个疑难问题。本书也包含对工伤认定程序和工伤保险待遇支付中的多个疑难问题的分析。我对这些疑难问题在实践中产生分歧的原因，针对类案不同判现象广泛收集案例，介绍不同法院、不同社会保险行政部门认识分歧的理由，深入探讨并深化对相关法律适用问题的理解和认识，对工伤行政案件相关问题的法律适用进行了系统解读，针对具体问题提出法律适用思路和建议。本书围绕工伤认定各种场景进行全面归纳提炼，让读者面对工伤认定争议时能对号入座地找到专业解答。

在撰写本书的过程中，我深感压力和背负的责任。工伤认定作为实践中争议较多的一项法律制度，涉及诸多法律法规、司法解释和地方规范性文件。为确保内容的实用性和观点的准确性，我阅读了大量理论文章，查阅了大量的法律法规、地方性规范文件和司法裁判案例，并结合自己的办案经验审慎总结和归纳。尽管如此，书中仍可能存在疏漏和不足，敬请读者朋友们批评指正。需要注意的是，人们常说“世界上没有完全相同的两片叶子”，工伤认定实务中也难以找到完全相同的两个案件，读者在生活中遇到工伤认定争议，切不可生搬硬套，建议针对个案咨询专业人士。

无论你是从事工伤认定争议处理的专业人士，还是对工伤认定争议感兴趣的读者，期望本书都能为你带来收获和启发，成为你在工伤认定争议处理中的重要参考书。

谭秋勤

2025 年 2 月于重庆

目录

CONTENTS

一、工作场所是否仅限于日常工作地点

工作场所是指职工日常工作所在的场所，以及领导临时指派其从事工作的场所，是职工从事劳动、履行工作职责的特定处所，是与职工的岗位职责、工作范围密切联系的区域。工作场所包括法定职责的工作区域和临时安排工作的区域。实践中，随着快递、外卖、直播等新兴行业的兴起，其工作人员的工作场所越发不固定。产业规模的不断扩大，大型生产、研发场所的出现，致使作为用人单位的工厂、公司和机构在同一区域可能存在多个厂区、多栋楼甚至一座小型的"城镇"。这些新兴行业的出现和规模经济的发展使工作场所的界定在社会保险行政部门、用人单位、职工和司法机关之间产生争议。

认定争议

在实践中，有审判机关认为，工作场所是指与职工工作职责相关的场所，有多个工作场所的，还包括工作时间内来往于多个工作场所之间的合理区域，甚至包括相关次要工作场所、临时工作场所及各个场所之间的必经区域。比如，职工参加工作单位会议时的会议室、码货员拖运商品从仓库到销售场所必经的道路等。一些产业规模较大，离城区较远的用人单位，为方便职工，为职工免费提供住宿，实行"工作、吃、住"一体化的管理模式，职工宿舍、食堂为用人单位给职工提供的福利待遇，不具备工作生产用途，职工下班后回宿舍、去食堂用餐的途中受到伤害，并非工作场所受伤，不应认定为工伤。①

有审判机关认为，对"工作场所"的理解，不能狭义理解为职工日常、固定的工作地点，还应包含用人单位能够对其日常生产经营活动进行有效管理的区域和职工为完成特定工作所涉及的相关区域以及自然延伸的合理区域。公司宿舍、食堂作为专门为职工在下班期间安排和提供的休息、饮食的附属场所，处在公司有效管

---

① 参见吉林省吉林市中级人民法院行政判决书，(2021)吉02行终29号。

理的区域范围，属于工作场所的合理延伸。[1]

专业解答

将工作场所狭隘地理解为职工本职工作岗位显然已经不合时宜，对工作场所的认定需结合职工的职业特点、工作性质、现场情况进行综合判断。工作场所，应当是指用人单位能够对其日常生产经营活动进行有效管理的区域，和劳动者为完成特定工作所涉及的相关区域以及自然延伸的合理区域，而不应狭隘地界定为办公室、车间、厂房等特定区域。如职工受公司指派到外地去接客户的路途。又如，用人单位为提高工作效率、改善劳动条件所设置的相关设施与处所（休息室、厕所、更衣室、饮水室、消毒间、食堂等）及职工有多个工作场所时，其往来于多个工作场所之间的必经区域，这些都应当认为是《工伤保险条例》中的“工作场所”。

对于记者、快递员、营销人员等工作场所不固定的人员的工作场所认定需紧密结合其工作原因来判断，应从法律解释的实质合理性角度出发，此种情况下的目的要素最重要，综合考量时间、空间、目的三要素，判断劳动者主要目的是否为上下班，努力在保障劳动者合法权益和不过分扩大用人单位经营风险之间取得司法平衡。如果是因为工作原因引起的伤害，那么可推定其所处场所系工作场所；如果是因为个人原因受到的伤害，那么不宜认定为工作场所。例如，在工作时间接送家人、看病、购物等过程中受到的伤害则不宜认定为工伤。对于规模较大的工厂、公司和机构，从平衡职工权益和用人单位权益的角度，不宜将职工工作场所扩展到所有区域。对于将与职工本职岗位相关的场所认为工作场所并无太大争议，职工在本职岗位的相关场所以外的地方受伤是否认定为在工作场所受伤则需结合工作原因、不同工作区域的分隔状态、用人单位制度、职工到达或离开工作岗位的路径进行综合判断。又如，工厂的销售区域和生产区域是相对分离的，用人单位制度要求无关人员不得进入生产区域，销售人员因为亟须了解相关产品数据到生产区域询问车间主任而在生产车间摔倒，该销售人员虽违反单位规章制度，但因属于工作原因，宜认定为工作场所受伤。但是若该销售人员忽视单位规章制度到生产车间找老乡聊天、约吃饭等而在生产车间摔倒，则因不属于工作原因，且脱离其合理工作

---

① 参见黑龙江省高级人民法院行政判决书，(2020)黑行终423号。

区域不宜认定为在工作场所受伤。再如，很多大厂分多个车间、不同的工作区，可能有零配件加工车间、装配车间等。工作在零配件车间的职工在装配车间摔倒属于脱离其合理工作区域，不应认定为工伤。生产车间的操作工进入厂区大门后继续向生产车间行进但尚未进入生产车间时摔倒受伤，厂区大门与车间门之间的继续性行进行为难以称为工作行为，也难以认为是工作预备行为，职工在这个过程中摔倒受伤难以认定为在工作场所受伤，不宜认定为工伤。受临时指派所从事工作的场所的认定也需紧密结合其工作原因来判断，如果是在因为工作原因往返临时指派地点的必经路线、临时指派地点的合理区域内受伤均宜认定为工作场所。如孙某某诉天津新技术产业园区原劳动局工伤认定行政案中，孙某某接受临时指派的开车接人的工作任务，孙某某的车停在一楼院子里，孙某某要开车必须从工作地点八楼到一楼，通过一楼的台阶进入院子里开车，在一楼台阶摔倒属于其完成临时安排工作任务的必经路径。再如，职工受临时指派到广场摊位帮忙，在广场发生的踩踏事件中受伤，即使发生踩踏事故的区域离摊位有一定距离，但是属于广场范围内的合理区域，也应认定属于工作场所受伤。

相关案例

孙某某诉天津高新技术产业园区劳动局工伤认定行政纠纷案，载《最高人民法院公报》2006 年第 5 期。

重庆市高级人民法院行政判决书，(2020)渝行再 1 号(第四届百篇优秀裁判文书)。

相关法条

《工伤保险条例》第十四条第一、二、三项。

二、在用人单位食堂就餐摔倒受伤能否认定为工伤

很多单位为方便职工都会在单位设置食堂解决职工用餐问题。职工在单位食堂用餐过程中难免会出现用餐时摔倒受伤的情形，如地面湿滑导致摔伤、座椅破损坍塌导致摔伤等。因缺乏明确且权威的法律规定及司法解释可以参考，实务中对此类问题一直存在较大争议。

认定争议

在实践中，有审判机关认为，用人单位设立食堂，性质属于职工福利，食堂虽为该单位有效管理区域，但明显有别于生产经营区域，属于单位附属的生活区，与工作并无关联，因此不能认定食堂是其工作场所。职工去食堂用餐的根本目的为满足其日常生活的生理需要，其受伤的原因亦非履行工作职责。一般来说，用餐时间属于休息时间，到用人单位食堂用餐，在食堂吃饭的时候摔倒受伤，这一行为的发生并不属于在工作时间和工作场所内因工作原因受到事故伤害，伤害的发生也不属于工作时间前后在工作场所内因为进行与工作有关的准备或收尾工作而导致，不符合《工伤保险条例》第十四条第一项及第二项的规定，不应认定为工伤。①

有审判机关认为，在用人单位食堂用餐摔倒受伤是否认定为工伤主要考察是否符合《工伤保险条例》第十四条第一项或第二项的规定，即职工是否在工作时间和工作场所内，因工作原因受到事故伤害或是否工作时间前后在工作场所内，从事与工作有关的预备性或者收尾性工作受到事故伤害。对"工作场所"的理解，不能狭义理解为职工日常、固定的工作地点，还应包含用人单位能够对其日常生产经营活动进行有效管理的区域和职工为完成特定工作所涉及的相关区域以及自然延伸的合理区域。单位食堂作为专门为职工在工作期间安排和提供饮食的附属场所，

① 参见江苏省高级人民法院行政裁定书，(2019)苏行申 707 号；江苏省南京市中级人民法院行政判决书，(2019)苏 01 行终 899 号；江苏省高级人民法院行政裁定书，(2020)苏行申 446 号。

处在单位有效管理的区域范围，属于工作场所的合理延伸。虽然职工在单位食堂用餐不属于直接履行工作职责，但用餐是职工继续开展工作的前提，可以认定为从事与工作有关的预备性工作。故职工在单位食堂摔倒受伤的情形符合《工伤保险条例》第十四条第二项之规定，应当认定为工伤。[①]

专业解答

一般来说，用餐时间属于休息时间而非工作时间，在食堂就餐摔倒受伤也非因履行工作职责所致，故在用人单位食堂就餐摔倒受伤显然并不符合《工伤保险条例》第十四条第一项规定的职工在工作时间和工作场所内，因工作原因受到事故伤害，应当认定为工伤的情形，不应依据《工伤保险条例》第十四条第一项之规定认定为工伤。但依据《工伤保险条例》第十四条第二项规定，工作时间前后在工作场所内，从事与工作有关的预备性或者收尾性工作受到事故伤害的，应当认定为工伤。对于工作时间的认定应当理解为用人单位规定的工作时间和用人单位要求加班加点的时间，也包括开展正常工作所必需的与工作有关的预备性或收尾性工作时间；对于工作场所的认定，与职工工作职责相关的区域以及自然延伸的合理区域均应视为工作场所，单位食堂作为专门为职工安排和提供饮食的附属场所，属于服务于生产经营的配套设施，处在单位有效管理的区域范围，可属于工作场所的合理延伸；对于工作原因的认定，一般来说职工在单位食堂就餐处于工作时间前后，不属于直接履行工作职责，但在连续工作过程中和工作场所内，吃饭是人体之必需、合理的生理需求，与职工的正常工作密不可分，该就餐行为可认定为从事与工作有关的预备性、收尾性工作。在用人单位食堂就餐摔倒受伤可依据《工伤保险条例》第十四条第二项之规定认定为工伤。

相关案例

河北省唐山市中级人民法院行政判决书，(2021)冀02行终62号。

江西省于都县人民法院行政判决书，(2020)赣0731行初92号。

---

① 参见河南省鹤壁市中级人民法院行政判决书，(2021)豫06行终14号。

重庆市第二中级法院行政判决书，(2012)渝二中法行终字第 00107 号。

相关法条

《工伤保险条例》第十四条第一、二项。

《最高人民法院关于审理工伤保险行政案件若干问题的规定》第四条第一项、第二项、第四项。

三、在用人单位食堂就餐突发疾病死亡能否认定为工伤

《工伤保险条例》第十五条第一款第一项规定，在工作时间和工作岗位，突发疾病死亡或者在48小时之内经抢救无效死亡的，视同工伤。职工在食堂就餐时突发疾病死亡或者在48小时之内经抢救无效死亡能否认定为工伤目前在各个法院的裁判中观点有较大分歧。

认定争议

在实践中，有审判机关认为，从《工伤保险条例》第十四条“认定工伤”的立法精神来看，一般的工伤认定须遵从“三工原则”，即“工作时间，工作场所，因工作原因”。其中，工作原因是核心要件，工作时间与工作场所是用以佐证工作原因的重要要素；但在遵从一般原则的情况下，为了充分保障劳动者的权益，特别设立了“视同工伤”制度。《工伤保险条例》第十五条第一款第一项规定，在工作时间和工作岗位，突发疾病死亡或者在48小时经抢救无效死亡的，视同工伤。这是“视同工伤”制度的体现，它只要求满足“工作时间”和“工作岗位”的条件，并没有要求必须因“工作原因”死亡。“突发疾病”死亡虽不完全是因工作原因发病而导致死亡，但是因其病情的突发性和后果的严重性，为了减轻死者家属所承载的创伤和遭受的损害，立法特别将在工作时间和工作岗位上的突发疾病死亡“视同工伤”，该视同工伤对“突发疾病”死亡作出了严格限制。职工在食堂就餐行为与工作职责无关，不属于工作岗位，其间突发疾病死亡不能认定为工伤。在没有证据证明职工在食堂就餐时突发疾病是因工作原因所造成，或与履行工作职责存在密切关系的情况下，其因突发疾病死亡不符合突发疾病死亡视同工伤的情形，不应认定为视同工伤。[1]

---

① 参见北京市第二中级人民法院行政判决书，(2021)京02行终434号；重庆市高级人民法院行政裁定书，(2019)渝行申226号。

有审判机关认为,《工伤保险条例》第十五条第一款第一项规定,在工作时间和工作岗位,突发疾病死亡或者在 48 小时内经抢救无效死亡的,视同工伤。不应狭隘理解上述规定的“工作岗位”。“工作岗位”是指与职工工作相关的,用人单位能够对其日常生产经营活动进行有效管理的区域以及自然延伸的合理区域,不应仅限于职工日常的、固定的工作地点,还应包括在工作过程中为了满足吃饭、喝水或者工间休息等人体正常生理、生活需要的区域,是否属于“工作岗位”应结合其工作职责、性质以及工作需要进行认定。吃饭、喝水等行为是职工在工作时的正常生理需要,是职工基础的生存权利,职工解决基本生存需要的场所是工作岗位的合理延伸,故职工在食堂就餐时突发疾病死亡应当视为工伤。①

专业解答

“病”和“伤”的保护一般是属于不同的法律规范和政策调整范畴的,《工伤保险条例》保护的是因工作遭受事故而发生伤害的情形,除职业病外,其他疾病一般不属于《工伤保险条例》保护的范围,而是由基本医疗保险进行保障。《工伤保险条例》第十五条第一款规定:“职工有下列情形之一的,视同工伤:(一)在工作时间和工作岗位,突发疾病死亡或者在 48 小时之内经抢救无效死亡的……”这一规定将工伤保险的保障范围由工作原因造成的事故伤害扩大到了在工作时间、工作岗位突发疾病死亡的情形,考虑了此类突发疾病可能与工作劳累、工作紧张等因素有关,最大限度地保障了职工的权益。因突发疾病死亡视同工伤属于通常意义上因工伤亡之外的扩大保护,《工伤保险条例》第十五条第一款规定在“工作岗位”突发疾病而非“工作场所”突发疾病视同工伤,故对视同工伤的判定,应当严格掌握,不宜对视同条件随意扩大解释,不合理扩大视同工伤的保护范围。对该条款规定情形的理解应当严格按照在工作时间、工作岗位,突发疾病死亡或突发疾病径直送医疗机构抢救并在 48 小时内死亡。这里所称的工作时间,是法律规定的或者单位要求职工工作的时间。这里所称的工作岗位,是职工日常所在的工作岗位和受单位领导指派所从事工作的岗位。一般来说,用餐时间属于休息时间而非工作时间,食堂也并非工作岗位,故在食堂就餐期间突发疾病死亡或者在 48 小时之内经抢救无效死亡不符合《工伤保险条例》第十五条第一款规定的视同工伤的情形,不应认定为工伤。

---

① 参见重庆市江北区人民法院行政判决书,(2019)渝 0105 行初 58 号。

相关案例

最高人民法院行政裁定书，(2020)最高法行申12409号。
江西省赣州市中级人民法院行政判决书，(2020)赣07行终487号。
广东省高级人民法院行政裁定书，(2016)粤行申1138号。

相关法条

《工伤保险条例》第十五条第一款第一项。

四、在工作区域内滑倒、被撞倒等情形下的受伤能否认定为工伤

实践中，存在职工在工作时间、工作区域内滑倒，被其他工友搬的重物撞倒或被工作区域内的移动装置撞倒，甚至有职工因为走路耍手机自己撞到柱子受伤等多种情形。严格来说，这些情形下的受伤跟职工完成本职工作并无直接因果关系，很难说是因工作原因受伤。此类情形下是否认定工伤在职工及其家属、社会保险行政部门和法院之间产生巨大争议。

认定争议

在司法实践中，有审判机关认为，劳动者虽在工作时间、工作场所内摔倒、滑倒等受伤，若劳动者受伤时并未从事具体工作，无证据证明劳动者摔倒、滑倒等受伤系因工作原因，而系自己粗心大意，与工友追逐嬉戏，疏忽滑倒、摔倒等受伤，此类情形的受伤系因职工个人未尽到适当的注意义务而受伤，不属于《工伤保险条例》第十四条第一项规定的可以认定为工伤的情形。①

有审判机关认为，根据《工伤保险条例》第一条、第十六条之规定，国家设立工伤保险的目的在于"保障因工作遭受事故伤害或者患职业病的职工获得医疗救治和经济补偿，促进工伤预防和职业康复，分散用人单位的工伤风险"，除劳动者因犯罪、醉酒、自残或者自杀等情形导致的伤亡之外，都应按工伤处理。即工伤保险所实施的是无责任补偿原则，也称为无过错补偿原则。只要发生了工伤事故，不问劳动者对事故的发生是否存在过错，只要不是出于违法犯罪或者故意的目的，均可以无条件享受工伤保险待遇，都不得减轻用人单位的赔偿责任。这也是工伤保险区别于一般民事侵权损害赔偿责任的关键所在。此类情形的受伤虽与工作原因无直接因果关系，受伤职工个人具有一定过错，但也与用人单位未保障工作场所内安全

---

① 参见山东省淄博市中级人民法院行政判决书，(2020)鲁 03 行终 72 号；吉林省高级人民法院行政裁定书，(2021)吉行申 46 号。

有一定关系，比如可能地面湿滑导致滑倒、移动装置的运动轨迹未完全排除安全隐患等，职工个人的疏忽大意的过失不能阻却这种情形下的工伤认定。[①]

专业解答

工伤保险制度的立法目的在于保护工伤职工的合法权益，促进工伤预防和职业康复，同时分散用工单位的工伤风险。工伤认定的具体实施应考量社会、经济发展水平等因素，同时也要对职工和用人单位的利益作出平衡，既要发挥对特殊群体和弱势群体的保障作用，又要避免在工作场所产生的所有伤害后果全部由企业或工伤基金来承担。对该类情形的判断应结合个案进行具体判断。该类情形的一个重要特点是职工存在疏忽大意。对是否认定工伤应主要考察职工是否存在重大过失，如果职工只是存在一般的疏忽大意的过失，那么不能排除工伤认定。如走路摔倒、被移动的叉车撞倒等。如果职工存在重大过失，且用人单位已经尽到合理注意义务，那么应当排除工伤认定。如单位明确禁止带手机进入车间，职工罔顾单位规章制度随身携带手机，在工作场所边走路边耍手机，撞到机械设备、柱子、墙壁而受伤。又如，职工在工作场所嬉戏打闹、追逐导致摔倒受伤，完全系工作之外原因受伤，不宜认定为工伤。再如，某建筑工地在卸料时，有旁边工人前来围观，卸料司机要求围观的工人离远点，但围观的工人没有听，继续在卸料现场观看，被倾倒下的材料砸伤。围观的工人受伤时是在围观卸料，而且司机已经明确要求其远离，因此"围观卸料"既不是伤者的工作，也不是完成其工作所必需，而且与用人单位的规章制度背道而驰，故该行为与工作无关。其受伤不是因为工作原因所致，不应当认定为工伤。此外，如果用人单位未排除安全隐患，如工作区域湿滑、道路灯坏了未及时更换，该职工也存在重大过失，则需要判断职工重大过失和用人单位的安全隐患在职工受伤中的作用力大小，如果主要是因职工重大过失摔倒受伤则不宜认定为工伤，如果主要是用人单位的安全隐患造成职工摔倒受伤，则宜认定为工伤。

---

① 参见广东省高级人民法院行政裁定书，(2020)粤行申1001号。

相关案例

吉林省长春市中级人民法院行政判决书，(2017)吉 01 行终 111 号。
广东省广州铁路运输第一法院行政判决书，(2019)粤 7101 行初 1172 号。

相关法条

《工伤保险条例》第十四条第一项。

五、在工作时间、工作场所内职工因解决“生理需求”过程中受伤属于工伤，“生理需求”范围如何界定

与工伤认定相关的法律规范中并无在工作时间、工作场所内因“生理需求”受伤属于工伤的相关规定。但《最高人民法院公报》2004 年第 9 期(总第 95 期)将何某某诉成都市武侯区劳动局工伤认定行政行为一案作为公报案例，该案例确立如下裁判规则：劳动者享有获得劳动安全卫生保护的权利，是劳动法规定的基本原则，任何用工单位或个人都应当为劳动者提供必要的劳动卫生条件，维护劳动者的基本权利。劳动者在日常工作中“上厕所”是其必要的、合理的生理需求，与劳动者的正常工作密不可分，应当受到法律的保护。据此认定劳动者工作时间在工作场所的卫生设施内发生伤亡与工作有关，应当认定为工伤。自此，“生理需求”在工伤认定中普遍适用，涵盖了职工在工作时间、工作场所，因满足吃饭、喝水或工间休息等人体生理、生活需要的所有情形。在工伤行政认定和司法实践中，对“生理需求”存在宽泛解释和扩大解释，“生理需求”成了很多法院认定工伤的宽泛理由。“生理需求”内涵外延的不确定性在一定程度上增加了用人单位和受伤职工的诉讼、时间成本，各地法院过于宽泛的解释也在一定程度上加重了用人单位的用工成本以及工伤保险基金的支付压力。关于“生理需求”的“度”该如何把握呢？这在实践中产生较大争议。

认定争议

在司法实践中，有审判机关认为，只要职工在工作时间进入工作场所，在这个时间和空间上因“生理需求”产生的一切行为均是为了更高效地工作，为用人单位带来利益，因此对“生理需求”的界定应当从宽，含吃饭、午休、泡茶、泡咖啡、抽烟、

适量饮酒、健身房健身等情形。[①]

有审判机关认为，“生理需求”范围太大，只有那些维持职工身体机能正常运转和维持正常工作状态的必要、合理的生理需求才能纳入工伤认定的范围，对于非必要的生理需求不应纳入工伤认定的范围，且要对工作时间、工作场所严格掌握，应限于在连续工作时间和工作场所内，不宜放宽。例如，对于提供一日三餐的单位，职工在食堂或者往返食堂路上受伤，并非属于连续的工作时间、工作场所内，不应认定为工伤。[②]

专业解答

一般情况下，工伤认定中的“生理需求”包括饮食、环境、卫生、休息等方面，主要包括在工作时间和工作场所内的就餐、饮水、通风、取暖、降温、上厕所、洗澡、工间休息等行为。能够纳入工伤认定范围的应当是职工在工作过程中不可缺少的新陈代谢和维持工作状态所必需的，用人单位按照劳动法律规范应当依法保障的职工安全、卫生保护、休息等权利。劳动者的这些生理需求必须是合理的、必要的，且必须是与工作时间、工作场所、工作原因等要素紧密相关联的。比如，作为一个正常人，上班时间上厕所是合理的、必要的生理需求，但如果上厕所时间长达数小时，那么超出合理的限度，不能认定为工伤。再如，单位食堂用餐是必要的生理需求，但工作期间饮酒小酌、抽烟则超出必要的限度，不能认定为工伤。因为饮酒、抽烟等行为从公序良俗的角度是不提倡的行为，这些行为不是维持职工身体机能正常运转和维持正常工作状态的必要条件，且还会伤害职工的身体，甚至影响职工工作状态。如职工在上班期间到车间旁的停车通道上抽烟，被驶入的车撞倒，造成了腿骨骨折，该种情形下的受伤既非工作原因，也非满足基本生理需求，不宜认定工伤。对于泡咖啡、泡茶、健身等行为都不属于用人单位按照劳动法律规范应当依法保障的职工安全、卫生保护、休息等权利项下的行为，职工因为此类行为受伤，不宜认定为工伤。

---

① 参见四川省南充市中级人民法院行政判决书，(2020)川 13 行终 66 号。

② 参见吉林省长春市中级人民法院行政判决书，(2016)吉 01 行终 160 号。

相关案例

吉林省高级人民法院行政判决书,(2018)吉01行终41号。

重庆市江北区人民法院行政判决书,(2014)江法行初字第00121号。

相关法条

《工伤保险条例》第十四条第一项。

六、职工在为满足必要的、合理的生理需求所进行的活动中突发疾病死亡是否可视同工伤

职工在工作时间、工作场所内为满足必要的、合理的生理需求所进行的活动中伤亡应当认定为工伤。但是职工在该活动中突发疾病死亡是否认定为工伤,实践中争议颇大。如工作期间休息时在休息室突发疾病死亡、在工作期间休息时与同事打牌过程中突发疾病死亡等情形。

认定争议

在司法实践中,有审判机关认为,“突发疾病死亡”视同工伤强调在“工作岗位”上突发疾病死亡。“工作岗位”非“工作场所”,“工作岗位”强调的是岗位职责和工作任务。在通常情况下,“工作岗位”是指职工从事本职工作的具体处所,包括办公室、柜台、操作台、施工段等,也包括受本单位委派所到的特定工作场合等本单位临时安排的工作岗位,而不是工作处所和上班地点,应注意与《工伤保险条例》第十四条“工作场所”区别。“工作场所”的外延通常大于“工作岗位”,职工为满足必要的、合理的生理需求在工作场所但非工作岗位的休息室、卫生间、开水房、食堂等处所突发疾病死亡的不属于“工作岗位”上突发疾病死亡,而且职工为满足必要的、合理的生理需求所从事的活动也非履行工作职责,故职工在为满足必要的、合理的生理需求所进行的活动中突发疾病死亡不能认定为视同工伤。①

有审判机关认为,对“工作岗位”的理解,应当把握职工是否为单位的利益从事本职工作,对于“工作岗位”的认定不应仅限于职工日常的、固定的工作位置,还应包括保护职工的基本权利,满足职工基本生理需要的工作岗位外合理的范围,如卫生间、餐厅、休息场所等才符合充分保护职工权利的工伤认定立法目的。卫生间、餐厅、休息场所等职工为满足必要的、合理的生理需求所进行活动的场所也属

---

① 参见辽宁省高级人民法院行政裁定书,(2019)辽行申256号。

于工作岗位，在卫生间、餐厅、休息场所突发疾病死亡应认定为视同工伤。[①]

专业解答

将“突发疾病”纳入工伤认定范围已经是将工伤保险的保障范围由工作原因造成的事故伤害扩大到了在工作时间、工作岗位突发疾病死亡的情形，主要考虑此类突发疾病可能与工作劳累、工作紧张等因素有关，已是工伤保险法律对职工的倾斜性保护。因视同工伤属于通常意义上因工伤亡之外的扩大保护，故对视同工伤的判定，应当严格掌握，不宜对视同条件随意扩大解释，不合理扩大视同工伤的保护范围。“工作岗位”应当是指职工从事日常生产经营活动的工作区域和职工为完成某项特定生产经营活动所涉及的相关区域，即单位规定的上班地点。对“工作岗位”的理解严格来说应当是外延小于工作场所，在工作岗位以外突发疾病死亡不应认定工伤。比如，在食堂用餐突发疾病死亡不宜认定为工伤。但多个案例显示法院在实践中已经对“工作岗位”作了拓展，法院在长期的审判实践中基本形成了相对统一的判断标准：职工享有获得劳动安全卫生保护的权利，其在工作中必要的、合理的生理需求，与其正常工作密不可分，应当受到法律的保护。职工为满足必要的、合理的生理需求在卫生间、休息室等处所突发疾病死亡应当认为是工作岗位的合理延伸，应当认定为视同工伤，而在健身房等非必要的场所突发疾病死亡的则不认定为工伤，午休时与同事打牌娱乐期间突发疾病死亡也不能认定为工伤。

相关案例

江苏省高级人民法院行政裁定书，(2018)苏行申 1430 号。

湖南省高级人民法院行政判决书，(2017)湘行再 78 号。

---

① 参见安徽省高级人民法院行政裁定书，(2020)皖行申 766 号；湖南省高级人民法院行政裁定书，(2020)湘行申 76 号。

相关法条

《工伤保险条例》第十五条第一款第一项。

七、椎间盘突出等病症能否认定为工伤

“椎间盘突出症”既可能是过度用力提重物造成的急性外伤,也可能是平时的劳动生活中,长期不良坐卧习惯随着年龄增长导致的慢性退行性病变所致。膝盖等关节部位伤痛既可能是工作过程中扭伤导致,也可能是随着年龄增长导致的退行性病变所致。如膝关节半月板损伤,可能是在参加单位组织的文体活动中受伤引起的,也可能是属于关节的退行性病变引起的。实践中,这些既可能是工伤引发的病症,也可能是自身的退行性病变引发的病症,是否纳入工伤认定的范围并没有明确的规定,以至于常常发生争议。

认定争议

在司法实践中,有审判机关认为,难以识别这些病症是工伤引发的还是退行性病变引发的,即使是过度用力提重物等造成的腰椎间盘突出、关节部位伤病,从医学角度看,这种情况下通常腰椎会有间盘突出的基础或关节部位病变基础,就是腰椎或关节发生了退行性病变,工作原因只是一个诱因。且将这类疾病纳入工伤认定范围极易引发道德风险,容易导致一些本身患有腰椎间盘突出病症或关节部位疾病的职工在工作岗位声称因工作原因导致腰椎间盘突出或关节受伤,从而增加用人单位和工伤保险基金支付工伤保险待遇的风险,故不应纳入工伤认定范围。例如,在广东省高级人民法院(2016)粤行申 359 号杨某诉东莞市社会保障局工伤认定案中,杨某是玖龙纸业公司的放渣工,在工作中被链板机上掉落的物体击中腰部,经诊断腰部受外伤,杨某就上述事故导致伤害一事,向东莞社保局申请工伤认定,东莞社保局认定为工伤。后杨某认为其腰椎间盘突出症等疾病与工作同样存在明显的因果关系,于是补充工伤认定申请,东莞社保局继续补充认定为工伤。玖龙纸业公司提起诉讼,东莞市第一人民法院认为杨某的颈椎、腰椎伤病属于工伤,但东莞市中级人民法院与广东省高级人民法院均认为现有证据无法反映杨某的腰椎间盘突出症系由工作原因引起,而该疾病亦不属于职业病目录范围之内,在无其他证据佐证的情况下，撤销工伤认定。[1]

有审判机关认为，应作区分处理，如果确实是因为工作原因引起的，那么应当纳入工伤认定范围；如果是因为自身退行性病变引起，那么不纳入工伤认定范围。具体通过对由腰椎间盘突出症、关节部位病症引起的工伤鉴定结论来作判断，如果工伤鉴定结论也无法判断，那么宜通过在案的证人证言、病例资料等作综合判断。例如，北京市第二中级人民法院（2020）京 02 行终 1451 号北京市京奥克防水工程有限公司诉北京市人力资源和社会保障局行政确认一案中，职工曹某因工作原因患上颈椎病、腰椎管狭窄、颈脊髓变形等疾病，北京丰台人保局、北京市人保局和丰台人民法院均认定为工伤，京奥克防水工程有限公司提起上诉，北京市第二中级人民法院亦维持原判，认为曹某的颈椎病、腰椎管狭窄、颈脊髓变形等疾病符合《工伤保险条例》第十四条第一项，应当认定为工伤。[2]

专业解答

椎间盘突出等病症，是医学上的专业术语，属于疾病范畴。腰椎间盘突出是椎间盘突出的一种，是临床上常见的脊柱疾病之一。椎间盘突出等病症是否因工作原因所导致，是能否认定为工伤的关键。在该类情形下，重点是区分“因工受伤”与“自身疾病”的问题。该类情形一般需要委托医疗专家进行因果关系鉴定。如果医疗专家出具的鉴定结论显示职工椎间盘突出等病症与特定的某个工作原因有关，则依据《工伤保险条例》第十四条第一项“职工在工作时间和工作场所内，因工作原因受到事故伤害的，应当认定为工伤”的规定，应该被认定为工伤；如果医疗专家出具的鉴定结论显示职工椎间盘突出等病症与某个特定工作原因无因果关系，非因某个特定的工作原因所致，则不能被认定为工伤。没有医疗专家的鉴定结论时，则需结合受伤后拍的 CT 或 MRI 片等医学影像资料、医院诊断证明、证人证言等证据进行综合判断，如果能够证明职工确实是在工作中受到的一次性伤害，椎间盘突出等病症与某个特定的工作原因有关，则应认定工伤。当然因为该类疾病本身的特殊性，对该类疾病是否认定为工伤的把握应从严。

---

① 参见广东省高级人民法院行政裁定书，（2016）粤行申 359 号；江苏省高级人民法院行政裁定书，（2019）苏行申 1861 号。

② 参见北京市第二中级人民法院行政判决书，（2020）京 02 行终 1451 号。

相关案例

四川省高级人民法院行政裁定书,(2020)川行申660号。

四川省高级人民法院行政裁定书,(2020)川行申1001号。

江苏省高级人民法院行政裁定书,(2020)苏行申225号。

相关法条

《工伤保险条例》第十四条第一项。

八、心理精神类疾病能否认定为工伤

现在上班族的工作状态往往是工作压力大、节奏快,连续加班成为家常便饭,身心长期处于高度疲惫和极度敏感状态,易出现烦躁、惊恐、失眠、幻觉等症状。当前被医院诊断为精神障碍、抑郁焦虑症等心理精神类疾病的职工越来越多。近年来,以抑郁症为代表的心理精神疾病发病率越来越高,抑郁症甚至成为世界第四大疾病,工作压力导致心理精神疾病已成为一种社会共识。2022 年《国民抑郁症蓝皮书》中国精神卫生调查显示,我国成人抑郁障碍终生患病率为 6.8%,其中抑郁症为 3.4%,目前我国患抑郁症人数为 9500 万,因工作压力大导致精神疾病患者占比日益增多。随着职业精神压力、劳动强度过大等成为劳动者的常态,以及技术变革和发展所带来的工作岗位的挑战,越来越多的人承受着因工作压力带来的精神疾病的困扰。职工认为自己罹患心理精神类疾病系因工作原因引起,进而向社会保险行政部门申请工伤认定的案例也越来越多。对于职工自认为因工作原因引发心理精神类疾病能否认定为工伤,在实践中争议非常大。

认定争议

在司法实践中,有审判机关认为,根据《劳动能力鉴定职工工伤与职业病致残等级》(GB/T16180—2014)的说明,精神分裂症和躁郁症均为内源性精神病,发病主要决定于人自身的生物学素质。工作环境恶劣可能会影响身心健康,从而诱发精神分裂症,但患精神分裂症的主要原因还是在于其自身的生物学素质,因此工作环境恶劣与精神分裂症之间并不具有直接因果关系,不能认定其所患精神分裂症系由工作原因引起。劳动者的内源性精神病不应与工伤或职业病直接所致的精神病相混淆。精神分裂症和躁郁症不属于工伤或职业病性精神病。且实践中还存在劳动者的内源性精神病到底是因工作原因还是因为遗传、情感、家庭等原因引起亦难区分，劳动者所患抑郁、精神分裂等内源性精神疾病不宜认定为工伤。①

有审判机关认为，不能因精神疾病在医学上的病因不确定而直接排除工伤认定。首先，《工伤保险条例》的立法目的在于保障职工获得医疗救治和经济补偿的权利。职工受到事故伤害、暴力性伤害或意外性伤害，其产生的伤害结果可能是肢体器官外伤性结果，也可能是精神伤害性结果。《工伤保险条例》对伤害结果类型并未明确规定仅限于暴力导致的肢体器官外伤性伤害。其次，《劳动能力鉴定职工工伤与职业病致残等级》(GB/T16180—2014)门类划分中包含精神科目，应当认为只要伤害结果与其受到的暴力伤害行为具有因果关系，即符合认定工伤的要素。尽管医学界的因果关系难以认定，但是统计上的关联是客观存在的。职业精神疾病的诱因往往是工作环境恶劣、过度劳累、工作紧张等因素导致，工作与精神疾病发生的关联性是客观存在的。如果职工的心理精神类疾病系因工作原因引起，系由工作中受到惊吓、外伤或长期连续工作压力大、失眠，最终导致上述疾病产生，那么与工作有因果关系，应当认定为工伤。②

专业解答

精神疾病是俗称，在医学上称精神障碍，是一类具有诊断意义的精神方面的问题，特征为认知、情绪、行为等方面的改变，可伴有痛苦体验和(或)功能损害。③ 其发病原因目前仍是精神医学理论中需研究和解决的主要问题。国内外医学界对该问题进行了大量的研究和探索，但是精神疾病的发病原因并未得到完全的解析，因而对精神疾病的发病原因无法形成科学完整的解释与说明，这意味着很难确认精神疾病的准确病因。工作所致精神疾病的现象虽然很常见，但是，工作所致精神疾病的因果关系在科学上却是不确定的。因工作原因引起的心理精神类疾病能否认定为工伤在现实中就变得非常棘手。司法实践中，因工作压力过大导致的精神疾病能够认定工伤的极少，绝大多数情况下都不能认定为工伤。就我国目前的立法来看，因工作原因导致精神疾病能否认定为工伤主要考察是否符合《工伤保险条

① 参见北京市第二中级人民法院行政判决书，(2021)京02行终578号；最高人民法院行政裁定书，(2018)最高法行申332号。

② 参见福建省三明市中级人民法院行政判决书，(2017)闽04行终17号。

③ 参见李坤成、张开元：《功能磁共振在精神病诊断中的应用》，载《中华医学杂志》2008年第23期。

例》第十四条中的“职业病”和“因工作原因受到事故伤害”两种情形。首先，因工作原因引起的心理精神类疾病能否构成“职业病”的问题。绝大多数国家以及世界劳工组织、欧盟等国际组织尚未将因工作压力导致的精神障碍纳入职业病目录范围。① 根据《职业病防治法》第二条规定，职业病“是指企业、事业单位和个体经济组织等用人单位的劳动者在职业活动中，因接触粉尘、放射性物质和其他有毒、有害因素而引起的疾病”。抑郁症等心理精神类疾病只是由于自感工作压力大所致，并非有毒、有害因素所引起。《职业病分类和目录》中也并没有将抑郁症纳入职业性疾病的范围。因而，就我国立法而言，因工作原因引起的心理精神类疾病尚不能纳入“职业病”范畴。其次，因工作原因引起的心理精神类疾病是否符合“因工作遭受事故伤害”的问题。心理精神类疾病可能与遗传、自身疾病（如大脑结构异常或神经递质传导异常，也可由于颅脑受伤、出血、梗阻、肿瘤等因素导致神经受损、受累，引发精神障碍）、心理（如自身认知、情绪、性格、人格、情志等）、环境（家庭环境、社会环境、工作环境）等因素有关且一般会有重叠交叉现象，不完全仅由一种因素所导致，可能是多种因素的交互结果。心理精神类疾病的发病原因非常复杂，这使得实践中判断职工所患心理精神类疾病与工作原因的关系非常困难，一般需借助司法鉴定的结论。如果司法鉴定的结论认定职工精神状态与工作中的某个具体事件之间存在直接因果关系，那么可认定职工属于“因工作遭受事故伤害”的情形，可以认定为工伤。即精神疾病是因外力重击等由脑部受损或病变引起且符合工伤认定的其他要素，则应该认定为工伤。如果没有相关的司法鉴定结论认定职工精神状态与工作中的某个具体事件之间存在直接因果关系，那么一般不宜认定工伤，除非极端情况下的工作原因与发病密切相关情形。例如，在公司组织的户外拓展中的高空项目中受到极端惊吓而罹患精神疾病；有明确的证据表明职工在工作中因受惊吓过度患有急性精神障碍。又如，快递员由公司安排送快递至客户家中时，受该客户家中冲出的狼狗惊吓，当场就受惊过度、表情木讷，事后被确诊为精神分裂症，且诱因就是被狼狗惊吓。对于此种情形是否认定工伤则需借助专家鉴定结论，若根据专家鉴定结论，该精神分裂症的发病风险中，是父母所提供的基因起主要作用，而不是环境因素起主要作用的则不宜认定工伤。因为一般而言，普通人受到这样的惊吓不会罹患心理精神类疾病。但若根据专家鉴定结论，该精神分裂症的发病风险中，是环境因素起主要作用，而不是父母所提供的基因起主要作

① 参见余善法、崔明煊：《日本和中国台湾地区职业紧张所致精神疾病的认定标准》，载《环境与职业医学》2016 年第 11 期。

用的则宜认定工伤。例如,李某是长沙市一化学品生产企业的员工。2017 年 3 月 29 日晚,她在公司的配电间总机房值班。当其离开配电间准备去卫生间时,遇到了在走道上等候的歹徒。歹徒本想强行与李某发生性关系,但最终在李某竭力反抗挣扎和大声呼叫求救的情况下,放弃犯罪,逃离现场。突如其来的遭遇,令李某的身心受到极大摧残,当日送医后经医院诊断为精神失常、小便失禁,建议住院治疗。之后,虽然其身体已无大碍,但内心的阴影仍挥之不去。经专业医院诊断,李某患有应激相关障碍。长沙市司法鉴定中心作出鉴定意见:被鉴定人李某的诊断为适应障碍性抑郁,该病的发生与 2017 年 3 月的侵害事件存在因果关系。该案最终经法院判决确认李某在工作时间和工作场所内,因履行工作职责受到暴力伤害,符合《工伤保险条例》规定的工伤情形。

总之,根据我国现有立法,除了事故伤害导致的精神疾病,一般的精神分裂症、躁郁症、紧张、恐慌、焦虑、癔症等内源性精神疾病无法认定为工伤,除非专家鉴定意见支持精神疾病与工作原因之间存在相当因果关系。当然,学界有很多学者呼吁我国修改立法,将因工作压力导致的精神疾病纳入职业病保障范围,并制定相应具有指导性的认定标准。不排除未来将工作原因引起的内源性精神疾病纳入工伤认定范畴。

相关案例

吉林省松原市宁江区人民法院行政判决书,(2016)吉 0702 行初 19 号。

湖南省长沙市中级人民法院行政判决书,(2018)湘 01 行终 398 号。

相关法条

《工伤保险条例》第十四条第一至四项。

九、违法发包、转包、分包以及挂靠情形下，承包人或挂靠人聘用的人员因工伤亡认定为工伤的情形是否仅限于从事相关业务时

《最高人民法院关于审理工伤保险行政案件若干问题的规定》(法释〔2014〕9号)第三条第一款规定:"社会保险行政部门认定下列单位为承担工伤保险责任单位的,人民法院应予支持……(四)用工单位违反法律、法规规定将承包业务转包给不具备用工主体资格的组织或者自然人,该组织或者自然人聘用的职工从事承包业务时因工伤亡的,用工单位为承担工伤保险责任的单位;(五)个人挂靠其他单位对外经营,其聘用的人员因工伤亡的,被挂靠单位为承担工伤保险责任的单位。"《人力资源社会保障部关于执行〈工伤保险条例〉若干问题的意见》(人社部发〔2013〕34号)第七条规定:"具备用工主体资格的单位违反法律、法规规定,将承包业务转包、分包给不具备用工主体资格的组织或者自然人,该组织或者自然人招用的劳动者从事承包业务时因工伤亡的,由该具备用工主体资格的承包单位承担用人单位依法应当承担的工伤保险责任。"上述规定将承包人聘用的人员认定为工伤的情形限定为"从事承包业务时因工伤亡",挂靠人聘用的人员认定为工伤的情形限定为"因工伤亡"。在实践中,承包人或挂靠人聘用的人员在从事承包业务或挂靠业务的上下班途中发生非本人主要责任的交通事故;承包人或挂靠人聘用的人员从事承包业务或挂靠业务时因抢险救灾等维护国家利益、公共利益活动伤亡;承包人或挂靠人聘用的人员原在军队服役,因战、因公负伤致残,已取得革命伤残军人证,从事承包业务或挂靠业务时旧伤复发等情形下是否认定工伤在社会保险行政部门和审判机关之间存在较大争议。

认定争议

在实践中,有审判机关认为,工伤以劳动关系为基础是一个基本原则,在违法转包、分包以及挂靠情形下,承包人或挂靠人聘用的人员与用工单位、被挂靠单位

并不存在劳动关系,承包人聘用的人员“从事承包业务时因工伤亡的”,挂靠人聘用的人员“因工伤亡”认定工伤已经是对《工伤保险条例》的突破,承包人或挂靠人聘用的人员因工伤亡情形的认定应严格限制在承包人聘用的人员“从事承包业务时因工伤亡的”,挂靠人聘用的人员“因工伤亡”,不宜再将承包人或挂靠人聘用的人员的视同工伤、上下班途中发生非本人主要责任的交通事故等与违法转包、分包业务无关的伤害纳入工伤认定范围,额外增加用工单位、被挂靠单位的负担。对承包聘用人员“从事承包业务时因工伤亡的”及挂靠人聘用的人员“因工伤亡”的理解,仅包括《工伤保险条例》第十四条第一项“在工作时间和工作场所内,因工作原因受到事故伤害”的情形。①

有审判机关则认为,在违法转包、分包以及挂靠情形下,承包人或挂靠人聘用的人员与用工单位、被挂靠单位并不存在劳动关系,系法律拟制的工伤保险待遇关系。对这一类情形下的劳动者的保护与具有劳动关系情形下工伤保险法律关系对劳动者的保护并无区别,最终目的均是在经济上为受伤劳动者及其家属提供一种法定的医疗救治以及必要的经济补偿的社会保障制度。“从事承包业务时”系“因工伤亡”的描述性用语,其目的主要是顺应文字表述习惯,并非仅指“正在从事承包工作的进行时状态”,对此不宜做主观上的限缩,而是要把握法律的整体性和特有的价值取向,进行客观的文义解释和体系解释。由此得出结论,“上下班途中遭遇非本人主要责任的事故伤害”“在抢险救灾等维护国家利益、公共利益活动中受到伤害”“职工原在军队服役,因战、因公负伤致残,已取得革命伤残军人证,到用人单位后旧伤复发”等是“从事承包业务时”的自然延伸和应有之义,属于“从事承包业务时因工伤亡”。符合条件的,应当认定工伤。违法转包、分包以及挂靠情形下,承包人或挂靠人聘用的人员因工伤亡情形应包括《工伤保险条例》第十四条、第十五条的所有情形。②

专业解答

《最高人民法院关于审理工伤保险行政案件若干问题的规定》(法释〔2014〕9号)第三条第一款第四、五项和《人力资源社会保障部关于执行〈工伤保险条例〉若

① 参见重庆市高级人民法院行政裁定书,(2019)渝行申 466 号。
② 参见甘肃省高级人民法院行政判决书,(2021)甘行终 7 号。

干问题的意见》（人社部发〔2013〕34号）第七条规定的主要精神，是指具备用工主体资格的承包单位非法发包（转包、分包）、资质挂靠给不具备用工主体资格的组织或自然人后，将该不具备用工主体资格的组织或自然人招用的劳动者因工受伤的情形，纳入《工伤保险条例》的适用范围，并由该具备用工主体资格的承包单位承担工伤保险责任。虽然该情形中的转包、分包、挂靠关系不符合法律规定，伤亡劳动者与项目业主、被挂靠单位也未直接建立劳动关系，但伤亡劳动者是为项目业主、被挂靠单位的利益而提供劳动，获取报酬。《最高人民法院关于审理工伤保险行政案件若干问题的规定》（法释〔2014〕9号）第三条第一款第四项、《人力资源社会保障部关于执行〈工伤保险条例〉若干问题的意见》（人社部发〔2013〕34号）第七条中的“从事承包业务时因工伤亡的”，《最高人民法院关于审理工伤保险行政案件若干问题的规定》（法释〔2014〕9号）第三条第一款第五项中“因工伤亡”只是一个立法逻辑联结词，对其理解要结合工伤保险制度保障劳动者健康及相关权益的立法目的进行解释，不宜狭隘地按照字面的“从事承包业务时因工伤亡的”“因工伤亡”进行解释，违法发包、转包、分包以及挂靠情形下，承包人或挂靠人聘用的人员因工伤亡情形应包括《工伤保险条例》第十四条、第十五条的所有情形。例如，按照《工伤保险条例》第十四条的规定，上下班途中发生非本人主要责任的交通事故属于单位承担工伤保险责任的情况之一。违法发包、转包、分包以及挂靠情形下项目工人上下班发生非本人主要责任的交通事故也是在上下班途中，与《工伤保险条例》第十四条第六项所规定常规意义上的“职工”和“上下班途中”概念并无本质区别。且上下班途中和“从事承包业务时”具有时空上的承继性和关联性，“上下班途中”的终极目的依然是服务于“从事承包业务”（这与对工伤认定核心三要素“工作时间”“工作岗位”“工作原因”的掌握应当合理延伸的法理相同），故不宜仅从文义角度去理解“在从事承包业务时因工伤亡”，否则容易背离《工伤保险条例》的立法初衷。该情形的劳动者上下班途中发生交通事故非本人主要责任的，应当被认定为工伤。且实践中，法院很多判例也支持这一观点。例如，最高人民法院发布的第34批指导案例中的191号案例，即刘某某诉广东省英德市人民政府行政复议案中，刘某某之夫梁某某在用于工地开会、布置工作和发放工资的出租屋内等待英德市住建部门的检查过程中突发疾病猝死，予以认定工伤。在违法转包、分包以及挂靠情形下，该案并未排除“突发疾病死亡”这一视同工伤的情形。

相关案例

最高人民法院行政判决书,(2021)最高法行再1号。

河南省高级人民法院行政判决书,(2021)豫行再15号。

江苏省苏州市中级人民法院行政判决书,(2016)苏05行终411号。

相关法条

《工伤保险条例》第十四条、第十五条。

《最高人民法院关于审理工伤保险行政案件若干问题的规定》(法释〔2014〕9号)第三条第一款第四、五项。

《人力资源社会保障部关于执行〈工伤保险条例〉若干问题的意见》(人社部发〔2013〕34号)第七条。

十、违法发包、转包、分包以及挂靠情形下，承包人或挂靠人自行从事所承包业务致伤的，应否认定为工伤

《最高人民法院关于审理工伤保险行政案件若干问题的规定》(法释〔2014〕9号)第三条第一款第四、五项,《最高人民法院行政法官专业会议纪要(七)(工伤保险领域)》第一条对承包人或挂靠人聘用的人员因工伤亡的,由用工单位、被挂靠单位承担工伤保险责任有明确的规定,但是对承包人或挂靠人自行从事所承包业务、挂靠业务致伤的,是否也以用工单位、被挂靠单位为用工主体单位认定工伤没有明确规定,实践中存在争议。

认定争议

在司法实践中,有审判机关认为,承包人或挂靠人自行从事所承包业务、挂靠业务致伤的不应认定为工伤。主要理由有以下三个方面:一是按照《最高人民法院关于审理工伤保险行政案件若干问题的规定》(法释〔2014〕9号)第三条第一款第四项规定,用工单位违反法律、法规规定将承包业务转包给不具备用工主体资格的组织或者自然人,该组织或者自然人聘用的职工从事承包业务时因工伤亡的,用工单位为承担工伤保险责任的单位。第三条第一款第五项规定,个人挂靠其他单位对外经营,其聘用的人员因工伤亡的,被挂靠单位为承担工伤保险责任的单位。上述规定强调违法发包、转包、分包以及挂靠情形下,承包人或挂靠人“聘用”的人员不包含承包人或挂靠人本人,不应对适用主体进行扩大解释。二是根据该条第二款规定,第一款第四、五项明确的承担工伤保险责任的单位承担赔偿责任或者社会保险经办机构从工伤保险基金支付工伤保险待遇后,有权向相关组织、单位和个人追偿。关于追偿的制度设计来看,最终承担工伤保险责任的还是承包人或挂靠人,如果承包人或挂靠人自己从事承包、挂靠业务受伤也可以认定工伤并由用工单位、被挂靠单位或社会保险经办机构向承包人或挂靠人支付工伤待遇后再向承包人或

挂靠人追偿,显然会形成法律逻辑上的悖论。三是在上述情形下承包人、挂靠人自行从事其承包、挂靠业务的行为,实质上是在履行其承包或挂靠合同的义务,承包人、挂靠人和非法发包、转包、分包人以及被挂靠单位之间的法律地位完全平等,其身份并不符合工伤保险立法意义上的"职工"和"用人单位"的法律属性,双方的法律关系实质为民事合同关系,故此种情形不应以工伤案件定性,应当通过民事诉讼途径解决。①

有审判机关认为,承包人或挂靠人自行从事所承包、挂靠业务致伤的应认定为工伤。主要理由有三个方面:(1)违法发包、转包、分包以及挂靠行为本身是违反《建筑法》等相关规定的,用工单位、被挂靠单位在明知违法的情况下认可或默许此类行为的存在,在承包人或挂靠人从事所承包业务伤亡时以与承包人或挂靠人不存在任何法律关系为由不承担任何责任有违公平原则。用工单位、被挂靠单位作为具备用工主体资格的承包单位,既然享有承包单位的权利,也应当履行承包单位的义务。用工单位违法转包、分包业务,被挂靠单位允许自然人或不具备资质的用工单位利用其资质并挂靠实施经营活动或施工,理应当承担相应责任。(2)将承包人或挂靠人纳入工伤保险对象范围,符合"应保尽保"的工伤保险制度立法目的,将承包人或挂靠人纳入工伤保险覆盖范围符合建筑工程等领域工伤保险制度发展方向。(3)工伤保险作为社会保险制度的一个重要组成部分,由国家通过立法强制实施,是国家对职工履行的社会责任,也是职工应该享受的基本权利。不能因为承包人或挂靠人违法挂靠、承揽工程违反建筑等领域法律规范,而否定其享受社会保险的权利。②

专业解答

就承包人或挂靠人自行从事所承包业务所受伤亡是否应认定为工伤的问题,承包人或挂靠人是通过工程承包、挂靠获取利润的雇主,本人也可能实际从事承包、挂靠业务以节约人工成本支出,而其所聘用的劳动者则是赚取工资的雇员,对承包人或挂靠人给予和其所聘用的劳动者同等的工伤保障会给用工单位、被挂靠单位增加不公平的负担且让用工单位、被挂靠单位向承包人、挂靠人追偿的制度设

① 参见广东省高级人民法院行政判决书,(2019)粤行终 390 号。
② 参见最高人民法院行政判决书,(2021)最高法行再 1 号。

计落空。但在最高人民法院发布的第34批指导案例中的191号案例，即刘某某诉广东省英德市人民政府行政复议案中已经予以明确：建筑施工企业违反法律、法规规定将自己承包的工程交由自然人实际施工，该自然人因工伤亡，应当认定为工伤。该指导案例是对《最高人民法院关于审理工伤保险行政案件若干问题的规定》（法释〔2014〕9号）第三条第一款的进一步突破，将不具备劳动关系之拟制工伤范围再次扩大，对实践中大量存在的承包人或挂靠人自行从事所承包业务所受伤亡是否应认定为工伤的裁判规则予以统一。故，自该指导案例发布后，各个地方就承包人、挂靠人本人实际从事承包、挂靠业务时受伤应当以用工单位、被挂靠单位为用工主体认定为工伤，由用工单位、被挂靠单位承担工伤保险主体责任达成一致。

相关案例

江苏省常州市天宁区人民法院民事判决书，（2020）苏0402民初417号。

湖南省永州市中级人民法院行政判决书，（2020）湘11行终135号。

相关法条

《最高人民法院关于审理工伤保险行政案件若干问题的规定》（法释〔2014〕9号）第三条第一款第四、五项。

《人力资源社会保障部关于执行〈工伤保险条例〉若干问题的意见》（人社部发〔2013〕34号）第七条。

《最高人民法院行政法官专业会议纪要（七）（工伤保险领域）》第一条。

十一、与工作有关的应酬饭局能否被认为是“工作原因”

根据《工伤保险条例》的规定，在工作时间和工作场所内，因工作原因受到事故伤害，应当被认定为工伤。陪客人吃饭、陪领导应酬等一般不是职工的工作内容，但是请到访的宾客吃饭很常见。因工作关系应酬饮酒引发的伤亡事件时有发生，是否应当认定为工伤，在实践中存在较大的争议。

认定争议

在司法实践中，有审判机关认为，根据《工伤保险条例》规定，工作时间、工作场所、工作原因是工伤认定的基本因素。工伤中所指“工作”应当限定为劳动者运用自己的体力和脑力完成工作成果，不能无限制地扩张“工作职责”的范围。除特殊行业外，应酬饭局不属于工作范畴，因为任何工作都可能会有一定应酬，但饮酒并不是工作的必要组成部分，不是为了工作所必须的，与工作没有必然联系，陪客户吃饭、应酬不是职工的工作内容，与岗位职责没有必然联系，饮酒属于个人主观意识能够控制的范畴，过量饮酒的行为已经超出了工作范围，应认定为个人行为，伤亡与工作之间并不存在直接必然的因果关系。即使应酬吃饭已经形成了一种社会风气，但这种社会风气是国家不提倡的，甚至是反对的。如果将此种情况认定为工伤，等于鼓励、支持或肯定职工采用饮酒等不健康的沟通方式处理工作中遇到的问题，也会违背《工伤保险条例》关于工伤认定的立法宗旨。因此而受到的伤亡，不属于因工作原因受到的事故伤害，也不属于因履行工作职责受到暴力等意外伤害，按照《工伤保险条例》的规定，不能认定为工伤。职工在应酬饭局中受到事故伤害或酒后突发疾病不属于因“工作原因”受到伤亡，不能依据《工伤保险条例》第十四条、第十五条之规定认定为工伤。[①]

有审判机关认为，从理论角度来说，工作的确定有三种理论，即“雇主意思

① 参见辽宁省沈阳市高新技术产业开发区人民法院行政判决书，(2018)辽0192行初193号。

说”——以雇主的主观意思来确定行为是否属于工作，“雇员意思说”——以雇员的主观意思来确定行为是否属于工作，“客观说”——以社会人的认知来界定行为是否属于工作。在实践中，需要综合考量某一行为是否属于工作。对于应酬饭局而言，在一般情形下，无论法律还是公共道德均不反对，若将其完全排除出工作范围，与“雇主意思说”“雇员意思说”“客观说”均不相符。从社会常理角度看，职工根据工作职责、工作性质及惯例，参与宴请客户、单位团建聚餐等饭局具有必要性，与其岗位职责有一定联系，属正常工作应酬。特别是在销售、市场推广等工作中，这一特性更加明显。职工在参与宴请客户、单位团建聚餐等饭局上饮酒显然是受单位委派或要求，是为单位“利益”而行为，应认定是在履行工作职责。职工在应酬饭局中受到事故伤害或酒后突发疾病属于因“工作原因”受到伤亡，可依据《工伤保险条例》第十四条、第十五条之规定认定为工伤。[①]

专业解答

根据《工伤保险条例》的规定，判断是否构成工伤的基本要素是“工作场所”、“工作时间”和“工作原因”，其中工作原因是核心要件，是认定工伤的充分条件。工作场所和工作时间在工伤认定中的作用一方面是补强工作原因，另一方面是在工作原因无法查明时，用以推定是否属于工作原因。如果用人单位内部制定的岗位职责中有“应酬接待”的岗位要求，符合应当认定为工伤的情形，则可以认定为工伤。若用人单位内部制定的岗位职责中无“应酬接待”的岗位要求，则要根据案情综合判断，如职工“应酬接待”符合用人单位在长期的运行过程中形成的惯例，同时符合《工伤保险条例》应当认定为工伤的情形，就应当认定为工伤，而不能以用人单位规章制度中没有相应规定而忽视劳动者应得的工伤保险利益。具体根据应酬饭局的性质，如果是为谈工作的应酬性质饭局，属于为利益单位而行为，应当认定为属于“工作原因”，职工在此类应酬饭局中受到事故伤害或酒后突发疾病属于因“工作原因”受到伤亡，可依据《工伤保险条例》第十四条、第十五条之规定认定为工伤。如果是公司聚餐团建类的饭局，对于聚餐这种团建活动，就需要结合聚餐性质进行判断，若在聚餐前后有领导讲话鼓舞士气、安排工作、表彰先进等内容，

---

① 参见四川省高级人民法院行政判决书，(2017)川行再4号；广东省肇庆市中级人民法院行政判决书，(2019)粤12行终80号。

主要利益归属于用人单位的，应当认定为属于“工作原因”，职工在此类应酬饭局中受到事故伤害或酒后突发疾病属于因“工作原因”受到伤亡，可依据《工伤保险条例》第十四条、第十五条之规定认定为工伤。若用人单位组织聚餐类团建活动纯粹是犒劳职工、庆祝业绩提升，公司的初衷是给员工带来福利，主要利益归属于职工的，此类团建聚餐不属于工作范畴，职工在此类应酬饭局中受到事故伤害或酒后突发疾病不属于因“工作原因”受到伤亡，不能依据《工伤保险条例》第十四条、第十五条之规定认定为工伤。如加班后当晚，领导为犒劳大家组织聚餐，虽然看似是单位的集体活动，但是参加同事自发的集体聚餐与工作没有必然直接的关系，下班后同事之间组织聚餐是自愿自发的活动，并非单位的组织行为，虽然事出“加班”“辛苦”“放松”等与工作有间接关联的缘故，但不属于工作的延伸，与工作没有必然的关联，同事自发的集体聚餐不属于工作的范畴。《工伤保险条例》强调工作原因是认定工伤的前提，只有在确定员工应酬陪酒属于工作原因的情形下，才有可能将由此导致的损害后果或突发疾病确定为工伤。

相关案例

广东省佛山市中级人民法院行政判决书，(2018)粤06行终466号。

江苏省扬州市中级人民法院行政判决书，(2019)苏10行终245号。

相关法条

《工伤保险条例》第十四条、第十五条、第十六条第二项。

十二、因与工作有关的应酬饭局导致“醉酒”能否排除工伤认定

在此前已述，根据应酬饭局的性质，如果是为谈工作的应酬性质饭局，应当认定为属于“工作原因”；公司聚餐团建类的饭局，如果在聚餐前后有领导讲话、安排工作、表彰先进等内容，应当认定为属于“工作原因”；如果用人单位组织聚餐团建类活动纯粹是犒劳职工、庆祝业绩提升，公司的初衷是给员工带来福利，主要利益归属于职工的，不应当认定为属于“工作原因”。同时《工伤保险条例》第十六条规定：“职工符合本条例第十四条、第十五条的规定，但是有下列情形之一的，不得认定为工伤或者视同工伤……（二）醉酒或者吸毒的……”职工因“工作原因”参与工作有关的应酬饭局导致“醉酒”能否排除工伤认定在实践中也有争议。

认定争议

在司法实践中，有审判机关认为，职工因履行工作职责参与工作有关的应酬饭局可以认定为“工作原因”，在职工没有醉酒的情况下受伤或突发疾病可以认定为工伤或视同工伤。但饮酒不同于进食其他食品饮料，不是为维持生命机体正常运转所必需的。而且每个人因为个人体质不同对酒量的耐受程度不同，酒精对自身身体及神经系统的影响只有职工本人最清楚，职工有义务、责任控制饮酒量，在饮酒过程中应当根据自身的身体状况进行控制，竭力避免醉酒的状态。职工即使因履行工作职责参与工作有关的应酬饭局，但在饭局中饮酒过量导致醉酒状态属于自己可以预见过量饮酒所导致的健康问题而放任这种结果的发生，是“主观故意”的表现。且国家并不提倡过量饮酒，如果将醉酒导致的伤害纳入工伤范围，可能会产生鼓励饮酒的负面效果。故，因醉酒继而导致行为失控给自己造成伤害、因醉酒导致急性酒精中毒伤亡、因醉酒诱发其他疾病致死不能认定工伤或视同工伤。若职工在吃饭过程中被人极力劝酒，或是被迫喝酒，可以视有关人员的过错情况，依

据《民法典》的有关条款，由相应主体承担相应的民事责任。[①]

有审判机关认为，职工因履行工作职责参与工作有关的应酬饭局，在饭局上饮酒属于正常工作应酬，应认定其是在履行工作职责。且在饭局上领导要求陪酒，客户要喝酒，职工也难以拒绝。因饮酒过量导致醉酒也是属于工作原因，职工饮酒系维护客户关系，主要利益归属是用人单位。职工因与工作有关的应酬饭局导致醉酒，因醉酒继而导致行为失控给自己造成伤害、因醉酒导致急性酒精中毒伤亡、因醉酒诱发其他疾病致死应当认定工伤或视同工伤。[②]

专业解答

职工在与工作有关的应酬饭局中醉酒继而诱发其他疾病死亡（如饮酒诱发冠心病、中风、急性胰腺炎），醉酒引发食道回流窒息死亡，醉酒本身引发心脏骤停猝死，醉酒引发摔倒伤亡，醉酒引发溺亡、高空坠落等，能否排除工伤认定在实践中争议非常大。《工伤保险条例》第十六条之所以将醉酒排除在工伤认定范围之外，主要是考虑职工醉酒后容易行为失控，此时在工作岗位上发生事故或突发疾病系由于职工自身存在重大过错，应当自己承担责任，所以应当排除在工伤范围之外。但若职工饮酒本身系因工作原因而起，在酒桌上觥筹交错，身不由己，属于因工作原因导致醉酒，醉酒本身也系履行工作职责，主要利益归属于用人单位。职工因履行工作职责醉酒继而导致伤亡的应当认定为工伤，不属于《工伤保险条例》第十六条的排除范围。如销售人员为了业绩陪客户喝酒导致伤害或突发疾病死亡；领导明知职工有疾病还强迫其陪客户饮酒，这些情形下的醉酒职工并不存在重大过错，不能排除工伤认定范围。

相关案例

江苏省扬州市中级人民法院行政判决书，（2020）苏 10 行终 110 号。

广东省东莞市中级人民法院行政判决书，（2019）粤 19 行终 371 号。

---

① 参见新疆维吾尔自治区高级人民法院行政裁定书，（2020）新行申 63 号。

② 参见山东省淄博市中级人民法院行政判决书，（2020）鲁 03 行终 212 号。

山东省淄博市中级人民法院行政判决书，(2020)鲁 03 行终 212 号。

相关法条

《工伤保险条例》第十四条第五项、第十六条第二项。

十三、“预备性”“收尾性”工作中工作场所如何认定

工作场所是指用人单位直接安排职工从事正常工作的区域，既包括工作车间、办公室的办公场地、工地施工现场等；也包括职工为完成用人单位安排工作的合理活动空间，如用人单位提供或者指定的更衣室、会议室等；还包括职工往返于多个工作场所的路途或者场所之间的合理区域，如来往公司几栋办公楼的路途。实务中的工作场所还包括为方便职工工作和生产，解决职工必要的生理需求而设置的相关附带区域和场所，如办公区域的电梯、厕所、更衣室、食堂等。对于“预备性”“收尾性”工作中工作场所的认定，在实务中争议较大。

认定争议

在司法实践中，有审判机关认为，对“预备性”“收尾性”工作中的“工作场所”应作宽泛解释和扩大解释。将工作场所附带设立的楼道、电梯、过道、卫生间、车库等公用区域作为工作场所的合理延伸，职工上班前后乘坐电梯的行为、车库停车的行为也属于从事与工作有关的“预备性”“收尾性”工作，如职工在上班前后乘坐电梯受伤的，应当被认定为工伤；在车库停车受伤、工作区域外的公共停车位受伤均应认定为工伤。①

有审判机关认为，从事“预备性”“收尾性”工作的前提应限定在工作场所内，即使对工作场所作适当延伸也应符合发生事故伤害时无固定工作场所或者有多个工作场所的情况下，对工作场所的认定原则。且对“预备性”“收尾性”工作中的“工作场所”作过于宽泛的解释在一定程度上会加重用人单位的用工成本以及工伤保险基金的支付压力。《工伤保险条例》第十四条规定，工作时间前后在工作场所内，从事与工作有关的预备性或者收尾性工作受到事故伤害的认定为工伤。此

① 参见福建省漳州市中级人民法院行政判决书，(2018)闽06行终11号；上海市第二中级人民法院行政判决书，(2022)沪02行终70号。

处的工作场所应当限于与本职工作有关的工作场所，至于上下班前后在车库发生事故伤害，上下班前后在电梯、写字楼大厅发生事故伤害等情形应不属于在工作场所。[①]

专业解答

《工伤保险条例》第十四条第一、二项规定，职工在工作时间和工作场所内，因工作原因受到事故伤害的，或工作时间前后在工作场所内，从事与工作有关的预备性或者收尾性工作受到事故伤害的，应当认定为工伤。该两项的“工作场所”的内涵和外延应当是一致的，对该条第二项的“工作场所”应当作与该条第一项的“工作场所”一致的理解，包括劳动者从事特定本职工作的场所，如车间、保安的巡逻区域；用人单位为保障劳动者生理需求所设置的处所，如厕所、茶水间、休息室等；用人单位临时安排的工作任务所处的场所。该条第二项系强调“工作时间前后”而非强调“工作场所前后”，而司法实践中有的法官将该条第二项的“工作场所”也错误地理解为“工作场所前后”，将到达工作场所需经过的楼道、电梯、车库等公用区域也认定属于从事与工作有关的预备性工作。例如，将写字楼的车库、电梯等多家公司共用的公共区域也纳入“工作场所”的范围，错误地适用法律。该条第二项的理解应当限于“工作时间”适当延伸至“工作时间前后”，不应将“工作场所”延伸至“工作场所前后”，对于上下班前后搭乘多家公司共用的写字楼的电梯，上下班前后泊车至多家公司共用的车库等公共区域受伤，不应适用该条第二项的认定为工伤。但对于用人单位是整栋楼或整个院落，职工办公室在某个楼层，上班时从进入单位到办公室之间的路途或下班后从办公室离开到单位大门之间路途中受伤的可认定为“工作场所”受伤，属于工伤。

相关案例

江苏省苏州市中级人民法院行政判决书，(2018)苏 05 行终 247 号。

江苏省无锡市中级人民法院行政判决书，(2017)苏 02 行终 141 号。

---

① 参见江苏省高级人民法院行政裁定书，(2019)苏行申 1472 号。

相关法条

《工伤保险条例》第十四条第二项。

十四、“预备性”“收尾性”工作内容如何认定

一般认为，与工作有关的预备性或者收尾性工作是指从事的工作虽非直接的本职工作，但是为开展正常工作所必需的行为，包括职工在工作时间前后从事与工作过程相关的运输、清理、备料、安全、储存、收拾工具和衣物等行为，以及与工作有关而进行的更衣、清洗等行为，有时甚至包括与工作有关的生理需求和听取负责人工作安排行为。[①] 对预备性、收尾性工作的范围是否包括饮食、洗澡、抽烟等生理需求行为在实践中常常产生争议。

认定争议

在司法实践中，有审判机关认为，只要与工作相关的预备性、收尾性工作均应认定为工伤，这里的“相关”并不要求有相当的相关性，只要有相关性即应认定工伤。吃饭是人体生理需要，也是劳动者正常开展工作的前提，劳动者在餐厅吃完饭后将投入工作，吃饭应认定为是与工作有关的预备性工作。学校老师在参加完教职工篮球比赛后在学校体育场内的沐浴室洗澡滑倒受伤应当认定为属于与工作相关的收尾性工作，应当认定为工伤。在上下班时间点前后的喝水、如厕等解决基本生理需求的行为中受伤均属于在“预备性”“收尾性”工作中受伤，应当认定为工伤。[②]

有审判机关认为，“预备性或者收尾性工作”强调的是工作本身的性质，要求职工所做的工作，应当是根据法律法规、单位规章制度要求或约定俗成而进行的准备或收尾工作才能认定为工伤。例如，准备工具；煤矿工人出井的洗漱；建筑工地完工后，对工作场所或工具进行整理。上班前如厕、吃饭等显然不属于该条规定的范畴。如游泳运动员训练完成后洗澡滑倒可以算工伤，因为游泳运动员训练完成后洗澡是一种规章制度要求和约定俗成的行为，因为不及时洗澡，游泳池大量的消

---

① 参见杨科雄：《最新工伤认定规则与适用》（第2版），法律出版社2015年版，第89页。

② 参见贵州省高级人民法院行政裁定书，（2019）黔行申316号。

毒化学物质会影响运动员身体健康,洗澡是游泳运动员工作后必为之行为,与其工作具有高度紧密关联性。而学校老师在参加完教职工篮球比赛后在学校体育场内的沐浴室洗澡滑倒受伤则不属于法律法规、单位规章制度要求或约定俗成而进行的行为,系与工作具有一定关联性的个人卫生行为,不应认定为工伤。若吃饭、沐浴等行为均可纳入预备性、收尾性工作,则睡觉作为为了更好地工作之前的准备工作也应被纳入,如此工伤将涵盖劳动者劳动力再生产的全部行为,其领域几乎涵盖劳动者生活的方方面面,显然过于扩大对立法的解释。[①]

专业解答

对上述争议,社会保险行政部门的工伤认定与人民法院司法裁判的尺度差异较大,人民法院倾向于对“从事与工作有关的预备性或者收尾性工作”的内容作宽泛解释。“预备性”“收尾性”工作内容自身的模糊性、不可控性增加了用人单位和受伤职工通过诉讼解决争议的成本,而人民法院过于宽泛的解释也在一定程度上加重了用人单位的用工成本以及工伤保险基金的支付压力。“预备性”“收尾性”工作内容应当限于与工作相关的特定的预备性、收尾性工作及解决必要的生理需求,这样才可以认定为工伤。《最高人民法院公报》2013 年第 9 期的公报案例,即陈某某不服上海市松江区人力资源和社会保障局社会保障行政确认一案明确了这一点。该公报案例确立如下裁判规则:“与工作有关的预备性或者收尾性工作”是指根据法律法规、单位规章制度的规定或者约定俗成的做法,职工为完成工作所作的准备或后续事务。职工工作若无洗澡这一必要环节,亦无相关规定将洗澡作为其工作完成后的后续性事务,则洗澡不属于“收尾性工作”。日常工作中下班后必须要洗澡的工作岗位一般为从事粉尘、油污、高温以及接触放射性物质、有毒有害物质等特殊岗位工作,在此种岗位或者类似特殊岗位下班后在公司提供的澡堂处洗澡属于工作的后续性事务或收尾性工作,如清洁工、建筑工、煤矿工、模具工等工作岗位。若职工是非特殊岗位的一般工作人员,其下班后去用人单位提供的澡堂洗澡的,提供澡堂为用人单位的一项福利,在此过程中受伤的,已不在合理延伸的工作时间和工作场所内,不应认定为工伤。[②] 即只有与工作相关的必需的、特定的

---

① 参见重庆市第五中级人民法院行政判决书,(2019)渝 05 行终 181 号。

② 参见王春容:《预备性或收尾性工作在工伤认定中的适用与建议》,载《法制与社会》2020 年第 5 期。

预备性、收尾性工作才可以认定为工伤，即应当强调预备性、收尾性的事务与工作有紧密联系，且该紧密程度须达到“工作所需”的程度。例如，班车司机下班后打扫车内清洁应当属于“收尾性”工作，上岗前换工作服、下班后收拾工具等应当属于与工作特点具有相关性的“预备性”“收尾性”工作。开始工作之前进入工作场所，结束工作后离开工作场所是任何一项工作都必需的行为，因此乘坐公共电梯到达公司所在楼层，上下班到写字楼下停车场泊车、取车等均不属于“预备性”“收尾性”工作。开始工作之前进入工作场所、结束工作后离开工作场所的路途中受伤，并非与工作相关的特定的预备性、收尾性工作，不应认定为工伤。

相关案例

江苏省高级人民法院行政裁定书，(2019)苏行申 1472 号。

江苏省南通市中级人民法院行政判决书，(2020)苏 06 行终 420 号。

相关法条

《工伤保险条例》第十四条第二项。

十五、在工作场所内，工作前后摔倒受伤能否认定为工伤

在工作场所内,工作前后摔倒受伤跟职工完成本职工作并无直接因果关系,此类情形下是否认定工伤在实践中存在巨大争议。

认定争议

在司法实践中,有审判机关认为,将工作时间前后在工作场所内从事与工作有关的预备性或者收尾性工作受到的事故伤害认定为工伤已经是对"三工"原因的扩展,应当严格掌握,不宜再扩大解释。职工在工作场所内,工作前后摔倒受伤属于自身疏忽大意,不属于从事与工作有关的预备性或者收尾性工作受到事故伤害,不应认定为工伤。[①]

有审判机关认为,工作时间前后在工作场所内,从事与工作有关的预备性或者收尾性工作受到事故伤害的,应当认定为工伤。"预备性"工作,以"与工作有关"为限定性条件,以开展正常工作为目的导向。如进入工作场地、准备工具、进行装备等,都是正式开展工作的前期准备活动。"收尾性"工作以结束工作为目的导向。如卸下装备、收拾工具、离开工作场地等,都是正式结束工作后的收尾活动。职工处于工作场所内可视为工作前的一种预备状态和工作后的收尾状态。职工在工作场所内做准备工作和工作结束后收尾的过程中摔倒受伤属于因用人单位利益而受伤,职工本人的疏忽大意不能成为阻却工伤认定的事由,应该认定为工伤。[②]

---

① 参见江苏省高级人民法院行政裁定书,(2020)苏行申446号。

② 参见安徽省马鞍山市中级人民法院行政判决书,(2016)皖05行终10号;广东省珠海市中级人民法院行政判决书,(2020)粤04行终72号。

专业解答

《工伤保险条例》第十四条将工作时间前后在工作场所内，从事与工作有关的预备性或者收尾性工作受到事故伤害纳入工伤认定范围，其本质上是对工作时间作合理延伸，向前延伸至“预备”阶段，向后延伸至“收尾”阶段，在“预备”和“收尾”这两个阶段的工伤认定与“工作时间”的工伤认定并无本质区别，“与工作有关的预备性或者收尾性工作”的场所也包括了根据劳动保护与职业健康要求，用人单位应当为劳动者提供符合国家职业卫生标准和卫生要求的工作环境和条件及必要的配套设施，如锅炉工人的淋浴间、医务人员的换衣间等。在工作场所内，工作前后因摔倒受伤并非工作原因直接引起，故职工在“预备”和“收尾”这两个阶段摔倒是否认定工伤，需要识别职工在这个过程中是否有重大过失，若职工无重大过失，则应认定为工伤；若职工有重大过失，则不应认定为工伤。例如，职工在工作结束后应当待高空作业的机器在地面停稳后再出仓，而职工为赶时间在机器离地面一米高时跳跃着地而受伤，此种情形即应认定职工有重大过失，不宜认定为工伤。又如，有毒有害作业人员收工后洗澡过程中摔倒，在工伤认定实践中，要考虑“预备性、收尾性工作”与员工日常工作的关联性，以及从事该行为时间的合理性，如果下班后即去洗澡，在洗澡过程中摔倒，宜认定为工伤。如果不是下班后就去洗澡，而是和同事们打了几个小时麻将后再去洗澡，那么超出了合理的时间，难以认定为收尾性工作，不宜认定为工伤。若职工是非特殊岗位的普通工作人员，其下班后去用人单位提供的浴室洗澡，提供浴室系用人单位为职工提供的一项福利，在此过程中受伤的，已不在合理延伸的工作时间和工作场所内，不应认定为工伤。再如，职工上岗之前如厕是职工生理需要，在上岗前如厕摔倒受伤，应当属于职工从事与工作有关的预备性工作事务范畴。

相关案例

广东省高级人民法院行政裁定书，(2019)粤行申 3477 号。

内蒙古自治区高级人民法院行政裁定书，(2020)内行申 332 号。

相关法条

《工伤保险条例》第十四条第二项。

十六、职工上班从宿舍到工作场所、下班从工作场所返回宿舍途中摔倒受伤是否认定为工伤

当前，很多企业出于人性化考虑都为职工提供宿舍和休息场所，且宿舍区域与生产车间大多都在厂区范围内，距离较近。职工上班从宿舍到工作场所、下班从工作场所返回宿舍途中摔倒受伤是否认定为工伤在实践中存在一定争议。

认定争议

在司法实践中，有审判机关认为，宿舍在厂区范围内，属于工作场所，职工上班从宿舍到工作场所、下班从工作场所返回宿舍途中摔倒受伤属于在工作场所内，从事与工作有关的预备性或者收尾性工作受到事故伤害，应当认定为工伤。①

有审判机关认为，职工上班从宿舍到工作场所、下班从工作场所返回宿舍从行为性质上来说是“上下班”行为，而非“工作”，现代大型工厂占地面积、空间非常大，不能把进入厂区后受伤的行为全部界定为工作区域内因工作原因受伤。在宿舍区域与厂区相对分离的情况下，职工上班从宿舍到工作场所、下班从工作场所返回宿舍的行为，显然与“工作”和“工作职责”无关，并不属于职工工作的合理区域，也不属于“工作原因”，不宜认定为工伤。②

专业解答

职工上班从宿舍到工作场所、下班从工作场所返回宿舍途中摔倒受伤是否可以认定为工伤，应当从两方面进行理解和把握：一是《工伤保险条例》第十四条规

---

① 参见云南省临沧市中级人民法院行政判决书，(2019)云09行终12号。

② 北京市高级人民法院行政裁定书，(2019)京行申1643号。

定:“职工有下列情形之一的,应当认定为工伤:(一)在工作时间和工作场所内,因工作原因受到事故伤害的;(二)工作时间前后在工作场所内,从事与工作有关的预备性或者收尾性工作受到事故伤害的……”这里的“工作场所”,包括职工日常工作所在的场所和领导临时指派其从事工作的场所,在有多个工作场所的情形下,还包括职工在工作时间内来往于多个与其工作职责相关的工作场所之间的合理区域。这里的合理区域应当包含车间内的临时休息室、卫生间和上下班打卡处等。但宿舍区域在一般情况下显然与“工作”和“工作职责”无关,并不属于职工工作的合理区域。二是即使将职工上班从宿舍到工作场所、下班从工作场所返回宿舍认定为“上下班途中”,根据《工伤保险条例》第十四条第六项规定,在上下班途中,受到非本人主要责任的交通事故或者城市轨道交通、客运轮渡、火车事故伤害的,才应当认定为工伤。职工上班从宿舍到工作场所、下班从工作场所返回宿舍途中摔倒受伤,如果并非受到非本人主要责任的交通事故或者城市轨道交通、客运轮渡、火车事故伤害的,不能认定为工伤。

相关案例

湖南省沅江市人民法院行政判决书,(2019)湘 0981 行初 164 号。

海南省第一中级人民法院行政判决书,(2019)琼 96 行终 15 号。

相关法条

《工伤保险条例》第十四条第一、二、六项。

十七、因工外出期间的起点、终点、期间如何界定

"因工外出期间"是工作时间要素中较为特殊的一类工作时间的表现形式。相比于《工伤保险条例》中第十四条第一至三项和第十五条第一款第一项中所规定的通常意义上的工作时间,"因工外出期间"这种较为特殊的工作时间的不同之处在于:"因工外出期间"多发生在日常工作场所、岗位外,是职工根据工作的性质或需要或用人单位为了工作需要而指派职工从事与工作有关的活动的时间。职工因工外出可能是从家出发,可能是从单位出发,外出回来后可能直接回家或先回单位再回家,在外出过程中可能走亲访友、参观游览或是从事其他活动。因工外出期间的起点、终点、期间的确定对工伤认定非常重要,在实践中对因工外出期间的起点、终点、期间如何界定存在较多争议。

认定争议

在司法实践中,有审判机关认为,职工"因工外出"的全部过程都应当属于职工的工作时间。"因工外出期间"尽管职工的工作任务都比较明确,但其工作任务的执行和安排人多不同于其在单位内的工作岗位上从事工作的时间安排,因而职工在因工外出期间不用拘泥于在单位时的工作时间制度,可以根据工作需求而自主安排时间,所以在"因工外出期间"认定工伤时,对工作原因这一要素的范围做更宽泛的理解,也是工伤认定实务中的应有之义。因工外出与正常的上下班不同,职工"因工外出"所受伤害可能发生的范围很大。因工外出期间,包括职工受用人单位指派外出实施单位交办工作任务所需的整个期间,既包括完成单位交办工作的时间,也包括出差到外地日常生活、休息所涉及的时间。但在这期间可排除职工个人活动的时间。①

有审判机关认为,从常识、常情、常理的角度,职工因工外出的每天 24 小时不

① 参见山东省淄博市中级人民法院行政判决书,(2020)鲁 03 行终 212 号。

可能均属于工作时间。从客观情况来看，必然有不工作的休息时间，如睡觉属于非工作时间。因工外出与正常的上下班虽有不同，但职工因工外出也有基本的作息规律，因工外出的期间可以结合案情与实际情况来具体分析判断，可比正常上班工作时间适当放宽，但是不能没有限度地扩大，不宜将因工外出的所有期间均算作因工外出期间，要排除职工的休息时间、用餐时间、从事私人活动的时间。因为职工因工外出期间，外出吃饭、如厕、休息等属于个人活动，与工作无关。比如职工夜间休息时在酒店触电身亡不能算因工外出的工作时间。①

专业解答

职工因工外出，从离开家到回到家这个期间，均可能受到不可控风险的影响，职工因对环境不熟悉，预防和抵御风险的能力降低，受到伤害风险变大、范围变广，应给予因工外出职工更充分的职业保障，所以因工外出时间起始和终止的界定，应具较强可操作性和符合基本生活常识，在对"期间"的判断上以"点对点"为宜，即从出发去往目的地开始，如果从家出发即以离开家为开始，如果从单位出发即以离开单位为开始，办完公事直接回家则以回到家为结束，办完公事直接回单位则以回到单位为结束。从开始到结束这个期间，职工外出期间用餐、休息的期间均应视为因工外出期间，发生伤亡，应认定为工伤。但根据《最高人民法院关于审理工伤保险行政案件若干问题的规定》（法释〔2014〕9号）第五条第二款的规定，职工因工外出期间从事与工作或者受用人单位指派外出学习、开会无关的个人活动受到伤害，社会保险行政部门不认定为工伤的，人民法院应予支持，故并非这个期间内发生的所有伤害都能被认定为工伤，比如职工在此期间进行违法犯罪活动或在完全出于私人原因的旅游、购物过程中受到伤害，就不能被认定为工伤。因为这些活动不仅与工作原因无关，而且也不能给用人单位带来任何利益，不符合用人单位利益的要素，从社会公平角度来看，也不应让用人单位和工伤保险基金对职工在这些情况下的负伤承担责任，以免造成用人单位和工伤保险基金不必要的负担。

① 参见重庆市高级人民法院行政裁定书，(2019)渝行申118号；天津市高级人民法院行政裁定书，(2018)津行申489号。

相关案例

广东省高级人民法院行政裁定书，(2019) 粤行申 40 号。

云南省昆明市呈贡区人民法院行政判决书，(2020) 云 0114 行初 50 号。

相关法条

《工伤保险条例》第十四条第五项。

《最高人民法院关于审理工伤保险行政案件若干问题的规定》(法释〔2014〕9 号) 第五条第二款。

十八、因工外出期间工作场所如何确定

与“因工外出期间”相似，“因工外出工作场所”也是工作场所要素中较为特殊的一类工作场所的表现形式。相比于《工伤保险条例》中第十四条第一至三项和第十五条第一款第一项中所规定的通常意义上的工作场所，“因工外出工作场所”这种较为特殊的工作场所的不同之处在于：“因工外出工作场所”多发生在日常工作场所外，是劳动者根据工作的性质或需要或用人单位为了工作需要而指派劳动者从事与工作有关的活动的场所。是否因工外出期间的所有场所均属于工作场所在实践中存在较大争议。

认定争议

在司法实践中，有审判机关认为，职工因履行工作职责受到伤害是指职工受到的伤害与其履行工作职责具有因果关系，这种因果关系除了是伤害与职工工作内容之间的因果关系，也包括伤害与职工因履行工作职责所处的特定工作环境之间的因果关系。若职工因履行工作职责处于特定环境，又因为身处该特定环境而受到了伤害，也应认定该伤害与该职工履行工作职责具有因果关系。职工之所以因工外出是因为有工作上的需要，职工因工外出期间因履行工作职责处于外出的特定环境中，因工外出期间所处的场所相比于一般的工作场所而言有较多不可预测的风险，而这些风险如果让职工自担是不公平不合理的。且职工从事工作的场所与日常的工作场所并不相同，有时为了实现工作目的自然可能会进行一些在一般工作场所中不必要进行的活动，故因工外出的工作场所既包括职工从事工作任务的地点，也包括日常生活、休息的地点；因工外出的工作场所既包括与工作直接有关的场所，也包括为了开展工作所必需的生理需要，如住宿、就餐等场所。[①]

有审判机关认为，职工在特定时空是否属于工作场所，最根本的判断标准是其是否在从事工作。当职工从事工作时，其所处位置属于“工作场所”。这里的工作

① 参见山东省淄博市中级人民法院行政判决书，(2020)鲁03行终212号。

场所不能过于泛化，须具有一般工作的基本特征，如因工外出单位要求完成的工作任务或为完成工作任务所进行的准备等活动，否则不宜认定为工作，因为将因工外出期间所有的场所均认定为工作场所不符合工伤保险保护的目的。对因工外出期间所处的场所是否属于工作场所的判断，需结合因工外出期间单位安排工作的特殊性以及相关的管理要求，结合相应证据来确定是否从事工作，只有从事单位安排工作的合理场所才能认定为因工外出期间的工作场所，这样才具有一定的合理性。且对因工外出期间是否属于在工作，要合理分配社会保险行政部门、职工、用人单位的举证责任，不应将全部举证责任归于社会保险行政部门、用人单位，职工作为当事人，应当承担相应的举证责任。[①]

专业解答

《最高人民法院行政审判庭关于职工外出学习休息期间受到他人伤害应否认定为工伤问题的答复》[（2007）行他字第 9 号]认为，职工受单位指派外出学习期间，在学习单位安排的休息场所休息时受到他人伤害的，应当认定为工伤。职工因工外出过程中所处场所与日常工作场所不同，在外出期间的各个场所均可能受到不可控风险的影响，从开始到结束这个期间所处的场所均属于工作场所，对于职工外出期间用餐、休息的场所均应视为因工外出期间的工作场所，发生伤亡，应认定为工伤。但根据《最高人民法院关于审理工伤保险行政案件若干问题的规定》（法释〔2014〕9 号）第五条第二款规定，职工因工外出期间从事与工作或者受用人单位指派外出学习、开会无关的个人活动受到伤害，社会保险行政部门不认定为工伤的，人民法院应予支持，故并非因工外出期间所有场所发生的所有伤害都能被认定为工伤，比如职工外出期间去逛街，被商场电梯夹伤就不能认定为工伤。在学习单位安排的休息场所从事与工作或者受用人单位指派外出学习、开会无关的个人活动受到他人伤害的，也不能认定为工伤。

① 参见湖南省长沙市中级人民法院行政判决书，（2018）湘 01 行终 401 号。

相关案例

广东省深圳市中级人民法院行政判决书,(2014)深中法行终字第26号。

重庆市第五中级人民法院行政判决书,(2023)渝05行终72号。

相关法条

《工伤保险条例》第十四条第五项。

《人力资源社会保障部关于执行〈工伤保险条例〉若干问题的意见(二)》(人社部发〔2016〕29号)第四条。

《最高人民法院关于审理工伤保险行政案件若干问题的规定》(法释〔2014〕9号)第五条第二款。

十九、因工外出期间可认定为工伤的情形

《工伤保险条例》第十四条第五项规定,因工外出期间,由于工作原因受到伤害或者发生事故下落不明的认定为工伤。该条款作为单独的一项界定了因工外出期间认定为工伤的情形为“工作原因受到伤害”或者“发生事故下落不明”。实践中对该条款是否还包括其他可以认定为工伤的情形有较大争议。

认定争议

在司法实践中,有审判机关认为,《工伤保险条例》第十四条第五项“因工外出”属特殊情形,对该款项的适用不应与《工伤保险条例》第十四条和第十五条规定的其他款项混合使用,应单独使用且仅适用于第十四条第五项规定“由于工作原因受到伤害或者发生事故下落不明”之情形。对因工外出期间的突发疾病、抢险救灾等情形,交通事故或者城市轨道交通、客运轮渡、火车事故伤害等情形均不纳入工伤认定范围。如职工因工外出在酒店休息时突发疾病死亡、因工外出期间的抢险救灾行为、职工因工外出期间的交通事故等情形均不属于可以认定工伤的范围。[①]

有审判机关认为,职工因工外出期间,工作场所具有一定的流动性,相对不固定;工作时间和休息时间也难以区分;工作内容有时也并不完全确定,常常与休息娱乐分不开。且职工因工外出,因环境和工作压力可能会使职工的抵抗力变弱,受到不可控风险的影响变大,应在包括职工往返在内的全部外出时间给予外出职工全方位的保护,除职工从事个人活动外,职工因工外出可以认定为工伤的情形应包括《工伤保险条例》第十四条、第十五条规定的所有情形,而不应仅仅限定于“由于工作原因受到伤害或者发生事故下落不明”这类情形。[②]

---

① 参见河南省濮阳市中级人民法院行政判决书,(2018)豫09行终108号。

② 参见最高人民法院公报案例孙某诉天津高新技术产业园区劳动局工伤认定行政纠纷案,2002年第5期(总第79期)。

专业解答

职工因工外出,从离开家或工作单位到回到家或工作单位这个期间,均应视为一种工作状态,即使在这个过程中职工吃饭、休息,也只是一种解决生理需求的必要活动,除非有充分证据证明职工在因工外出期间确是因私事或从事与工作完全无关的娱乐等原因导致的伤害,否则应将因工外出期间符合《工伤保险条例》第十四条、第十五条规定的所有情形认定为工伤。《最高人民法院行政审判庭关于职工外出学习休息期间受到他人伤害应否认定为工伤问题的答复》[(2007)行他字第9号]规定,职工受单位指派外出学习期间,在学习单位安排的休息场所休息时受到他人伤害的,应当认定为工伤。《最高人民法院行政审判庭关于职工因公外出期间死因不明应否认定工伤的答复》(〔2010〕行他字第236号)规定,职工因工外出期间死因不明,用人单位或者社会保障部门提供的证据不能排除非工作原因导致死亡的,应当依据《工伤保险条例》第十四条第五项和第十九条第二款的规定,认定为工伤。从最高人民法院的上述两个答复来看,最高人民法院对因工外出的工伤认定法律适用并不排除《工伤保险条例》第十四条和第十五条的适用。上述第一种意见即认为,《工伤保险条例》第十四条第五项“因工外出”属特殊情形,对该款项的适用不应与《工伤保险条例》第十四条和第十五条规定的其他款项混合使用,应单独使用且仅适用于第十四条第五项规定“由于工作原因受到伤害或者发生事故下落不明”之情形,属于对法律的机械理解和解读。

相关案例

江苏省高级人民法院行政裁定书,(2020)苏行申538号。

天津市第一中级人民法院行政判决书,(2018)津01行终403号。

相关法条

《工伤保险条例》第十四条第五项、第十五条第一款第二项。

二十、职工因工外出期间发生交通事故的，负事故主要责任或全部责任，能否认定为工伤

从最高人民法院（2007）行他字第9号和〔2010〕行他字第236号两个答复来看，最高人民法院对因工外出的工伤认定法律适用并不排除《工伤保险条例》第十四条和第十五条的适用。若符合《工伤保险条例》第十四条第六项规定，职工因工外出期间，受到非本人主要责任的交通事故或者城市轨道交通、客运轮渡、火车事故伤害的，应当认定为工伤。但是对职工因工外出期间发生交通事故，并负事故主要责任或全部责任的，是否认定为工伤，现有的规定并没有给出明确的意见，这在实践中也产生很多争议。

认定争议

在司法实践中，有审判机关认为，根据《工伤保险条例》第十四条第六项规定，在上下班途中，受到非本人主要责任的交通事故或者城市轨道交通、客运轮渡、火车事故伤害的才认定为工伤，对于职工本人负主要责任的交通事故，不能认定为工伤。因为在职工本人负主要责任的交通事故中，职工本人过错程度较大，甚至有的情形严重，职工已经构成交通肇事罪，被依法追究刑事责任，如果此情形下还对职工的伤亡认定为工伤，既不符合《工伤保险条例》第十四条第六项的规定，也不符合《工伤保险条例》的立法目的，会增加道德风险，增加用人单位和工伤保险基金的负担。①

有审判机关认为，《工伤保险条例》第十四条第五项规定，职工因工外出期间，由于工作原因受到伤害或者发生事故下落不明的，应当认定为工伤。该款项并未对职工受伤害的过错程度与责任进行划分，这与《工伤保险条例》第十四条第六项有本质区别。在司法实践中，对因工外出途中与上下班途中的区分关键在于职工是否仍在履行工作职责，其中包括出发到外地的途中至完成工作返回的全部期间，

---

① 参见甘肃省高级人民法院行政判决书，（2017）甘行终475号。

在这期间排除因职工个人活动受到伤害的阻却事由外，其他受到的伤害均应认定为工伤。①

专业解答

《工伤保险条例》第十四条第六项规定，职工在上下班途中，受到非本人主要责任的交通事故或者城市轨道交通、客运轮渡、火车事故伤害的，应当认定为工伤。由于《工伤保险条例》第十四条第六项规定的情形在实践中发生得很多，深入人心，所以很多人将交通事故认定为工伤直接与“非本人主要责任”画等号，而没有注意其适用的前提条件，甚至有的专业法官也会陷入这种误区。交通事故是事故伤害的一种，在《工伤保险条例》第十四条的其他几项规定里，也有可能发生因交通事故而认定工伤的情况。对交通事故，应进行区分，不同情形适用不同法律依据。职工在上下班途中发生交通事故认定工伤的前提是“非本人主要责任”，职工如果是依法履行工作职责，即使在发生的交通事故中承担“本人主要责任”，也应当属于履行工作职责、因工作原因受伤，应当认定为工伤。例如，单位司机在单位车库倒车时将刹车踩成油门撞墙致伤，本人系主要责任；单位司机驾驶单位班车接送单位职工上下班途中发生本人主要责任的交通事故；物流公司驾驶员驾驶车辆在运送货物途中发生本人主要责任交通事故。在上述情形下，即使职工负主要责任，但职工系履行工作职责，也应认定工伤。因此，职工因工外出期间发生交通事故的，即使负主要责任或全部责任，只要不是从事纯粹的个人活动而导致的交通事故伤害，均应认定为工伤。

关于职工在履行工作职责过程中因交通肇事罪被法院判处刑罚能否阻却工伤认定的问题。职工驾驶车辆履行工作职责时发生交通事故导致本人伤亡的，应视为工作原因，在这种情况下不受交通事故责任限制。交通肇事罪属于过失犯罪，并非故意犯罪，不属于《社会保险法》第三十七条和《工伤保险条例》第十六条规定的法定排除情形，应当认定为工伤。因此，职工因工外出期间发生交通事故的，只要不是从事纯粹的个人活动而导致的交通事故伤害，即使因交通肇事罪被法院判处刑罚也不能阻却工伤认定。

---

① 参见韩德强主编：《工伤认定案件裁判规则》，人民法院出版社 2022 年版，第 148 页。

相关案例

贵州省黔南布依族苗族自治州中级人民法院行政判决书，(2020)黔 27 行终 12 号。

河南省郑州铁路运输中级法院行政判决书，(2021)豫 71 行终 178 号。

相关法条

《工伤保险条例》第十四条第五、六项。

二十一、职工参加用人单位组织或者受用人单位指派参加其他单位组织的活动受到伤害认定为工伤的活动范围

《最高人民法院关于审理工伤保险行政案件若干问题的规定》(法释〔2014〕9号)第四条规定,职工参加用人单位组织或者受用人单位指派参加其他单位组织的活动受到伤害的,社会保险行政部门认定为工伤的,人民法院应予支持。《人力资源社会保障部关于执行〈工伤保险条例〉若干问题的意见(二)》(人社部发〔2016〕29号)第四条规定:"职工在参加用人单位组织或者受用人单位指派参加其他单位组织的活动中受到事故伤害的,应当视为工作原因,但参加与工作无关的活动除外。"上述最高人民法院和人社部对职工参加用人单位组织或者受用人单位指派参加其他单位组织的活动受到伤害认定为工伤的情形均作了规定,但是人社部的规定有一个但书条款,即"但参加与工作无关的活动除外",两个部门在该问题上不完全一致的表述,使实践中职工参加用人单位组织或者受用人单位指派参加其他单位组织的活动受到伤害的工伤认定产生一定争议。

认定争议

在司法实践中,有审判机关认为,按照《人力资源社会保障部关于执行〈工伤保险条例〉若干问题的意见(二)》(人社部发〔2016〕29号)第四条关于"但参加与工作无关的活动除外"的规定,职工参加用人单位组织或者受用人单位指派参加其他单位安排或组织的学习、培训、会议等与工作相关的活动等可作为工作原因考量;参加用人单位组织或者受用人单位指派参加其他单位组织的体育、文艺、观光、旅游、疗养等与工作无关的活动不能作为工作原因考量,由此受到的伤害不能认定为工伤。①

① 参见江苏省南通市中级人民法院行政判决书,(2018)苏06行终548号。

有审判机关认为，用人单位或企业组织各类文化娱乐、体育竞技等活动的主要目的是实现单位或企业利益，其基本态度应是鼓励或积极要求职工参与，虽然职工因参与活动也获得了休闲放松或物质、精神奖励等客观利益，但仍不影响“最大利益归于单位”的认定。原国务院法制办、最高人民法院均已将用人单位组织的此类活动明确为工作安排，故此，在参加单位组织或用人单位指定参与的文体活动中受伤，应当认定为工伤。①

专业解答

从最高人民法院与人力资源和社会保障部对职工参加用人单位组织或者受用人单位指派参加其他单位组织的活动受到伤害认定为工伤的情形作了不完全一致的表述来看，两个部门对“参加与工作无关的活动”是否应排除工伤认定的认识是不一致的，对“参加与工作无关的活动”社会保险行政部门不认定工伤，当事人进而寻求司法救济，使得大量此类争议进入法院形成行政诉讼。对该类情形的工伤认定需要用“利益归属”的标准进行区分。工伤保险制度最初只是将因工作遭受的事故伤害或者职业病伤害纳入工伤保险范围，随着社会经济的发展，工伤保险的范围不断拓宽，视同工伤、上下班途中非本人主要责任的交通事故等情形不断地拓展进入工伤保险范围。可以说扩展工伤保险参保覆盖范围，是工伤保险制度发展的大方向。但是这种扩展必须考虑社会经济现实，平衡用人单位、伤亡职工、工伤保险基金的承载能力三方的利益，秉持公平正义，考虑社会整体利益，而不能一味地秉持弱者保护的理念。对该类情形的工伤认定需要应用“利益归属”的标准进行区分，若职工从事的活动主要利益归属于单位，则符合“因工”的基本标准，应当认定为工伤。若职工从事的活动主要利益归属于本人，则属于享受单位的福利，在享受单位福利过程中受到伤害不符合“因工”的标准，不应当认定为工伤。因此，职工参加用人单位组织或者受用人单位指派参加其他单位安排或组织的学习、培训、会议、体育、文艺等与工作相关的活动主要利益归属于单位，可作为工作原因考量，认定为工伤；参加用人单位组织或者受用人单位指派参加其他单位组织的观光、旅游、休假等活动主要利益归属于职工本人，在这个过程中受伤不宜作为工作原因考量，不宜认定为工伤。

① 参见河南省安阳市中级人民法院行政判决书，(2019)豫 05 行终 211 号。

相关案例

山东省高级人民法院行政裁定书,(2018)鲁行申 1369 号。

天津市第一中级人民法院行政判决书,(2019)津 01 行终 355 号。

广东省深圳市中级人民法院行政判决书,(2014)深中法行终字第 250 号。

相关法条

《工伤保险条例》第十四条第五项。

《最高人民法院关于审理工伤保险行政案件若干问题的规定》(法释〔2014〕9 号)第四条第二项。

《人力资源社会保障部关于执行〈工伤保险条例〉若干问题的意见(二)》(人社部发〔2016〕29 号)第四条。

二十二、职工违反劳动纪律在上下班途中受到机动车伤害能否认定为工伤

职工违反用人单位规章制度，迟到、早退，在上下班的路途中发生交通事故，是否因职工的迟到、早退这一过错行为阻却工伤认定在实践中有争议。

认定争议

在司法实践中，有审判机关认为，职工因迟到、早退等违反劳动纪律的行为导致上班迟到、提前离开岗位是否属于“上下班”情形，应根据工作的性质、特点、一般社会经验及社会情理作合理性的综合考虑。职工未按规定时间上下班，迟到、早退而违反单位相关规章制度的，应当受到劳动纪律的处分，但不应因此剥夺其获得工伤保险待遇的权利。职工未经批准迟到、早退等行为从一般社会认知角度看，虽属于违反劳动纪律，但其行为属于因上下班目的而发生，仍属于上下班范畴。职工违反劳动纪律在上下班途中受到非本人主要责任的交通事故伤害的，属于《工伤保险条例》第十四条第六项规定的情形，即“在上下班途中，受到非本人主要责任的交通事故或者城市轨道交通、客运轮渡、火车事故伤害的”，应当认定为工伤。①

有审判机关认为，上下班时间是指与用人单位建立劳动关系的职工，按照用人单位确定的时间或根据工作实际需要，到工作场所从事用人单位安排的工作的起始和结束时间。其中也包含因个人原因经单位领导同意提前下班或推迟上班的情形，但并不包含未到下班时间且未办理下班交接手续擅自提前离岗的情形和未请假迟到上班的情形。在未获批准的情况下，职工迟到、早退等违反劳动纪律情形不属于上下班，其在途中受到交通事故伤害，不属于《工伤保险条例》第十四条第六项规定的情形，即职工在上下班途中，受到非本人主要责任的交通事故或者城市轨道交通、客运轮渡、火车事故伤害的，不应当认定为工伤。②

---

① 参见潘建兴：《请假未获准早退路遇交通事故是否为工伤？》，载《人民法院报》2018 年 10 月 18 日。

② 参见陕西省高级人民法院行政裁定书，(2020)陕行申 538 号。

专业解答

原《国务院法制办对〈关于职工违反企业内部规定在下班途中受到机动车伤害能否认定为工伤的请示〉的复函》(国法秘函〔2005〕315 号)规定,职工所受伤害只要符合《工伤保险条例》第十四条第六项规定的“上下班途中,受到机动车事故伤害的”规定,就应当认定为工伤。足见,职工违反用人单位劳动纪律上下班,在途中受到非本人主要责任的交通事故或者城市轨道交通、客运轮渡、火车事故伤害的,如果“上下班途中”工伤认定的其他要件均满足,应认定为工伤。对此类问题理解的关键是“上下班途中”的掌握,可以分以下几个层次推进。

首先,要排除职工上班后擅自外出往返单位途中受到非本人主要责任的交通事故伤害。因为在确定职工已上班并应处于上班状态时,职工未经请假或未经单位授意,擅自外出后返回单位途中发生交通事故的,不属于正常的“上下班时间”,也不属于《工伤保险条例》第十四条第六项规定的“上下班途中”,此时其外出行为已经完全脱离“工作原因”这一核心要素,不应认定为工伤。比如职工到达单位后再外出吃早餐发生交通事故,上班中途溜出去买菜、接娃、看病、购物等发生交通事故,均不能认定为工伤。但对于职工在工作时间内因私需离岗外出,提前按照用人单位的劳动纪律和规章制度履行了请假手续并获批准才外出的情况,应进行区分处理,履行请假手续获批离开的下班途中发生本人非主要责任的交通事故,可以认定工伤。

其次,《工伤保险条例》并未规定职工的主观过错是认定工伤的阻却要件,已临近下班时间早退少许时间,或迟到少许时间等情形并未脱离“上下班途中”这一核心要素,应当遵循工伤保险立法本意,坚持向职工倾斜的价值取向,予以认定工伤。但是对于职工过于迟延上班、过早提前下班以及违反用人单位工作秩序造成重大不良影响或者给用人单位造成较大经济损失的,从利益衡平角度出发,应对其在非正常上下班途中受到的机动车伤害,不认定为工伤。

总之,社会生活纷繁复杂,关于违反劳动纪律到达单位,离开单位的情形林林总总,在这个过程中受到机动车伤害是否认定为工伤的核心关键是“上下班途中”的认定。人社部门、司法机关在办案过程中主要是对相关事实的查明,比如“按照用人单位的规章制度请假且已获批准”是否成立。如先口头请假即行离岗,承诺事后补齐书面手续，外出期间发生非本人主要责任的交通事故，关于是否已准假用人单位和职工往往各执一词无法确定。此时应当严格运用证据规则，结合证人证言、用人单位劳动纪律、职工请假拟处理私事的具体内容、紧迫程度等要素进行综合分析判断，进而作出应否认定工伤的结论。

相关案例

浙江省高级人民法院行政裁定书，(2018)浙行申 643 号。

江西省宜春市中级人民法院行政判决书，(2018)赣 09 行终 85 号。

相关法条

《工伤保险条例》第十四条第六项。

二十三、职工上下班途中遭遇无法认定责任的交通事故的工伤认定如何处理

在现实生活中，客观存在因交通事故现场变动，证据灭失，意外事故，路面摄像头被破坏等原因导致公安交通管理部门穷尽手段仍然无法查清事故责任的情况。因公安机关交通管理部门无法查证道路交通事故事实，故无法划分交通事故的责任。职工上下班途中遭遇无法认定责任的交通事故是否认定工伤在实践中争议较大。

认定争议

在司法实践中，有审判机关认为，职工上下班途中遭遇无法认定责任的交通事故的，社会保险行政部门不得以此为由，拒绝作出工伤认定结论。《工伤保险条例》第十四条排除了在交通事故中负主要责任的职工享受工伤保险待遇的情形，但并未排除在交通事故责任无法认定情形下受伤职工可以主张工伤认定并享受工伤保险待遇的权利。《工伤保险条例》第十九条第二款规定："职工或者其近亲属认为是工伤，用人单位不认为是工伤的，由用人单位承担举证责任。"据此，如果用人单位认为受伤职工不属于工伤，由用人单位承担举证责任，若其能够提供证据证明职工受伤的情形不符合《工伤保险条例》第十四条规定的情形，则不认定为工伤。《最高人民法院关于审理工伤保险行政案件若干问题的规定》（法释〔2014〕9 号）第一条规定，人民法院审理工伤认定行政案件，在认定是否存在《工伤保险条例》第十四条第六项"本人主要责任"等情形时，应当以有权机构出具的事故责任认定书、结论性意见和人民法院生效裁判等法律文书为依据，但有相反证据足以推翻事故责任认定书和结论性意见的除外。前述法律文书不存在或者内容不明确，社会保险行政部门就前款事实作出认定的，人民法院应当结合其提供的相关证据依法进行审查。但该规定仅是引导性说明而非法律强制性条款，其目的在于指引工伤认定申请人尽可能详尽地提供有效申请材料，以便准确作出工伤认定。据此，公安机关交通管理部门出具的交通事故责任认定书是社会保险行政部门履行工伤认定

职责的重要依据，但并非作出工伤认定的唯一依据和前提条件。职工发生的交通事故未经公安交通管理部门确定责任，公安机关交通管理部门并没有认定职工在交通事故中应负主要责任。能否认定为工伤，需要根据用人单位提供的证据证明职工受伤的情形是否符合《工伤保险条例》第十四条规定的情形。社会保险行政部门在受理之后要进行实质审查，即依据工伤认定申请人和用人单位提供的证据材料，根据审核需要再对事故伤害中的相关证据进行调查核实，如果证据真实客观，符合工伤认定情形，则作出工伤认定；反之，则以事实不清、证据不足为由不予认定工伤。因此，对于职工上下班途中遭遇交通事故伤害，公安交通管理部门无法认定事故责任的，社会保险行政部门不得以此为由，拒绝作出工伤结论。社会保险行政部门应当依照其法定职权调查收集相关证据并结合用人单位提交的证据，在此基础上判断职工应否承担主要责任，并作出是否认定工伤的结论。[①]

有审判机关认为，首先，根据《工伤保险条例》第十八条的规定，提出工伤认定申请应当提交工伤认定申请表、劳动者与用人单位存在劳动关系的证明材料、医疗诊断证明或者职业病诊断证明书，工伤认定申请表应当包括事故发生的时间、地点、原因以及职工伤害程度等基本情况。可见，职工应当承担工伤认定的初步证据的证明责任；如用人单位不认可社会保险行政部门作出的工伤认定，其承担着否定工伤的举证责任。申请人申请按照《工伤保险条例》第十四条第六项规定的情形认定工伤必须提供受伤职工在上下班途中所遇交通事故属于非本人主要责任的证明材料，这些证明材料中需包含公安交通部门对交通事故责任划分的证明材料，若申请人不能提供，则主要证据不足影响工伤认定结果，应当驳回工伤认定申请，不能认定为工伤。其次，根据《工伤保险条例》第十九条的规定，社会保险行政部门受理工伤认定申请后，根据审核需要可以对事故伤害进行调查核实，用人单位、职工、工会组织、医疗机构以及有关部门应当予以协助。该条款明确，社会保险行政部门根据工伤认定需要可就事故伤害调查核实，但并非任何无法查实的事故伤害都由其核实，不能将是否构成工伤的举证责任转嫁至社会保险行政部门。所以需要核实什么事实，该事实在现有证据下能否核实由社会保险行政部门自行决定。再次，《人力资源社会保障部关于执行〈工伤保险条例〉若干问题的意见》（人社部发〔2013〕34号）第二条，《工伤保险条例》第十四条第六项规定的“非本人主要责任”的认定，应当以有权机关出具的法律文书或者人民法院的生效裁决为依据。根据《道路交通安全法》规定，交通事故的责任划分由公安机关交通管理部门负责，

---

① 参见四川省高级人民法院行政裁定书，（2019）川行申1455号。

社会保险行政部门没有这个职权和职责,由其认定责任划分没有上位法的授权。且相对于用人单位、职工和公安机关交通管理部门,社会保险行政部门并不能第一时间进入现场,获取相关信息,所知晓的交通事故信息并不会比用人单位、职工和公安机关交通管理部门多,能使用的技术手段也不如公安机关交通管理部门。社会保险行政部门也难以清楚完整了解和还原交通事故的全貌,难以认定交通事故的责任。综上,职工上下班途中发生交通事故,无法划分交通事故的责任,应不予认定工伤。①

专业解答

《工伤认定办法》第九条规定:“社会保险行政部门受理工伤认定申请后,可以根据需要对申请人提供的证据进行调查核实。”第十一条规定:“社会保险行政部门工作人员在工伤认定中,可以进行以下调查核实工作:(一)根据工作需要,进入有关单位和事故现场;(二)依法查阅与工伤认定有关的资料,询问有关人员并作出调查笔录;(三)记录、录音、录像和复制与工伤认定有关的资料。调查核实工作的证据收集参照行政诉讼证据收集的有关规定执行。”第十四条规定:“社会保险行政部门受理工伤认定申请后,可以根据工作需要,委托其他统筹地区的社会保险行政部门或者相关部门进行调查核实。”依据以上规定,社会保险行政部门既是工伤认定部门,又是直接管理工伤保险基金的部门,为防止工伤保险基金流失,《工伤认定办法》赋予社会保险行政部门对工伤认定相关事实进行调查核实的职责。上述规定明确社会保险行政部门负有工伤认定的职权以及对相关事实进行调查核实的职责。工伤认定部门基于自身职责所在,在事故伤害相关事实不清,工伤认定的要件事实待证明的情况下,应当充分履职,根据证据审查判断规则对包括交警部门作出的《道路交通事故认定书》在内的全案证据进行审核,对事故事实进行调查,并结合全案证据认定事故事实,而不能把对相关事实的认定判断权完全交给交警部门,不履行对工伤事实的审查认定义务。只要社会保险行政部门受理了工伤认定申请,就有责任和义务对受理案件的事实进行调查并及时作出认定结论,社会保险行政部门进行工伤认定时,应当用尽一切办法去调查事实。社会保险行政部门如经调查,能客观认定责任的,则需按规定认定责任。若无法客观认定责任,可参

---

① 参见江西省景德镇市中级人民法院行政判决书,(2019)赣02行终47号。

考公安机关交通管理部门的责任推定规则，若当事人逃逸或者故意破坏、伪造现场，毁灭证据，使交通事故责任无法认定的，可推定当事人应负事故的全部责任或主要责任。若当事人一方有条件报案而未报案或未及时报案，使交通事故责任无法认定的，可推定其负全部责任或主要责任。若当事人各方有条件报案而均未报案或均未及时报案，使交通事故责任无法认定的，如各方负同等程度过错，则负同等责任；各方负不同等程度过错，则推定机动车一方负主要责任，非机动车、行人一方负次要责任。综合考量机动车之间、机动车与非机动车之间、非机动车之间的交通事故，应以交通过错行为的危险性和避险的可能性为标准确定事故责任；机动车与行人之间、非机动车与行人之间的交通事故应以车让人、车辆确保行人安全的原则确定事故责任。也可参考生效民事判决认定的事实和对责任的划分结论。总之，对“非本人主要责任”的认定，社会保险行政部门应充分运用自由裁量权，综合各种情况，判定是否属于事故过程中当事人的“非本人主要责任”，而不得以公安机关交通管理部门无法认定事故责任为由，拒绝作出工伤认定结论。例如，职工骑电动自行车（非机动车）在上班途中，撞上隔离带伤亡，交警对现场勘查、询问、检验鉴定后作出无法查清事故发生原因的《道路交通事故证明》，社会保险行政部门可根据现场不存在第三人致害的相关证据，判断职工负此次交通事故的主要责任而作出不予认定为工伤的结论。总之，公安机关交通管理部门的事故责任认定结论，不是工伤认定的前置或唯一条件，仅是社会保险行政部门认定工伤与否的重要证据，社会保险行政部门可以将公安机关交通管理部门的事故责任认定结论作为重要证据，并结合有关证据材料综合考量，作出是否构成工伤的认定。当公安机关交通管理部门没有作出事故认定或者由于客观原因作不出事故责任认定，社会保险行政部门不能拒绝工伤认定申请，或者直接认定不构成工伤，而应当依据《工伤保险条例》第十九条规定，根据审核需要对事故伤害进行调查核实，最终作出是否构成工伤的认定。

相关案例

内蒙古自治区通辽市中级人民法院行政判决书，（2019）内 05 行终 101 号。

江西省高级人民法院行政判决书，（2020）赣行再 4 号。

安徽省宣城市中级人民法院行政判决书，（2018）皖 18 行终 48 号。

安徽省高级人民法院行政判决书,(2018)皖行终74号。

相关法条

《工伤保险条例》第十四条第六项、第十八条、第十九条。

《工伤认定办法》第九条、第十一条、第十四条。

《最高人民法院关于审理工伤保险行政案件若干问题的规定》(法释〔2014〕9号)第一条。

《人力资源社会保障部关于执行〈工伤保险条例〉若干问题的意见》(人社部发〔2013〕34号)第二条。

二十四、上下班途中遭遇非交通事故伤害能否认定为工伤

职工在上下班途中会遭遇各种风险，例如，高空抛物致伤，地质滑坡、飞石、树枝断落、雷电等意外事件导致人车受损，甚至在步行上下班的过程中可能会摔伤、被撞伤，或者与他人发生摩擦受到暴力伤害等非交通事故伤害。对这一类非交通事故伤害是否认定为工伤，实践中争议较大。

认定争议

在司法实践中，有审判机关认为，职工在上下班途中遭遇非交通事故不符合《工伤保险条例》第十四条第六项规定的在上下班途中，受到非本人主要责任的交通事故或者城市轨道交通、客运轮渡、火车事故伤害的情形，不应当认定为工伤。(2020)桂行再9号行政判决书认为：张某是广西某医院儿科医生，上班途中被王某当成情敌杀害。从《工伤保险条例》第十四条各项规定来看，并非只有在“工作时间”和“工作场所”内受事故伤害才能认定为工伤。在工作时间前后，或者因工外出期间，或者上下班途中等非“工作时间”或者非“工作场所”情形下，受到事故伤害的，也有应当认定为工伤的情形。但是，《工伤保险条例》第十四条各项规定，应当具有独立性，就受到暴力意外伤害而言，对应的是《工伤保险条例》第十四条第三项规定，根据该项规定，在工作时间和工作场所内，因履行工作职责受到暴力等意外伤害的，应当认定为工伤。也就是说，从《工伤保险条例》第十四条各项规定综合而言，工伤认定中的“工作时间”和“工作场所”是有外延的，但是单就《工伤保险条例》第十四条第三项而言，该项规定中的“工作时间”和“工作场所”是没有外延的。张某所受暴力伤害，不符合《工伤保险条例》第十四条第三项规定的发生在“工作时间”和“工作场所”内的条件。而且，张某作为医生，其从未因履行医生职务行为与王某有过交集，王某实施犯罪行为也不是对张某履行医生职务行为不满而实施，张某所受暴力伤害与其履行医生本职工作无因果关系。故其所受暴力伤害不符合《工伤保险条例》第十四条第三项规定的“因履行工作职责受到暴力等意

外伤害的”的情形。[①]

有审判机关认为,是否认定为工伤并非必须有相应的法律条文来适用,如果职工的伤亡事故既不符合认定为工伤的肯定性规定,也不符合不认定为工伤的排除性规定,那么,应当按照我国工伤认定的立法精神处理。我国工伤认定的立法精神就是最大可能地保障主观上无恶意的劳动者因工作或与工作相关活动遭受事故伤害或者患职业病后能获得医疗救治、经济补偿和职业康复的权利,因此,在工伤认定的有关法律条文规定笼统、原则、列举不明的情况下,工伤认定行政案件应尽可能朝着有利于劳动者利益的角度理解。职工的受伤情形既不符合《工伤保险条例》第十四条、第十五条规定的肯定性规定,也不属于该条例第十六条的排除情形,只要与工作有关和职工无主观恶意,原则上应当认定为工伤。[②] 职工上班的最终目的是工作,下班回家也是完成工作后的后续行为,符合“履行工作职责有关”的情况,职工为履行工作职责在合理的时间与合理路线的上下班途中受到非交通事故的暴力等意外伤害,从保护弱势群体职工的合法权益及人道主义出发,依法应认定为工伤。[③]

专业解答

《工伤保险条例》第十四条第六项规定,在上下班途中,受到非本人主要责任的交通事故或者城市轨道交通、客运轮渡、火车事故伤害的,应认定为工伤。这里强调的交通事故是指车辆在道路上因过错或者意外造成的人身伤亡事件。可见,立法并不对职工往返居住处与工作地点期间受到的伤害予以绝对化保障,而是合理平衡职工、工伤保险基金、用人单位之间利益。对于职工在上下班途中遭遇的非交通事故造成的伤害,不属于可以认定为工伤的情形,职工的伤亡若是因第三方侵权造成的可以通过民事侵权的救济途径予以救济。如列车员在列车到站之后,完成了其交接工作,在回家路上遭遇抢劫受到伤害,不属于交通事故导致的伤害,不能认定为工伤。职工在上下班途中因遭受意外(如飞石滑落、树枝断裂)受伤,不

---

① 参见广西壮族自治区高级人民法院行政判决书,(2020)桂行再9号;安徽省高级人民法院行政裁定书,(2020)皖行申136号。

② 参见杨科雄:《最新工伤认定规则与适用》(第2版),法律出版社2015年版,第146页。

③ 参见重庆市第一中级人民法院行政判决书,(2018)渝01行终663号。

能认定工伤。

相关案例

广东省深圳市中级人民法院行政判决书，(2019)粤 03 行终 51 号。

山西省吕梁市中级人民法院行政判决书，(2020)晋 11 行终 61 号。

相关法条

《工伤保险条例》第十四条第六项。

二十五、上下班途中单车交通事故能否认定为工伤

单车交通事故是指在机动车发生的交通事故中，事故当事人仅机动车一方，无其他事故当事方的交通事故，如职工自己驾车撞墙、撞树，坠崖等。单车交通事故在现实生活中发生的情形较多，且原因各异，若公安机关交通管理部门认定职工负事故主要责任的，则不认定为工伤，若公安机关交通管理部门认定职工负事故次要责任、同等责任或无责任的，则应认定为工伤，这在实践中并无多大争议。但公安机关交通管理部门对单车事故往往无法划定责任主次，而是仅仅出具一个交通事故证明书，该种情形下是否可认定工伤，争议较大。

认定争议

在司法实践中，有审判机关认为，根据《工伤保险条例》第十四条第六项规定，在上下班途中，受到非本人主要责任的交通事故或者城市轨道交通、客运轮渡、火车事故伤害的，应当认定为工伤。又根据《最高人民法院关于审理工伤保险行政案件若干问题的规定》（法释〔2014〕9号）第一条规定，人民法院在认定是否存在《工伤保险条例》第十四条第六项规定的“本人主要责任”时，应当以交警部门出具的法律文书为依据，除非有相反证据足以推翻。申请工伤时申请人需提供相关证明材料，申请人申请按照《工伤保险条例》第十四条第六项规定的情形认定工伤必须提供受伤职工在上下班途中所遇交通事故属于非本人主要责任的证明材料，若申请人不能提供，则不能认定为工伤。[①]

有审判机关认为，在公安机关交通管理部门无法认定责任的情形下，交警部门虽未对该起单方交通事故的责任承担作出划分，但因单方交通事故没有与第三方发生碰撞，不存在责任方，若没有证据证明受伤职工在单方交通事故中负主要及全部责任，从有利于劳动者利益的角度理解，应当认定为工伤。若社会保险行政部门

① 参见江苏省无锡市中级人民法院行政判决书，(2016)苏02行终366号。

在调查核实后不能提供充分证据证明受伤职工在单方交通事故中应承担主要或全部责任的情况下，对受伤职工作出不予认定工伤决定的行政行为审判机关不予支持。①

专业解答

单车事故中若公安机关交通管理部门无法认定责任，则应由社会保险行政部门依职权调查。上下班途中单车交通事故的发生可能由驾驶人员超速、违规变道等违章驾驶引发，可能因道路安全隐患、不可抗力因素引发，也可能因雨天路滑、大雾天能见度低等原因引发，还可能由车辆机械故障引发。单车交通事故是否可以认定工伤需在个案中结合引发单车交通事故的原因进行分析。一般来说，在因为车辆机械故障、道路安全隐患、不可抗力因素引发的单车交通事故中，因受伤职工对发生该类情形的控制力较弱，即使十分注意可能也难以避免伤害的发生，此类情形应当认定为工伤。除此之外，在雨雪天路滑、大雾天能见度低等天气恶劣情况下，驾驶人员应谨慎驾驶车辆，尽到应有的安全注意义务，防范事故发生，若单纯因一般雨雪天气因素引发的单车交通事故不宜认定工伤，以免导致工伤认定标准过于宽泛。若单纯因驾驶人员超速、违规变道等违章驾驶引发单车交通事故，因驾驶人员主观有较大过错，此种情形下不宜认定为工伤。如果多种原因混合导致交通事故，则要考察导致交通事故发生的主要原因，进而作出判断。总之，判断这些情形是否属于工伤的一个标准是驾驶人员对交通事故发生的控制力强弱，如果驾驶人员尽到完全的注意义务仍然无法避免事故的发生，可以认定为工伤，否则，不能认定为工伤。

相关案例

上海市高级人民法院行政裁定书，(2019)沪行申 739 号。

四川省南充市中级人民法院行政判决书，(2020)川 13 行终 81 号。

---

① 参见湖北省宜昌市中级人民法院行政判决书，(2019)鄂 05 行终 111 号。

相关法条

《工伤保险条例》第十四条第六项。

《最高人民法院关于审理工伤保险行政案件若干问题的规定》(法释〔2014〕9号)第一条第二款。

二十六、职工上下班途中违章驾驶能否阻却工伤认定

若职工上下班途中违章驾驶被公安机关交通管理部门认定负事故主要责任的，不认定为工伤，负事故次要责任、同等责任或无责任的，则应认定工伤，这在实践中并无争议。但当公安机关交通管理部门对职工上下班途中违章驾驶无法划定责任主次，而是仅仅出具一个交通事故证明书时，该种情形下如何认定工伤，争议较大。

认定争议

在司法实践中，有审判机关认为，基于一般社会生活基本经验法则，职工上下班途中违章驾驶没有尽到谨慎驾驶、安全行驶的基本注意义务，具有严重过错，其违章行为与交通事故的发生具有直接因果关系，应当推定其承担事故的主要责任，该情形不符合《工伤保险条例》第十四条第六项规定，不应认定为工伤。①

有审判机关认为，从公安机关交通管理部门对职工上下班途中违章驾驶行为无法认定事故责任可以推定职工的违章行为轻微，对事故的发生作用力不大，与交通事故的发生不具有直接因果关系，不应当承担事故的主要责任。职工上下班途中即使有违章驾驶，也符合《工伤保险条例》第十四条第六项规定的应认定为工伤的条件，应认定为工伤。②

专业解答

公安机关交通管理部门对职工上下班途中违章驾驶的行为作出无法认定事故

---

① 参见湖南省长沙市芙蓉区人民法院行政判决书，(2018)湘0102行初61号。

② 参见河北省廊坊市中级人民法院行政判决书，(2020)冀10行终18号。

责任的认定,说明公安机关交通管理部门没有给出一个权威的结论。在工伤认定程序和行政诉讼程序中,社会保险行政部门和法院可以根据调查核实的相关证据作出判断。判断时需要结合具体个案中职工违章行为的程度、路面情况、天气情况、第三方车辆的过错程度等因素进行综合评判,从而考察职工的违章行为对交通事故的发生所起的作用力大小。如果职工的违章行为对事故的发生作用力较小,则宜认定为工伤。例如,受伤职工驾车超过限定时速10%以上不到20%,但是市政道路严重塌陷,未做防护标志,导致职工受伤,此时导致交通事故发生的主要原因是市政道路塌陷,职工的超速行驶在事故形成中的作用力较小,职工的受伤应认定为工伤。如果职工的违章行为对事故的发生作用力较大,则不宜认定为工伤。又如,职工严重超速行驶,掉入悬崖造成伤亡,则不宜认定为工伤。《最高人民法院行政审判庭关于职工在上下班途中因无证驾驶机动车导致伤亡的,应否认定为工伤问题的答复》(〔2010〕行他字182号)认为,无证驾驶导致伤亡的不应认定为工伤,同理对于驾驶无牌机动车、醉酒后驾驶机动车等职工具有明显重大过错而发生事故导致伤害的,也可直接不予认定工伤。

相关案例

浙江省宁波市中级人民法院行政判决书,(2017)浙02行终523号。

福建省莆田市中级人民法院行政判决书,(2015)莆行终字第156号。

相关法条

《工伤保险条例》第十四条第六项。

《最高人民法院关于审理工伤保险行政案件若干问题的规定》(法释〔2014〕9号)第一条第二款。

二十七、职工前往工作场所外就餐途中发生非本人主要责任的交通事故能否认定为工伤

实践中，用人单位即使在上班地点为职工提供了食堂或其他用餐方式，职工不在单位食堂就餐而选择外出就餐也是普遍情形，如有的职工早上到用人单位打卡后再出去吃早餐，有的职工在午休期间选择到用人单位附近的饭馆就餐，在这期间发生非本人主要责任的交通事故能否认定为工伤争议较大。

认定争议

在司法实践中，有审判机关认为，根据《工伤保险条例》第十四条第六项的规定，在上下班途中，受到非本人主要责任的交通事故伤害的，应当认定为工伤。又根据《最高人民法院关于审理工伤保险行政案件若干问题的规定》第六条规定，对社会保险行政部门将从事属于日常工作生活所需要的活动，且在合理时间和合理路线的上下班途中的情形认定为“上下班途中”，人民法院应予支持。即使用人单位在工作地点为职工提供了食堂或其他用餐方式，职工在用餐时间外出就餐是其日常生活的合理需要，职工在外出用餐途中发生非本人主要责任的交通事故，亦属于《工伤保险条例》第十四条第六项规定的情形，应当认定为工伤。[①]

有审判机关认为，《工伤保险条例》第十四条第六项规定，在上下班途中，受到非本人主要责任的交通事故或者城市轨道交通、客运轮渡、火车事故伤害的，应当认定为工伤。职工从家到单位上班即完成上班的过程，下班后从单位到家即完成下班过程，上班过程和下班过程中发生非本人主要责任的交通事故的可以认定为工伤，职工在上下班之间到用人单位附近用餐发生非本人主要责任的交通事故，不

---

① 参见山西省高级人民法院行政裁定书，(2020)晋行申 309 号；四川省高级人民法院行政裁定书，(2020)川行申 1071 号；辽宁省高级人民法院行政裁定书，(2018)辽行申 1704 号。

属于上下班途中，明显不具备以上下班为目的的空间因素、时间因素，不是上下班必要路线，也不是从事上下班途中日常工作生活所需的活动，不属于“上下班途中”，不应认定工伤。[①]

专业解答

《工伤保险条例》第十四条第六项规定，职工在上下班途中，受到非本人主要责任的交通事故或者城市轨道交通、客运轮渡、火车事故伤害的，应当认定为工伤。《最高人民法院关于审理工伤保险行政案件若干问题的规定》第六条规定："对社会保险行政部门认定下列情形为‘上下班途中’的，人民法院应予支持：（一）在合理时间内往返于工作地与住所地、经常居住地、单位宿舍的合理路线的上下班途中；（二）在合理时间内往返于工作地与配偶、父母、子女居住地的合理路线的上下班途中；（三）从事属于日常工作生活所需要的活动，且在合理时间和合理路线的上下班途中；（四）在合理时间内其他合理路线的上下班途中。"根据上述规定，此类案件认定工伤的空间要素是“上下班途中”，上述规定对“上下班途中”界定为工作地与住所地，经常居住地，单位宿舍，配偶、父母、子女居住地的合理路线，职工到用人单位后再外出用餐不属于“上下班途中”，职工在上班过程中或休憩期间前往工作场所外就餐途中发生非本人主要责任的交通事故不能认定为工伤。

相关案例

陕西省高级人民法院行政裁定书，（2020）陕行申 538 号。

重庆市高级人民法院行政裁定书，（2019）渝行申 551 号。

---

① 参见山东省高级人民法院行政判决书，（2020）鲁行再 70 号。

相关法条

《工伤保险条例》第十四条第六项。

《最高人民法院关于审理工伤保险行政案件若干问题的规定》(法释〔2014〕9号)第六条。

二十八、因私事产生的私人恩怨遭受暴力伤害能否认定工伤

同事之间存在私人恩怨属于比较常见的情形，比如某人因同事与其妻子非正常交往并长期保持不正当男女关系，对该同事心生怨恨，在公司用工具伤害该同事致其伤亡。对于纯粹因为私事产生的私人恩怨，可能发生在上班期间，同事间因为这种纯粹的私事引起的私人恩怨发生争执，最后矛盾激化直接动手打架，一方情绪激动难以控制自己的行为，可能会导致另一方受伤。这种上班期间在工作场所内因私人恩怨遭到暴力伤害，受伤的员工是否可以认定工伤，享受工伤待遇在实践中存在巨大争议。

认定争议

在司法实践中，有审判机关认为，从《工伤保险条例》第十四条第三项规定的文义表述来看，原则上，职工在工作时间和工作场所内因履行工作职责受到暴力伤害，均应认定为工伤。理由是工伤认定的主要标准在于工作过程和工作原因，其中又以工作原因为核心，即职工所受伤害应与工作有因果关系，而"工作原因"的本质在于为了"用人单位的利益"，认定工伤标准时应该将职工的主观动机和客观行为两个方面结合起来考量，用人单位否认职工存在"为用人单位的利益"的主观动机的，应承担举证责任，若用人单位不能举证就应承担举证不能的后果。如果职工是为了用人单位的利益而在工作时间、工作场所履行工作职责，只要其履职行为不存在《工伤保险条例》第十六条规定的阻却事由，且其受伤事实发生于其履行工作职责过程中，即应认定为工伤。①

有审判机关认为，职工在工作时间、工作场所打架遭到伤害，不能当然地直接确定可以认定为工伤，需要判断员工是否因为履行工作职责遭到暴力。打架原因

---

① 参见上海市第一中级人民法院行政判决书，(2012)沪一中行终字第9号，《中国审判案例要览(2013年行政审判案例卷)》。

和受伤结果之间具有因果关系才应认定为工伤，对于职工因私事产生的私人恩怨遭受暴力伤害，即使伤害结果发生在工作时间、工作场所，也不能认定为工伤。对于受害者的人身损害应当由侵权人进行民事赔偿，而不能由用人单位和工伤保险基金承担工伤责任。①

专业解答

根据《工伤保险条例》第十四条第三项规定的认定为工伤情形中关于“因履行工作职责”，及《劳动和社会保障部办公厅关于对〈工伤保险条例〉有关条款释义的函》（劳社厅函〔2006〕497 号）“大连市劳动保障局：你局《关于对〈工伤保险条例〉第十四条第三款释义的请示》（大劳发〔2006〕60 号，以下简称请示）收悉。经研究，现回复如下：请示中‘《工伤保险条例》第十四条第三款’应为‘《工伤保险条例》第十四条第（三）项’，其中‘因履行工作职责受到暴力等意外伤害’中的因履行工作职责受到暴力伤害是指受到的暴力伤害与履行工作职责有因果关系。二〇〇六年九月四日”的规定，《工伤保险条例》第十四条第三项规定的应认定为工伤的情形必须考虑职工履行工作职责与受到暴力伤害的因果关系。只有当“暴力伤害”与“履行工作职责”之间存在因果关系时，才应认定为工伤。同事之间纯粹因私事产生的私人恩怨遭受暴力伤害，系个人原因所致，不是履行工作职责遭受暴力伤害或因工作原因受伤，即使发生在工作时间、工作场所也不宜认定为工伤。

相关案例

陈某某不服上海市松江区人力资源和社会保障局社会保障行政确认案，载《最高人民法院公报》2013 年第 9 期。

陕西省高级人民法院行政裁定书，（2019）陕行申 488 号。

---

① 参见青海省高级人民法院行政裁定书，（2019）青行申 132 号。

相关法条

《工伤保险条例》第十四条第三项。

《劳动和社会保障部办公厅关于对〈工伤保险条例〉有关条款释义的函》(劳社厅函〔2006〕497 号)。

二十九、因工作上的琐事产生的私人恩怨遭受暴力伤害能否认定工伤

同事之间因为工作上的琐事产生私人恩怨进而在工作时间、工作场所打架受伤在实践中也比较常见，比如同事对工作分配不满长期形成的积怨、对其他同事打小报告的行为不满等。同事之间因工作上的琐事产生的私人恩怨遭受暴力伤害是否认定为工伤在实践中也存在较大争议。

认定争议

在司法实践中，有审判机关认为，工伤是国家对因工作原因受伤、致残、死亡而导致暂时或永久丧失劳动能力的职工及其亲属提供物质帮助的一种社会保险制度。对于工伤责任的认定，历经职工个人责任到雇主过失责任，直至当前无过错责任三个阶段，当今无过错责任原则已成为世界各国工伤保险法律制度通行的原则。我国《工伤保险条例》第一条规定，该条例的制定是为了保障因工作遭受事故伤害或者患职业病的职工获得医疗救治和经济补偿，其中并没有规定工伤事故中职工是否存在过错，但实践中肯定了无过错责任原则是我国工伤保险制度的基本原则，即职工的过错不能阻却工伤认定，除非吸毒、醉酒、自残自杀等几种情形。《工伤保险条例》第十四条第三项规定中的因履行工作职责受到暴力伤害是指受到的暴力伤害与履行工作职责有因果关系。同事之间因为工作上的琐事产生积怨，打架受伤，产生积怨的原因系因工作原因，打架受伤是一个因工作原因由量变到质变的过程，在这个过程中，工作原因是主要因素，此种情形下的受伤属于因工作原因受到暴力伤害，应当认定为工伤。①

有审判机关认为，《工伤保险条例》第十四条第三项规定中的因履行工作职责受到暴力伤害是指受到的暴力伤害与履行工作职责有直接因果关系。打架原因和受伤结果必须具有必然的联系，即二者的关系属于引起和被引起的关系，只有履行

---

① 参见广东省东莞市第一人民法院行政判决书，(2017)粤1971行初411号。

工作职责是打架受伤必然发生的原因时,才认为两者之间具有因果关系。这里的因果关系应当是指直接因果关系,即职工履行工作职责的行为引起了暴力伤害结果的发生。在认定工伤时,只有当"暴力伤害"与"履行工作职责"之间存在直接的必然的联系时,才应认定为工伤。同事之间因为工作上的琐事产生私人恩怨进而在工作时间、工作场所打架受伤归根结底还是因为同事之间的私人恩怨,与履行工作职责并无直接关联性,不应认定为工伤。[①]

专业解答

《工伤保险条例》第十四条第三项规定中的因履行工作职责受到暴力伤害是指受到的暴力伤害与履行工作职责有直接因果关系。同事之间因为工作上的琐事产生私人恩怨进而在工作时间、工作场所打架受伤是否认定工伤需要判断职工的受伤是否具有一定的"可接受性"。如果争议双方之间具有一定的组织管理关系,组织管理者有权要求被管理对象作出或不得作出某种行为,因此而产生的争吵具有一定的可接受性,因组织管理工作造成组织管理者的伤害可归结为因履行工作职责所导致的伤害。除组织管理关系外,如果双方发生口角是为了维护单位的合法利益或者是提升工作效率等,基于主客观一致的原则,应当认为其是为履行工作职责,发生的争吵对单位而言也是具有可接受性的。除却以上两种情形外,工作中职工之间因琐事打斗,工作只是一个诱因,引发冲突的最直接、最根本的原因还是同事之间的个人恩怨,在工作场所进行带有暴力性质的打架斗殴行为,严重破坏了用人单位的生产经营秩序,明显是违反劳动纪律的行为,与正常履行工作职责具有本质上的区别,并非"履行工作职责",该类情形下因同事之间的冲突导致受伤不宜认定为工伤。

相关案例

福建省厦门市中级人民法院行政判决书,(2021)闽02行终31号。

---

① 参见黑龙江省高级人民法院行政裁定书,(2020)黑行申60号;江苏省无锡市中级人民法院行政判决书,(2021)苏02行终48号。

陕西省宝鸡市中级人民法院行政判决书,(2017)陕03行终78号。

相关法条

《工伤保险条例》第十四条第三项。

三十、职工因履行工作职责产生冲突，被同事拉开后再次冲突受到伤害能否认定为工伤

如果同事之间打架是为履行工作职责，比如双方要同时使用仅剩的最后一批原材料，无法协商由谁先使用而引起争执，打架受伤，因为双方是为完成工作任务打架，属于工作原因，可以认定工伤，这在实践中争议不大。争议比较大的是同事之间在工作时间、工作场所因工作原因发生口角或发生肢体冲突，后经同事劝阻将二人拉开，第一次冲突双方均未受伤，随后双方第二次发生肢体冲突导致受伤，是否认定工伤。比如，同事之间先前因履行工作职责发生互殴，被同事拉开后在食堂相遇再次发生互殴致伤；再如，同事之间先前因履行工作职责发生争执，被同事拉开后在领导办公室再次争执互殴受伤。对此，实践中也存在较大争议。

认定争议

在司法实践中，有审判机关认为，《工伤保险条例》第十四条第三项规定中的因履行工作职责受到暴力伤害是指受到的暴力伤害与履行工作职责有直接因果关系。“履行工作职责”与受伤必须要有时空上的高度紧密性，即“履行工作职责”必须与“受到暴力等意外伤害”在同一时间、同一地点发生才能认为具有直接因果关系。职工为履行工作职责产生冲突，被同事拉开后或经公安机关调解达成赔偿协议结案后再次冲突受到伤害，在时间节点和空间范围上均发生了转换，这种情形下的受伤与履行工作职责不再具有直接的因果关系。且双方发生肢体冲突后，有经人拉开劝停后再度动手的情况，那就不是因工作上的问题发生冲突，已经转换成因私人恩怨报复产生冲突。这就不是因履行工作职责受到暴力等意外伤害，而是因私人恩怨产生的暴力伤害事件。可以通过刑事处罚或治安管理对违法者进行制裁，受害者可以要求加害者赔偿损失，但不能认定为工伤。①

有审判机关认为，《工伤保险条例》第十四条第三项规定中的因履行工作职责

① 参见天津市高级人民法院行政裁定书，(2019)津行申343号。

受到暴力伤害是指受到的暴力伤害与履行工作职责有因果关系。这有两层含义：一是指职工因履行工作职责，使某些人的不合理的或违法的目的没有达到，这些人出于报复而对该职工进行暴力人身伤害；二是指在工作时间和工作场所内，因职工履行工作职责受到其他暴力伤害。故不能对该法条中“在工作时间和工作场所内”作狭义理解，履行工作职责受到暴力伤害可能存在滞后效应，即使有些时候当场没有出现暴力伤害，但可能事后一段时间出现。只要履行工作职责与遭受暴力伤害之间存在直接因果关系，就可以延伸到非工作时间、非工作场所，都可认定为工伤。职工是为履行工作职责产生冲突，被同事拉开后再次冲突受到伤害，根本原因还是因为履行工作职责，被同事拉开这个情节并不能阻断履行工作职责与受伤结果之间的因果关系，应当认定为工伤。①

专业解答

职工为履行工作职责产生冲突，被同事拉开后再次冲突受到伤害是否认定为工伤需区分两种情形，一种情形是再次受伤过程中，受伤职工是“纯洁的受害人”；另一种情形是再次受伤过程中，受伤职工是主动发起进攻或具有一定过错的一方。对于再次受伤过程中，受伤职工是“纯洁的受害人”的情况下，受伤职工的伤害后果是工作原因引起，同事的故意伤害行为直接导致的，受伤职工所受伤害与工作原因之间亦具有因果关系，同事的劝阻不能中断这一因果关系，此类情形应当认定为工伤。例如，两个同事之前因工作原因产生扭打，被同事拉开后，其中一位同事在另一位同事猝不及防的情况下用工具将其打伤，这种情形应当认定为工伤。再次受伤过程中，若受伤职工主动发起进攻或双方均具有一定过错，则不宜认定为工伤。理由是职工的受伤虽然是在工作时间、工作场所发生，并且与履行工作职责有一定的联系，但是这种联系并不是直接的，被同事拉开后再次争执受伤，从受伤的时间节点和致伤的过程来看，再次受伤的原因中私人恩怨所占的比例要重一些，工作原因与伤害结果之间不再具有直接的因果关系。

① 参见福建省厦门市中级人民法院行政判决书，(2021) 闽 02 行终 31 号。

相关案例

最高人民法院行政判决书,(2020)最高法行再 68 号。

天津市第二中级人民法院行政判决书,(2013)二中行终字第 143 号。

相关法条

《工伤保险条例》第十四条第三项。

三十一、与履行工作职责有关的事后报复行为能否认定工伤

与履行工作职责有关的事后报复行为在实践中也经常发生，因事后报复伤害的情况千差万别，是否认定工伤也产生巨大争议。

认定争议

在司法实践中，有审判机关认为，事后报复虽然缘起于工作，但受害方遭受人身伤害的直接原因来源于侵害方的施暴行为，从整个事情发展过程看，“事后报复”行为均属于“私人恩怨”范畴，与履行工作职责并不具有直接因果关系，不能认定为工伤。[①]

有审判机关认为，《工伤保险条例》的立法目的旨在保护职工的合法权益，最大可能地保障主观上无恶意的职工在生产劳动过程中遭受事故伤害或患职业病后能获得医疗救治、经济补偿和职业康复的权利，只要不能排除职工的受伤非因工作原因的情况下，就应当作出有利于职工权益保护的推定。因此，“事后报复”系因工作原因引起，与履行工作职责具有因果关系，应当认定为工伤。[②]

专业解答

与履行工作职责有关的事后报复行为主要有三种情形，第一种情形是对保安等特殊工种职工及具有监管意义上的工作职责关系的职工的事后报复行为。例如保安不允许外来人员进入厂区或协助抓捕小偷，导致外来人员或小偷未达目的愤恨难平，在保安下班后纠结人员进行报复导致保安受伤。第二种情形是员工之间

① 参见贵州省毕节市中级人民法院行政判决书，(2017)黔05行终111号。

② 参见重庆市第三中级人民法院行政判决书，(2018)渝03行终88号。

上班时间因工作原因产生矛盾,下班后实施报复伤害。第三种情形是员工之间因工作琐事存在长时间的矛盾,一方在另一方下班后进行打击报复导致另一方职工受伤。对与履行工作职责有关的事后报复行为是否认定工伤应予区分:第一种情形和第二种情形,应当认定为工伤。因为实践中职工履行工作职责可能存在一定的滞后效应,例如保安不允许外来人员进入厂区,导致其未达目的愤恨难平,在保安下班后纠结人员进行报复导致保安受伤;又如,工人对班组长阻止其偷原料回家的行为不满,下班后进行报复导致班组长受伤。这种情况下宜对"工作原因"的理解进行合理延伸,因为职工的行为归根结底是为了用人单位的利益,其受伤事实直接根源于履行工作职责,虽然已不属于工作时间、工作场所,但仍应依法认定为工伤。第三种情形不宜认定为工伤,职工之间因工作存在长时间的矛盾,一方被报复打伤,虽然也是因工作引起,但导致受伤的直接原因为"私人恩怨",与履行工作职责并无直接因果关系,依法不能认定为工伤。

相关案例

《最高人民法院公报》2013 年第 9 期(总第 203 期)。

上海市第一中级人民法院行政判决书,(2012)沪一中行终字第 9 号。

相关法条

《工伤保险条例》第十四条第三项。

三十二、职工不当行为能否阻却暴力伤害的工伤认定

《工伤保险条例》第十四条第三项中所称“履行工作职责”，一般系指职工以正当、合理的方法和手段履行工作职责，且没有超过合理、必要的限度。但在实践中，也难以避免地存在受伤职工不能正确处理纠纷、使用过激的言辞甚至率先使用暴力等不当的行为，对于这一类行为是否会阻却工伤认定，在实践中也产生较大争议。

认定争议

在司法实践中，有审判机关认为，不能要求受伤职工是“圣人”，在判定职工是否履行工作职责时不能囿于法律条文的狭隘文义解释，而要重点考虑是否为了用人单位利益而从事的行为，只要其履责行为不存在《工伤保险条例》第十六条规定的阻却事由，受伤职工的过错不足以阻却对履行工作职责的认定。①

有审判机关认为，因履行职责发生争议时，职工应以恢复正常履行工作职责状态为目的，并以适度的方法和手段达到该目的，法律鼓励员工采取正当合法的途径去解决问题，而不是通过采取实施暴力的手段去解决。职工虽然履行工作职责，但是其受到的伤害是由于工作方法严重不当，超出了一般人所能认识、理解、容忍或预见的手段方式，并非以正当、合理的方式履行工作职责，由此造成暴力伤害与《工伤保险条例》所认可的因工作受到伤害有本质的区别，不能认定为工伤。②

---

① 参见辽宁省高级人民法院行政裁定书，(2020)辽行申 1027 号。

② 参见重庆市高级人民法院行政裁定书，(2020)渝行申 455 号。

专业解答

职工因履行工作职责发生争议时未能正确处理纠纷,甚至存在行为不当情形时能否认定为工伤,需要根据《工伤保险条例》的相关规定进行具体分析。一是从保障劳动者合法权益的角度出发,应当对《工伤保险条例》第十四条作适度从宽解释。从制度价值的角度适用本条款对是否属于工伤进行认定时,不能要求“纯洁的受害人”,即只有在暴力伤害中完全无过错的受害人才能够认定为“履行工作职责”,但如果有证据证明伤害后果系因职工故意或严重过失造成,或者职工对伤害后果的发生负有主要责任,或者以违反公序良俗的方式履职受到暴力伤害,不应认定为工伤。即职工严重不当行为可阻却履行工作职责与受到暴力伤害之间的因果关系认定。二是保安、安检等行业履行工作职责与受到暴力伤害之间的因果关系认定适度从宽,因为这一类行业工作具有特殊性,其本身没有执法权,在履行工作职责中处于弱势地位,但是其维护一定区域范围内的公共安全和社会管理秩序的重要性又毋庸置疑。其他行业因工作原因遭受暴力伤害是否认定为工伤要根据案件细节,考量公共伦理道德与法律的规定进行衡平。

总之,对职工是否因履行工作职责遭受暴力行为,应当从遭受伤害的起因是履行工作职责或与履行工作职责相关联,遭受伤害职工应出于维护工作单位利益的目的,处置矛盾冲突需有合理限度等方面,充分审查履行工作职责与遭受他人暴力行为而致伤害之间是否存在因果关系,并作为工伤认定的依据,并非简单理解为暴力伤害是发生在职工履行工作职责过程中。对《工伤保险条例》第十四条第三项因“暴力伤害”的工伤认定,应当严格遵从证据规则,在工作时间、工作场所、工作原因的基础上,重点考察伤害起因、伤亡职工的具体工作内容等背景情况。

相关案例

最高人民法院行政判决书,(2020)最高法行再 68 号。

山西省太原市中级人民法院行政判决书,(2015)并行终字第 152 号。

陕西省西安铁路运输中级人民法院行政判决书,(2020)陕 71 行终 677 号。

相关法条

《工伤保险条例》第十四条第三、五项。

三十三、职工因工外出期间死亡原因不明能否认定为工伤

除职工从事个人活动外，职工因工外出可以认定为工伤的情形应包括《工伤保险条例》第十四条、第十五条规定的所有情形。《工伤保险条例》第十四条、第十五条规定的情形均属于伤亡原因可以调查清楚的情形。实践中还存在职工因工外出期间死亡，公安机关无法查明死亡的具体时间、地点、原因，其他当事人也无法提供有效证据证明死者的具体死因，此种情形下是否认定工伤，产生较大争议。

认定争议

在司法实践中，有审判机关认为，《工伤保险条例》第十四条第五项规定，因工外出期间，由于工作原因受到伤害或者发生事故下落不明的，应当认定为工伤。职工因工外出期间死亡，虽然死因不明，但不能排除系由于工作原因导致死亡。《工伤保险条例》第十九条第二款规定："职工或者其近亲属认为是工伤，用人单位不认为是工伤的，由用人单位承担举证责任。"在用人单位举证不能的情况下，应先作出有利于职工的认定。①

有审判机关认为，根据《工伤保险条例》第十四条第五项的规定，职工因工外出期间由于工作原因受到伤害或者发生事故下落不明的，应当认定为工伤。职工因工外出期间死亡，死因不明，结合事故发生时间是否属于工作时间，事故发生地点是否在正常活动区域，事故发生的原因是否符合"为了单位的正当利益"或"为解决必要的生理所需"的条件，若不属于因工作原因，不能认定职工的死亡系由于工作原因引起，不符合《工伤保险条例》第十四条第五项规定的情形，不应认定为

① 参见北京市第二中级人民法院行政判决书，(2009)二中行终字第411号；湖南省长沙市中级人民法院行政判决书，(2019)湘01行终516号。

工伤。[1]

专业解答

《最高人民法院关于职工因公外出期间死因不明应否认定工伤的答复》(〔2010〕行他字第 236 号)规定:“山东省高级人民法院:你院《关于于保柱诉临清市劳动和社会保障局劳动保障行政确认一案如何适用〈工伤保险条例〉第十四条第(五)项的请示》收悉。经研究,答复如下:原则同意你院的第一种意见。即职工因公外出期间死因不明,用人单位或者社会保障部门提供的证据不能排除非工作原因导致死亡的,应当依据《工伤保险条例》第十四条第五项和第十九条第二款的规定,认定为工伤。此复。二〇一一年七月六日”。该答复即是对此问题的明确回复。即职工因工外出期间除从事个人活动期间死亡外,其他因工外出期间死亡,即使死亡原因不明,也应认定工伤。理由是:职工因工外出系基于用人单位指派或安排,且因工外出期间,职工面临的不可预测的风险将远远大于正常非外出工作的情形。职工因工外出期间死亡,虽然死因不明,但可能是工作原因导致死亡,也可能不是工作原因死亡,根据《工伤保险条例》第十九条第二款规定,职工或者其近亲属认为是工伤,用人单位不认为是工伤的,由用人单位承担举证责任。若用人单位不能举证证明职工非因工作原因死亡,则应由用人单位承担举证不能的责任,应当推定职工的死亡与工作具有因果关系,认定为工伤。但若职工借因工外出之机在工作时间或工作之余进行走亲访友、娱乐购物、游览观光等与工作完全无关的个人活动而死亡,则彻底脱离了工作原因,不应认定为工伤。

相关案例

浙江省温州市中级人民法院行政判决书,(2017)浙 03 行终 125 号。

---

① 参见广东省高级人民法院行政裁定书,(2017)粤行申 259 号。

相关法条

《工伤保险条例》第十四条第五项。

《最高人民法院关于职工因公外出期间死因不明应否认定工伤的答复》(〔2010〕行他字第236号)。

三十四、工作期间死亡原因无法查明能否认定工伤

根据《工伤保险条例》第十四条第一至三项规定，在工作时间和工作场所内，因工作原因受到事故伤害死亡的，从事与工作有关的预备性或者收尾性工作受到事故伤害死亡的，因履行工作职责受到暴力等意外伤害死亡的应当认定为工伤。根据《工伤保险条例》第十五条第一款第一项规定，在工作时间和工作岗位，突发疾病死亡或者在 48 小时之内经抢救无效死亡的，视同工伤。对实践中有证据表明劳动者可能死于其他原因，而非死于上述《工伤保险条例》明确规定的几种情形，死因不明确时，如何认定工伤，现行法律法规并未明确规定，在实践中产生争议。比如，值夜班期间溺水死亡（死因不明），又如家属未经鉴定火化尸体导致无法查明死者是因在工作中突发疾病死亡还是因医院治疗不当死亡，此类案件的工伤认定在实践中争议较大。

认定争议

在司法实践中，有审判机关认为，从《工伤保险条例》第十四条第一至三项及第十五条第一款第一项规定来看，因工作原因、工作中突发疾病与死亡结果应当存在因果关系。如果职工系因非工作原因死亡或非死于工作过程中的突发疾病，则其死因系其他原因导致，不符合条例规定的因工作原因死亡或因在工作时间、工作岗位突发疾病导致死亡的要件。即与工作无关的原因阻断了因工作原因、工作中突发疾病与死亡结果之间的必然联系。如值夜班期间溺水身亡，与工作无关联，不应认定为工伤。如果无法查明职工属于工作岗位突发疾病死亡还是因治疗不当死亡时，应当由工伤认定申请人承担举证不能责任，不应认定为工伤。[①]

有审判机关认为，《工伤保险条例》第十九条第二款规定："职工或者其近亲属认为是工伤，用人单位不认为是工伤的，由用人单位承担举证责任。"《工伤认定办

---

① 参见山西省临汾市中级人民法院行政判决书，(2018) 晋 10 行终 71 号。

法》第十七条规定："职工或者其近亲属认为是工伤，用人单位不认为是工伤的，由该用人单位承担举证责任。用人单位拒不举证的，社会保险行政部门可以根据受伤害职工提供的证据或者调查取得的证据，依法作出工伤认定决定。"根据上述规定，用人单位不认为是工伤的，由用人单位承担举证责任，在死因无法查明的情况下，应当由用人单位承担举证不能的后果。且《工伤保险条例》第十四条第一至三项，第十五条第一款第一项并未明确排除死因不明时的死亡情形，只要职工在工作时间、工作岗位死亡或者突发疾病死亡，均应认定为工伤。①

专业解答

上述问题产生分歧的主要原因是《工伤保险条例》第十九条第二款、《工伤认定办法》第十七条对举证责任的分配，若用人单位不能证明职工非因工作原因死亡或工作岗位突发疾病与死亡之间不具有因果关系，则应推定职工因工死亡或工作岗位突发疾病死亡，应认定为工伤。上述举证责任的分配系基于工伤职工是弱势群体，从倾斜性保护工伤职工合法权益的角度作了举证责任的配置。但上述举证责任的配置未考虑造成事实不清的原因及其责任，实践中确实存在因工伤职工家属拒绝进行鉴定，导致死因不明确，认定工伤具有困难的情形。一些工伤职工家属利用这条举证责任规则，即死因不明时一律由用人单位承担不利后果，钻法律的空子，极易引发道德风险。比如，有的职工在工作时间和工作岗位于 48 小时之内经抢救无效死亡，职工家属拒绝进行死因鉴定，一方面通过医闹获得医院的医疗事故赔偿，另一方面又通过申请工伤认定获得工伤待遇。对工作期间死亡原因无法查明情形下的工伤认定须区分死因无法查明的原因及责任。准确查明死因是正确处理工伤认定的关键，如果是死亡职工家属拒绝进行死亡原因鉴定导致死亡原因无法查明的，应当由死亡职工家属承担举证不能的后果。如果穷尽各种手段均无法查明死亡原因，那么可按《工伤保险条例》第十九条第二款、《工伤认定办法》第十七条对举证责任的分配规则，推定是工作原因或工作岗位突发疾病导致死亡，认定为工伤。

---

① 参见河北省邢台市中级人民法院行政判决书，(2020)冀 05 行终 119 号。

相关案例

安徽省宣城市中级人民法院行政判决书，(2020)皖18行终73号。

新疆维吾尔自治区阿克苏地区中级人民法院行政判决书，(2020)新29行终30号。

相关法条

《工伤保险条例》第十四条第一、二、五项，第十五条第一款第一项。

三十五、职工在工作中因严重不当行为造成意外能否阻却工伤认定

在工伤认定中，一般不因本身过错影响工伤认定和工伤保险待遇，但属于自杀和自残、醉酒和吸毒、故意犯罪的除外。《工伤保险条例》对职工一般的过错引发伤亡持容忍态度，不因职工的一般过错不予认定工伤，但实践中存在职工的过错超出一般人能承受的范围，又不属于自杀和自残、醉酒和吸毒、故意犯罪排除工伤认定的范围，此时在用人单位和工伤职工之间就是否认定为工伤产生巨大争议。比如，上班期间擅自误食剧毒物质致严重残疾、无电工资质擅自修理电器触电身亡等情形下的工伤认定。

认定争议

在司法实践中，有审判机关认为，职工从事工作中存在过错，不属于排除工伤认定的法定情形，不能因此割裂职工受伤与其从事本职工作之间的关联关系。在部分工伤事故中，受伤情形确因职工缺乏安全意识、疏忽大意、精力不集中等过失、过错行为引起，但工伤保险正是分担事故风险、提供劳动保障的重要制度。如果将职工个人主观上的过失、过错作为认定工伤的排除条件，不符合《工伤保险条例》保障职工合法权益的立法目的。因为工伤认定实行“无过错认定原则”，只要职工受到伤害的情形符合《工伤保险条例》第十四条、第十五条认定为工伤或者视同工伤的规定，且不属于《工伤保险条例》第十六条规定的排除工伤认定的几种情形，即故意犯罪、醉酒或者吸毒、自残或者自杀，都应认定属于工伤。①

有审判机关认为，按照《社会保险法》第三十七条和《工伤保险条例》第十六条规定的立法精神，职工履行工作职责时应当以正常履职为原则，发生争议时，职工应以复原正常履行工作职责状态为目的，并以适度的方法和手段达到该目的，行为不应超过合理、必要的限度。职工采取非正当的方式履职，其严重不当的行为将阻

① 参见江苏省南通市中级人民法院行政判决书，(2020)苏06行终304号。

断履行工作职责与受到伤害之间的因果关系，其因此所受伤害与正当履职受到伤害有本质的区别，其在工作中犯有严重致命过错导致伤亡的，不适用无过错认定原则，职工的过错超出一般人的认知范围，超出不可思议的范畴，则不应认定为工伤。[①]

专业解答

从工伤保险制度的发展来看，工伤认定的归责原则经历了由“过错责任”原则向“无过错责任”原则的转变。在“过错责任”原则下，需由受伤害的职工或家属举证，雇主对于企业事故的发生必须有主观过错，否则就不能获得赔偿；“无过错责任”原则下，当职工受到伤害时，无论雇主有无过失，无论是由于职工本人或其同事的过失、粗心，以及其他原因，职工均可获得工伤赔偿待遇。这一原则的转变，起到了简化法律程序、提高效率、及时公正地保障受伤害职工权益的作用，但同时也使用人单位和工伤保险基金承担更大的风险。尤其是职工在工作中严重不当行为亦不能阻却工伤认定的情况下，会造成一定程度的道德风险。对此，笔者认为，对职工在工作中的严重不当行为应进行目的考察，如果其违反操作规程，目的是完成工作任务，且并不属于《工伤保险条例》第十六条规定中不得认定为工伤的情形，依法应当认定为工伤。例如，为完成工作任务，在无电工资质情况下擅自修理电器设备触电身亡，应当认定为工伤。又如，2014年最高人民法院发布的刘某某诉原米泉市劳动人事社会保障局工伤认定一案。该案中，新疆米泉市铁厂沟镇三矿副矿长刘某某为保证煤矿安全生产，下班后与炮工一起在职工宿舍内，将瞬发电雷管改制成延期电雷管时，雷管爆炸，将刘某某炸伤。随后，铁厂沟镇煤矿与刘某某达成赔偿协议。2001年4月9日，刘某某向米泉市劳动局申请工伤认定。米泉市劳动局作出《关于不予认定刘某某为工伤的决定》。最高人民法院提审后作出判决认为：职工因单位工作需要，在非工作场所从事危险工作而受伤，即使存在一定违规，仍应认定该工作与本单位重大利益具有直接关系，从而应予认定为工伤。遂判决新疆维吾尔自治区乌鲁木齐市米东区人社局重新作出具体行政行为。如果职工的严重不当行为目的不是完成工作任务或者目的无法判断，则应结合案件具体事实进行判断，不宜一律按照无过错责任原则推定为工伤。再如，负责超市收银的员工

① 参见四川省高级人民法院行政判决书，(2016)川行终665号。

跑到卫生间喝洁厕剂导致伤亡,其可能声称因为工作劳累意识不清醒,误以为卫生间洁厕剂是饮料而喝下去导致伤害,但该种情形下的受伤明显有违生活常理;仓库保管员擅自误食仓库存放的杀虫剂导致伤害,亦有违生活常理。这一类职工本身的行为超出普通人的认知范围,严重不合理,应当结合具体的案情进行判断,不宜认定工伤。

相关案例

最高人民法院行政裁定书,(2011)行提字第15号。
广西壮族自治区南宁铁路运输法院行政判决书,(2019)桂7102行初51号。
重庆市高级人民法院行政裁定书,(2019)渝行申222号。

相关法条

《社会保险法》第三十七条。
《工伤保险条例》第十四条第一项、第十六条。

三十六、第三方行为引发意外伤害能否认定为工伤

职工在工作场所遭受来自第三方的意外伤害比较常见，这一类伤害可能与工作原因无关，如被同事把玩的玩具枪射伤、在工地上被外来卸货的车辆撞伤、第三方在建筑工地跳楼自杀砸伤在工地上班职工等。对这一类意外伤害能否认定为工伤，在实践中存在巨大争议。

认定争议

在司法实践中，有审判机关认为，根据《工伤保险条例》第十四条的规定，职工构成工伤一般应当具备三个因素，即工作时间、工作地点、工作原因。职工所受伤害系第三方导致的意外，非因工作原因受伤，则不具备上述三个条件，不应认定为工伤。①

有审判机关认为，《工伤保险条例》第一条规定："为了保障因工作遭受事故伤害或者患职业病的职工获得医疗救治和经济补偿，促进工伤预防和职业康复，分散用人单位的工伤风险，制定本条例"。就立法目来看，对于工伤的认定不能局限于直接原因。另外，《工伤保险条例》第十四条规定："职工有下列情形之一的，应当认定为工伤……（三）在工作时间和工作场所内，因履行工作职责受到暴力等意外伤害的……"职工在工作时间、工作场所受到伤害，不管这种伤害来自第三方还是工作本身，均应认定为工伤。②

专业解答

《最高人民法院关于审理工伤保险行政案件若干问题的规定》（法释〔2014〕9

---

① 参见河南省洛阳市中级人民法院行政判决书，(2018)豫03行终277号。

② 参见甘肃省高级人民法院行政判决书，(2020)甘行终209号。

号)第八条规定:“职工因第三人的原因受到伤害,社会保险行政部门以职工或者其近亲属已经对第三人提起民事诉讼或者获得民事赔偿为由,作出不予受理工伤认定申请或者不予认定工伤决定的,人民法院不予支持。职工因第三人的原因受到伤害,社会保险行政部门已经作出工伤认定,职工或者其近亲属未对第三人提起民事诉讼或者尚未获得民事赔偿,起诉要求社会保险经办机构支付工伤保险待遇的,人民法院应予支持。职工因第三人的原因导致工伤,社会保险经办机构以职工或者其近亲属已经对第三人提起民事诉讼为由,拒绝支付工伤保险待遇的,人民法院不予支持,但第三人已经支付的医疗费用除外。”由此可见,最高审判机关认可工伤保险与民事侵权赔偿的兼得模式。即发生工伤后,工伤雇员既可以享有工伤待遇,也可以同时获得第三人的民事侵权损害赔偿,得到双重保护,故职工在工作场所因第三方行为引发意外伤害当然可以认定为工伤。且职工在工作场所因第三方行为引发意外伤害,虽然可能与履行工作职责无关,但是职工受的这种伤害缘于职工为了用人单位的利益而处在特殊的工作场所中,职工本人无过错的情况下,在这种场所中遭受的各种伤害均应当认定为工伤。

相关案例

重庆市涪陵区人民法院行政判决书,(2013)涪法行初字第00077号,即最高法院指导性案例94号。

陈某某不服上海市松江区人力资源和社会保障局社会保障行政确认案,载《最高人民法院公报》2013年第9期。

相关法条

《工伤保险条例》第十四条第三项。

三十七、职业病患者或用人单位申请工伤认定的起算时间

《工伤保险条例》第十七条第一、二款规定："职工发生事故伤害或者按照职业病防治法规定被诊断、鉴定为职业病，所在单位应当自事故伤害发生之日或者被诊断、鉴定为职业病之日起30日内，向统筹地区社会保险行政部门提出工伤认定申请。遇有特殊情况，经报社会保险行政部门同意，申请时限可以适当延长。用人单位未按前款规定提出工伤认定申请的，工伤职工或者其近亲属、工会组织在事故伤害发生之日或者被诊断、鉴定为职业病之日起1年内，可以直接向用人单位所在地统筹地区社会保险行政部门提出工伤认定申请。"《职业病诊断与鉴定管理办法》第三十条规定："职业病诊断机构作出职业病诊断结论后，应当出具职业病诊断证明书。职业病诊断证明书应当由参与诊断的取得职业病诊断资格的执业医师签署。职业病诊断机构应当对职业病诊断医师签署的职业病诊断证明书进行审核，确认诊断的依据与结论符合有关法律法规、标准的要求，并在职业病诊断证明书上盖章。职业病诊断证明书的书写应当符合相关标准的要求。职业病诊断证明书一式五份，劳动者一份，用人单位所在地县级卫生健康主管部门一份，用人单位两份，诊断机构存档一份。职业病诊断证明书应当于出具之日起十五日内由职业病诊断机构送达劳动者、用人单位及用人单位所在地县级卫生健康主管部门。"第四十八条规定："职业病鉴定办事机构出具职业病诊断鉴定书后，应当于出具之日起十日内送达当事人，并在出具职业病诊断鉴定书后的十日内将职业病诊断鉴定书等有关信息告知原职业病诊断机构或者首次职业病鉴定办事机构，并通过职业病及健康危害因素监测信息系统报告职业病鉴定相关信息。"职业病诊断证明书、职业病诊断鉴定书作出后尚有一个送达过程，职业病患者或用人单位申请工伤认定，以申请人收到或知晓职业病诊断书、职业病鉴定书时间为起算工伤认定申请时间，还是严格按照《工伤保险条例》第十七条规定的"被诊断、鉴定为职业病之日起"起算工伤认定申请时间在实践中产生争议。

认定争议

在司法实践中,有审判机关认为,《工伤保险条例》第十七条规定,职工发生事故伤害或者按照职业病防治法规定被诊断、鉴定为职业病,所在单位应当自事故伤害发生之日或者被诊断、鉴定为职业病之日起30日内,向统筹地区社会保险行政部门提出工伤认定申请。该条对职业病申请工伤的起算时间进行了明确规定,不是以收到或知晓职业病诊断证明书作为起算时间点,而是以“被诊断、鉴定为职业病之日起”起算。患职业病的职工进行职业病诊断或鉴定时,职业病诊断机构或鉴定机构均会当场告知结果,职业病患者或用人单位申请工伤认定的起算时间应当严格按照“被诊断、鉴定为职业病之日起”起算,即按照职业病诊断书、职业病鉴定书上载明的时间起算。避免职业病患者或用人单位以未收到职业病诊断书、职业病鉴定书,不知诊断结果、鉴定结果为由超期后申请工伤认定。且《职业病防治法》和《职业病诊断和鉴定管理办法》对文书的送达也有明确规定,如果是用人单位或者诊断机构违反规定处理导致职工职业病诊断证明延迟收到,造成的后果应由相应的单位来承担,不应将职业病诊断证明书、职业病诊断鉴定书的送达期限予以扣除,延长用人单位、工伤职工或者其近亲属、工会组织申请工伤认定的期限,将超期后申请工伤认定纳入工伤认定范围,从而将职业病诊断机构、鉴定机构导致职业病诊断证明书、鉴定书延迟收到造成的法律后果转嫁到用人单位或工伤保险基金上来。[①]

有审判机关认为,职业病患者或用人单位申请工伤认定,应以申请人收到职业病诊断书、职业病鉴定书的时间起算工伤认定申请时间。理由是实践中,客观存在职业病诊断机构或鉴定机构未当场告知诊断、鉴定结果,职业病患者收到职业病诊断书、职业病鉴定书后才知晓诊断、鉴定结果的情形。也客观存在职业病患者知晓诊断、鉴定结果后未及时告知用人单位,用人单位收到职业病诊断书、职业病鉴定书后才知晓诊断、鉴定结果的情形。从保护职业病患者或用人单位申请工伤认定的期限利益的角度,应当以申请人收到职业病诊断书、职业病鉴定书的时间为工伤认定申请起算时间。[②]

---

① 参见贵州省黔西南布依族苗族自治州中级人民法院行政判决书,(2017)黔23行终52号。

② 参见辽宁省丹东市中级人民法院行政判决书,(2018)辽06行终71号。

专业解答

职业病患者或用人单位申请工伤认定，应当以职业病诊断书、职业病鉴定书送达申请人的时间为起算工伤认定申请时间。在特殊情形下，确有证据证明申请人在职业病诊断书、职业病鉴定书送达申请人之前已经知晓职业病诊断结论、职业病鉴定结论的，可以将申请人知晓职业病诊断、职业病鉴定结论的时间作为工伤认定申请起算时间。理由如下：一方面，只有职业病患者或用人单位知晓职业病诊断、鉴定结果才能申请工伤认定，如果职业病患者或用人单位不知晓职业病诊断结论、职业病鉴定结论，职业病诊断书、职业病鉴定书作出后没有及时送达就从“被诊断、鉴定为职业病之日起”起算职业病患者或用人单位的申请期限显然不合逻辑。另一方面，《工伤保险条例》第十七条规定，职业病患者或用人单位申请工伤认定的法定期限是出于促进职业病预防、职业病康复优先和及时保障的立法初衷，现实生活中客观存在职业病患者或用人单位拒绝领取职业病诊断书、职业病鉴定书，长期将职业病诊断书、职业病鉴定书搁置于快递点、门卫处、老家不去领取等情形，如果此种情形下依然以申请人收到职业病诊断书、职业病鉴定书的时间为工伤认定申请起算时间显然会使《工伤保险条例》第十七条规定职业病患者或用人单位申请工伤认定的法定期限制度失去价值，无助于职业病的预防和职业病患者的康复。故我们认为用诉讼法上的“送达”这一概念能更好地平衡这两方面的关系。民事诉讼法规定的送达有直接送达、留置送达、委托送达、邮寄送达、转交送达、公告送达和外交途径送达等方式，且现行法律和司法解释也有关于如何认定送达的相关规定，如当事人拒绝领取职业病诊断书、职业病鉴定书，在诊断、鉴定机构联系成功后也拒绝提供送达地址，诊断、鉴定机构通过实名制查号，确定手机使用者系当事人本人，则将职业病诊断书、职业病鉴定书通过短信方式推送至当事人实名验证的手机可视为有效送达。

相关案例

辽宁省高级人民法院行政判决书，(2020)辽行终 1076 号。

重庆市第二中级人民法院行政判决书,(2018)渝02行终31号。

相关法条

《工伤保险条例》第十七条。
《最高人民法院关于审理工伤保险行政案件若干问题的规定》第七条。
《工伤认定办法》第四条。
《职业病诊断与鉴定管理办法》第三十条、第四十八条。

三十八、同一职业病多次诊断，申请工伤认定的时间如何计算

《工伤保险条例》第十七条规定，职工按照职业病防治法规定被诊断、鉴定为职业病，所在单位应当自事故伤害发生之日或者被诊断、鉴定为职业病之日起30日内，向统筹地区社会保险行政部门提出工伤认定申请。工伤职工或者其近亲属、工会组织在被诊断、鉴定为职业病之日起1年内向用人单位所在地统筹地区社会保险行政部门提出工伤认定申请。就“被诊断、鉴定为职业病之日起”系以首次职业病诊断书送达申请人或申请人知晓首次职业病诊断时间为准起算申请时间，还是多次诊断中最后一次的职业病诊断书送达申请人或申请人知晓最后一次职业病诊断结论的时间作为申请起算时间，在实践中存在较大争议。

认定争议

在司法实践中，有审判机关认为，同一职业病多次诊断，职业病患者或用人单位申请工伤认定，以首次职业病诊断书送达申请人或申请人知晓首次职业病诊断结论时间起算工伤认定申请时间。申请人在收到或知晓首次职业病诊断结论之后超过申请工伤认定的规定时限申请工伤，社会保险行政部门不予受理。理由是：《工伤保险条例》第十七条规定的“被诊断、鉴定为职业病之日起”本意就是首次诊断，系为了督促权利人及时行使权利，便于社会保险行政部门及时、正确地办理工伤案件。以后进行职业病的复查诊断是对该职业病的病情变化情况的诊断，多次诊断应以首次合法有效诊断落款之日为准，如果当事人对首次职业病诊断书有异议进而申请鉴定的，根据《最高人民法院关于审理工伤保险行政案件若干问题的规定》第七条的规定，由于不属于职工或者其近亲属自身原因超过工伤认定申请期限的，被耽误的时间不计算在工伤认定申请期限内。可将鉴定期间作为不属于职工或者其近亲属自身原因予以扣除。[①]

---

① 参见重庆市第三中级人民法院行政判决书，(2017)渝03行终168号。

有审判机关认为,同一职业病多次诊断,应以最后一次的职业病诊断书送达申请人或申请人知晓最后一次职业病诊断结论的时间作为申请起算时间。理由是,职业病诊断机构的每一次诊断结论均是相对独立的,也是新的诊断结论,职业病职工的病情会随着时间推移产生变化,每一次新的职业病诊断证明均是基于前次的诊断结论作出的检查和诊断,是新的独立的诊断结论,前几次的诊断结论可能症状比较轻,申请人可以选择不申请工伤认定,其可以在病程发展严重后再申请工伤认定,法律不应该限制他的这种选择自由,而且这种限制也不利于职业病职工的工伤救济。①

专业解答

同一职业病多次诊断,职业病患者或用人单位申请工伤认定,以首次职业病诊断书送达申请人或申请人知晓首次职业病诊断结论时间为起算工伤认定申请时间。理由如下:《工伤保险条例》第十七条规定,职业病患者或用人单位申请工伤认定的法定期限是出于促进职业病预防、职业病康复优先和及时保障的立法初衷。《职业病防治法》规定职业健康复查、检查,其目的就是尽早了解劳动者健康状况,早期发现职业病、职业禁忌证和可能的其他职业疾病和健康损害。从保护职工健康权益角度出发,如职工为职业禁忌证,用人单位要及时将职工调离相关禁忌岗位,不得让其再从事有职业禁忌的岗位;如职工被诊断患有职业病,用人单位应当保障职业病病人依法享受国家规定的职业病待遇,安排职业病病人进行治疗、康复和定期检查。《工伤保险条例》第十七条规定,职业病患者或用人单位申请工伤认定的法定期限就是要促进职业病患者早期即引起重视,不得再从事职业病禁忌工作,用人单位及时保障职业病患者治疗、康复待遇,保障劳动者权益。如果不以首次职业病诊断书送达申请人或申请人知晓首次职业病诊断结论时间起算工伤认定申请时间将无法实现上述立法目的,职业病职工不能得到及时的治疗、康复。而且同一职业病多次诊断,以最后一次的职业病诊断书送达申请人或申请人知晓最后一次职业病诊断结论的时间作为申请起算时间还会形成制度漏洞。在现实生活中,存在职业病患者或用人单位因自身原因导致申请工伤时限超期,而采取再次或多次向职业病诊断机构申请诊断,以希望依据新的诊断时间来申请工伤,据此来规

① 参见辽宁省高级人民法院行政判决书,(2020)辽行终1076号。

避《工伤保险条例》第十七条规定职业病患者或用人单位申请工伤认定的法定期限的情况。实践中，多个省市的判例也支持这一观点，以"首次诊断"为起算时间。

相关案例

广东省高级人民法院行政裁定书，（2019）粤行申 3601 号。

广东省中山市第一人民法院行政判决书，（2019）粤 2071 行初 1294 号。

相关法条

《工伤保险条例》第十七条。

《最高人民法院关于审理工伤保险行政案件若干问题的规定》（法释〔2014〕9 号）第七条。

《工伤认定办法》第四条。

三十九、同一职业病，已认定为工伤的职业病患者在未继续从事职业病禁忌作业的情况下病情加重，再次申请工伤认定的，社会保险行政部门是否受理

职业病具有病理变化不易逆转、病情极易逐渐加重的特性，即使职工被诊断为职业病后不再从事有职业禁忌的工作，也可能存在职业病病情加重、伤残等级增加的情况。职业病患者或用人单位再次申请工伤认定，此时应视为职业病病理性恶化还是应认定为新的工伤，社会保险行政部门是否应当受理职业病患者或用人单位的再次工伤认定申请在实践中存在争议。

认定争议

在司法实践中，有审判机关认为，同一职业病，已认定为工伤的职业病患者在未继续从事职业病禁忌作业的情况下病情加重，再次申请工伤认定的，社会保险行政部门不予受理。理由是：已认定为工伤的职业病患者在未继续从事职业病禁忌作业的情况下病情加重仍然是在原职业病伤害的基础上由于职业病的病理特征形成的，并非新的职业病伤害，不宜再次认定工伤，职业病患者或用人单位因病情加重可按照《工伤保险条例》第二十八条“自劳动能力鉴定结论作出之日起 1 年后，工伤职工或者其近亲属、所在单位或者经办机构认为伤残情况发生变化的，可以申请劳动能力复查鉴定”的规定申请劳动能力复查，伤残等级增加，可按照新的伤残等级调整相关工伤保险待遇。[①]

有审判机关认为，同一职业病，已认定为工伤的职业病患者在未继续从事职业病禁忌作业的情况下病情加重，再次申请工伤认定的，社会保险行政部门应当受理。理由是，工伤保险条例第十四条将患职业病列为认定工伤的情形之一，根据

---

① 参见安徽省宿州市中级人民法院行政判决书，(2017)皖 13 行终 92 号。

《职业病诊断与鉴定管理办法》的相关规定，“依法取得的职业病诊断证书或职业病鉴定书”是认定所患职业病为工伤的依据。由于职业病诊断证明书或职业病诊断鉴定书是由经批准承担职业病诊断的医疗卫生机构，严格按照职业病防治法等规定作出，故其可以作为社会保险行政部门认定职工是否患职业病的证据。只要当事人在申请时提交了新的职业病诊断证明书，社会保险行政部门就应当依据该职业病诊断证明书依法受理工伤认定申请。[①]

专业解答

在已认定为工伤的职业病患者未继续从事职业病禁忌作业的情况下，职业病诊断机构在首次诊断之后，对职业病的后续复查诊断是对原职业病的病情变化情况的诊断，该复查诊断不是首次诊断，职业病病情的加重系职业病本身的病理特征导致，并非再次接触职业病禁忌作业导致。已有伤残鉴定结论的职业病患者，认为其病情加重的，可能导致伤残情况发生变化的，可以依据《工伤保险条例》第二十八条“自劳动能力鉴定结论作出之日起 1 年后，工伤职工或者其近亲属、所在单位或者经办机构认为伤残情况发生变化的，可以申请劳动能力复查鉴定”的规定申请劳动能力复查鉴定。并可以依据《工伤保险条例》第三十八条“工伤职工工伤复发，确认需要治疗的，享受本条例第三十条、第三十二条和第三十三条规定的工伤待遇”及第四十条“伤残津贴、供养亲属抚恤金、生活护理费由统筹地区劳动保障行政部门根据职工平均工资和生活费用变化等情况适时调整。调整办法由省、自治区、直辖市人民政府规定”的规定，调整工伤保险待遇。

相关案例

广东省深圳市中级人民法院行政判决书，(2019)粤 03 行终 741 号。

浙江省绍兴市中级人民法院行政判决书，(2018)浙 06 行终 38 号。

---

① 参见宁夏回族自治区石嘴山市中级人民法院行政判决书，(2019)宁 02 行终 37 号。

相关法条

《工伤保险条例》第二十八条、第三十八条、第四十条。

《职业病诊断与鉴定管理办法》第三十条。

四十、已认定为工伤的职业病患者，更换用人单位后继续从事接触同类职业病危害的作业，职业病加重的，能否再次认定为工伤

已认定为工伤的职业病患者，更换用人单位后继续从事接触同类职业病危害的作业，职业病加重的情形中存在两种混合因素，一是职业病本身具有病理变化不易逆转、病情极易逐渐加重的特点。二是在“新用人单位”接触职业病禁忌作业的情况下病情加重。这两种因素相互交织，难以区分。职业病患者或用人单位以新用人单位名义再次诊断职业病，并申请工伤认定，对变更了工作单位的职业病患者病情加重如何处理并无法律明文规定，社会保险行政部门是否受理在实践中产生争议。

认定争议

在司法实践中，有审判机关认为，已认定为工伤的职业病患者，更换用人单位后继续从事接触同类职业病危害的作业，职业病加重的，不能排除职工的职业病加重因素是“新用人单位”造成的。职业病患者再就业的工作性质与职业病加重存在因果关系，此种情况应认定为新的工伤。应按照《工伤保险条例》第四十五条“职工再次发生工伤，根据规定应当享受伤残津贴的，按照新认定的等级享受伤残津贴待遇”处理，即使职工此前因职业病认定为工伤而享受了工伤保险待遇，并不影响其因职业病加重再次认定工伤并享受工伤保险。社会保险行政部门应依法受理职业病患者或用人单位的工伤认定申请。[①]

有审判机关认为，已认定为工伤的职业病患者，更换用人单位后继续从事接触同类职业病危害的作业，导致职业病加重的，以新用人单位名义再次诊断职业病，并申请工伤认定，社会保险行政部门不应重复进行工伤认定。理由是，职业病患者

---

① 参见重庆市第二中级人民法院行政判决书，(2020)渝02行终224号。

申请工伤认定,以首次职业病诊断时间为工伤认定申请起算时间。同一职业病多次诊断,申请工伤认定的时间,以首次职业病诊断时间为准。即使没有超过时限,部分职业病在医学上确定具有病理变化不易逆转、病情逐渐加重的特性,其病情加重只是时间问题。即使不能排除职工的职业病加重因素是"新用人单位"造成的,但对变更了工作单位的职业病患者病情加重如何处理并无法律明文规定,对加重的职业病再次认定工伤存在后续难以确定工伤保险待遇的情况。①

专业解答

已认定为工伤的职业病患者,更换用人单位后继续从事接触同类职业病危害的作业,职业病加重的,如果不受理其工伤认定申请可能导致两个结果:一是职业病患者无其他救济途径,可能导致其加重的病情无法得到救治。二是就其原来的工伤认定由其依据《工伤保险条例》第二十八条"自劳动能力鉴定结论作出之日起1年后,工伤职工或者其近亲属、所在单位或者经办机构认为伤残情况发生变化的,可以申请劳动能力复查鉴定"的规定申请劳动能力复查鉴定。依据《工伤保险条例》第三十八条"工伤职工工伤复发,确认需要治疗的,享受本条例第三十条、第三十二条和第三十三条规定的工伤待遇"及第四十条"伤残津贴、供养亲属抚恤金、生活护理费由统筹地区劳动保障行政部门根据职工平均工资和生活费用变化等情况适时调整。调整办法由省、自治区、直辖市人民政府规定"的规定,申请原用人单位或原用人单位归属地的工伤保险基金调整工伤保险待遇。但这显然加重了原用人单位或原用人单位归属地的工伤保险基金的负担,对他们不公平。正如前文所述,已认定为工伤的职业病患者,更换用人单位后继续从事接触同类职业病危害的作业,职业病加重的,如果受理其工伤认定申请同样可能导致两个结果:一是再次作出工伤认定并按照《工伤保险条例》的规定再次支付工伤保险待遇。但前后两次的工伤认定均依法按照《工伤保险条例》的规定支付两次工伤保险待遇,无疑会鼓励职业病职工在首次工伤认定后继续从事职业病禁忌作业,获得两次工伤保险待遇,形成制度漏洞,加重再就业用人单位和工伤保险基金的负担,无助于保障职业病患者康复。二是再次作出工伤认定,但是相应的工伤保险待遇不按照《工伤保险条例》第四十五条"职工再次发生工伤,根据规定应当享受伤残津贴的,按

① 参见重庆市高级人民法院行政裁定书,(2016)渝行申 272 号。

照新认定的等级享受伤残津贴待遇”的规定新的工伤进行处理，而是按照其原来的“旧工伤”申请劳动能力复查鉴定，依据《工伤保险条例》第三十八条和第四十条规定调整相应的工伤保险待遇，由新用人单位或新用人单位归属地的工伤保险基金支付增加部分工伤保险待遇。笔者倾向于再次作出工伤认定并按照“旧工伤”调整待遇，由新的用人单位或其归属地工伤保险基金支付增加的待遇。此种路径既能保护职业病患者得到及时救济，又能避免职业病患者获得“双份”工伤待遇，也能平衡前后两个用人单位和前后两个用人单位归属地工伤保险基金的利益。

相关案例

湖南省娄底市中级人民法院行政判决书，(2020)湘 13 行再 2 号。

四川省成都市中级人民法院行政判决书，(2020)川 01 行终 124 号。

相关法条

《职业病防治法》第三十五条。

《工伤保险条例》第三十八条、第四十五条。

四十一、劳动者离开原接触职业病危害单位，又在新用人单位继续从事接触同类职业病危害的作业后，首次诊断出职业病，以哪一个单位作为用人单位

在工伤认定实践中，由于职业病职工常常会有在多个单位从事接触职业病危害的作业经历（比如，采煤工在多个煤矿从事采煤工作），而职业病的形成又往往具有长期性、潜伏性的特点，导致以哪一个单位作为用人单位成为争议较大的问题。

认定争议

在司法实践中，有审判机关认为，应当以职工最后一个从事接触同类职业病危害作业的用人单位为职业病诊断证明书中的用人单位。理由是，依据《职业病防治法》第三十五条的规定，用人单位应当组织从事接触职业病危害作业的职工进行上岗前职业健康检查，不得安排有职业禁忌的职工从事其所禁忌的作业。可见用人单位有组织职业健康检查、保护有职业禁忌的职工的法定义务，该条款的立法目的就在于保护职工，应将该条视为强制性规定。“新用人单位”违反上述规定，未履行法定义务，就应承担不利的法律后果，根据《工伤保险条例》第十九条第二款规定，职工或者其近亲属认为是工伤，用人单位不认为是工伤的，由用人单位承担举证责任。最后一个用人单位需提供充分证据证明职业病在其他单位形成、本单位工作环境和条件符合国家职业卫生要求或已采取职业卫生保护措施。若用人单位无法举证证明，应当以职工最后从事接触同类职业病危害作业的单位为用人单位。①

有审判机关认为，职业病具有区别于普通工伤的特征。以尘肺病为例，根据

① 参见四川省攀枝花市中级人民法院行政判决书，（2019）川04行终59号。

《尘肺病防治条例》，矽肺病（又名尘肺病）指在生产活动中吸入粉尘而发生的肺部纤维化为主的疾病。根据相关医学知识，该病属于长期接触粉尘等有害物质引起的职业疾病。与普通工伤的当场性、即时性不同，职业病是在较长时间的职业活动中因特殊的职业环境日积月累形成，具有连续性、缓慢性的特点，职业病的隐匿性特点决定其发现往往具有滞后性。从职业病的发病机理来看，每种职业病都有特定的致病因素或毒物联系机会，接触量也应达到一定程度，即工作年限、职业危害因素接触浓度或强度等均需达到一定程度。法律规定中的“受到事故伤害时”表现在职业病上，主要应指职业病引起之时，并非指职业病被诊断确诊之时。因此，不能仅以作出职业病诊断时的用人单位作为工伤责任主体单位，而应结合事实综合作出认定。在多个单位从事接触职业病危害作业的职业病患者，在每一个单位都有接触职业病危害的环境，应当将所有用人单位都作为职业病诊断证明书中的用人单位，按照在每一个单位的工作时间按比例确定工伤保险责任的负担。《职业病防治法》第二条第二款规定：“本法所称职业病，是指企业、事业单位和个体经济组织等用人单位的劳动者在职业活动中，因接触粉尘、放射性物质和其他有毒、有害因素而引起的疾病。”第四十六条第一、二款规定：“职业病诊断，应当综合分析下列因素：（一）病人的职业史；（二）职业病危害接触史和工作场所职业病危害因素情况；（三）临床表现以及辅助检查结果等。没有证据否定职业病危害因素与病人临床表现之间的必然联系的，应当诊断为职业病。”因此，职业病诊断是专业机构对职工所患疾病是否系在职业活动中造成，是否符合职业病诊断标准进行的认定。而工伤认定系社会保险行政部门对职工所受伤害是否属于工伤的确认行为。若社会保险行政部门认定职工曾先后在数个用工单位处工作，其不一定要将《职业病诊断证明书》上载明的用人单位在工伤认定程序中直接认定为工伤责任主体单位。①

专业解答

《工伤保险条例》第十九条规定，社会保险行政部门对依法取得职业病诊断证明书或者职业病诊断鉴定书的，社会保险行政部门不再进行调查核实。基于专业机构的专业判断，社会保险行政部门进行形式审查即可。“不再进行调查核实”的对象包括职业病伤害和工伤责任主体。实践中，社会保险行政部门作工伤认定一

① 参见陕西省西安铁路运输中级法院行政判决书，（2020）陕71行终1166号。

般是依据职业病诊断证明书或者职业病诊断鉴定书上载明的用人单位确定用人单位，除非用人单位能够举证证明职业病患者存在过错、没有按照要求佩戴防护器具、职业病在其他单位形成、本单位工作环境和条件符合国家职业卫生要求或已采取职业卫生保护措施。因此，职工离开原接触职业病危害单位，又在新用人单位继续从事接触同类职业病危害的作业后，社会保险行政部门和法院均是以职业病诊断证明书上载明的用人单位为用人单位，除非职业病诊断证明书上载明的用人单位能够举证推翻职业病诊断证明书的记载。最高人民法院现已经有相关判例支持此种观点。[①] 至于职业病诊断证明书上载明的用人单位与其他用人单位承担工伤保险责任的比例、份额，可由职业病诊断证明书上载明的用人单位先行承担工伤保险责任之后，再在民事诉讼中主张并由法院确定。

相关案例

最高人民法院行政判决书，（2017）最高法行再 64 号。

浙江省金华市中级人民法院行政判决书，（2020）浙 07 行终 905 号。

相关法条

《职业病防治法》第二条第一款、第三十五条、第四十六条。

《工伤保险条例》第十九条。

《尘肺病防治条例》第三条。

① 参见最高人民法院行政判决书，（2017）最高法行再 64 号，胥某诉广元市政府行政复议一案。

四十二、如何确定“从业时间”

实践中，职工在同一用人单位工作，可能在不同的岗位工作，可能在接触职业病危害的岗位工作一段时间后又调离至其他不接触职业病危害的岗位工作。《人力资源社会保障部关于执行〈工伤保险条例〉若干问题的意见》（人社部发〔2013〕34号）第八条规定：“曾经从事接触职业病危害作业、当时没有发现罹患职业病、离开工作岗位后被诊断或鉴定为职业病的符合下列条件的人员，可以自诊断、鉴定为职业病之日起一年内申请工伤认定，社会保险行政部门应当受理：（一）办理退休手续后，未再从事接触职业病危害作业的退休人员；（二）劳动或聘用合同期满后或者本人提出而解除劳动或聘用合同后，未再从事接触职业病危害作业的人员。经工伤认定和劳动能力鉴定，前款第（一）项人员符合领取一次性伤残补助金条件的，按就高原则以本人退休前12个月平均月缴费工资或者确诊职业病前12个月的月平均养老金为基数计发。前款第（二）项人员被鉴定为一级至十级伤残、按《条例》规定应以本人工资作为基数享受相关待遇的，按本人终止或者解除劳动、聘用合同前12个月平均月缴费工资计发。”第九条规定：“按照本意见第八条规定被认定为工伤的职业病人员，职业病诊断证明书（或职业病诊断鉴定书）中明确的用人单位，在该职工从业期间依法为其缴纳工伤保险费的，按《条例》的规定，分别由工伤保险基金和用人单位支付工伤保险待遇；未依法为该职工缴纳工伤保险费的，由用人单位按照《条例》规定的相关项目和标准支付待遇。”实践中存在用人单位仅在职工从事接触职业病危害的岗位期间为其购买工伤保险，对职工从事其他未接触职业病危害的岗位期间没有购买工伤保险的情形。那么，对于《人力资源社会保障部关于执行〈工伤保险条例〉若干问题的意见》（人社部发〔2013〕34号）第九条中“从业期间”的概念，若理解为从事接触职业病危害的岗位期间，那么用人单位依法为职工缴纳工伤保险，相应工伤保险待遇就应由工伤保险基金承担；若理解为职工在用人单位工作的所有期间，即意味着用人单位在“从业期间”没有按时足额缴纳工伤保险，相应工伤保险待遇由用人单位支付。对于《人力资源社会保障部关于执行〈工伤保险条例〉若干问题的意见》（人社部发〔2013〕34号）第九条中“从业期间”的理解在实践中产生较大争议。

认定争议

在司法实践中，有审判机关认为，人社部发〔2013〕34号文件第九条中的“从业时间”，自职业病人员进入用人单位，即存在劳动关系（事实劳动关系）开始起算，至职业病人员与该用人单位解除或终止劳动关系之时结束，即离开用人单位止。理由是，工伤保险由用人单位缴纳工伤保险费，职工不缴纳工伤保险费。用人单位必须为本单位全部职工缴纳工伤保险费，这是一种法定义务。而职工依法享受工伤保险待遇，是一种法定权利。因此，在职业病人员与用人单位存在劳动关系（事实劳动关系）期间，用人单位必须要为职业病人员持续足额缴纳工伤保险费。若在劳动关系存续期间，用人单位存在应缴纳但未缴纳工伤保险费的情形，那么应按照《工伤保险条例》第六十二条“用人单位依照本条例规定应当参加工伤保险而未参加的，由社会保险行政部门责令限期参加，补缴应当缴纳的工伤保险费，并自欠缴之日起，按日加收万分之五的滞纳金；逾期仍不缴纳的，处欠缴数额1倍以上3倍以下的罚款。依照本条例规定应当参加工伤保险而未参加工伤保险的用人单位职工发生工伤的，由该用人单位按照本条例规定的工伤保险待遇项目和标准支付费用。用人单位参加工伤保险并补缴应当缴纳的工伤保险费、滞纳金后，由工伤保险基金和用人单位依照本条例的规定支付新发生的费用”的规定由用人单位支付全部的工伤待遇。①

有审判机关认为，从业期间的起点就是从事接触职业病危害的岗位开始的时间，从业期间的终点就是离开接触职业病危害的岗位的时间。理由是“从业时间”应按照人社部发〔2013〕34号文件第九条的字面意思理解，系职业病患者在用人单位从事接触职业病危害作业的期间。即用人单位只要满足在职业病人员从事职业病危害作业期间缴纳了工伤保险就应由工伤保险基金承担相应工伤保险责任，而不用考虑该期间之前和之后的缴纳情况。②

① 参见重庆市第二中级人民法院行政判决书，（2021）渝02行终8号。
② 参见福建省泉州市中级人民法院行政判决书，（2020）闽05行终40号。

专业解答

实践中常常存在用人单位为职工断断续续缴纳工伤保险费的情况，一段工作期间缴纳工伤保险费，一段工作期间不缴纳，社会保险行政部门也未对用人单位之前的欠缴行为进行追缴。职工发生职业病后对由用人单位还是工伤保险基金支付工伤保险待遇产生争议。《职业病防治法》等相关法律法规对从事接触职业病危害作业的职工的管理严格且成体系。用人单位使用该类职工，需要向社会保险行政部门申请建档，并定期维护相关从业档案。用人单位为该类职工购买工伤保险的管理制度严于从事普通工作的职工。即用人单位首次为从事接触职业病危害作业的职工在社会保险行政部门处建档并购买工伤保险之时，社会保险行政部门应对该类职工与用人单位的工伤保险缴纳情况有了解，在首次建档并缴纳特殊工种工伤保险费时，社会保险行政部门未对之前该职工在用人单位从事非接触职业病危害的岗位的工伤保险费进行追缴，而是允许办理特殊工种工伤保险，那么应视为对该类职工从事特殊工种并参加工伤保险的许可，在之后不能以之前的未接触职业病危害的岗位的工伤保险费没有缴足而拒绝支付相关工伤保险待遇。若用人单位为职工在从事职业病工作期间均足额缴纳了工伤保险，但是社会保险行政部门仍以用人单位在职工从事接触职业病危害的岗位之前或之后未足额缴纳工伤保险为由拒绝支付相关工伤保险待遇，那么可能会存在社会保险行政部门放任之前未足额缴纳工伤保险的单位持续处于欠缴工伤保险费用的状态，不积极履行《工伤保险条例》第六十二条所规定的督促用人单位补缴工伤保险费的职责，因为如果之前欠缴的工伤保险费没有补齐，即使后来缴纳了工伤保险费用，也会因之前未缴纳工伤保险费的行为而导致企业无法将风险转移至工伤保险基金。故笔者认为，对《人力资源社会保障部关于执行〈工伤保险条例〉若干问题的意见》（人社部发〔2013〕34 号）第九条“从业时间”的理解应当从字面意思并结合《职业病防治法》等相关法律法规中关于职业病从业期间的界定进行理解，以职业病诊断证明书所载明的从业时间（或职业病诊断鉴定书）作为确定该职工“从业时间”的依据。职业病诊断证明书（或职业病诊断鉴定书）所载明的从业期间用人单位依法缴纳了工伤保险费用的，由工伤保险基金和用人单位各自负担其应当支付的工伤待遇，若用人单位在该期间未依法足额缴纳工伤保险费用，则按照《工伤保险条例》第六十二条的规定由用人单位支付相应的工伤保险待遇。

相关案例

重庆市高级人民法院行政裁定书,(2020)渝行申 150 号。

湖北省宜昌市中级人民法院行政判决书,(2020)鄂 05 行终 19 号。

相关法条

《社会保险法》第四十一条。

《职业病防治法》第三十五条。

《工伤保险条例》第十四条第四项。

《人力资源社会保障部关于执行〈工伤保险条例〉若干问题的意见》(人社部发〔2013〕34 号)第九条。

四十三、由用人单位解除劳动关系、在离开工作岗位后被诊断或鉴定为职业病的，是否可以自诊断、鉴定为职业病之日起一年内申请工伤认定

因职业病本身存在隐匿性、持续性、病变性等，人社部发〔2013〕34号文件第八条和第九条，对曾经从事接触职业病危害作业、当时没有发现罹患职业病、离开工作岗位的符合条件的职业病工伤申请和待遇支付作了规定。《人力资源社会保障部关于执行〈工伤保险条例〉若干问题的意见》（人社部发〔2013〕34号）第八条"曾经从事接触职业病危害作业、当时没有发现罹患职业病、离开工作岗位后被诊断或鉴定为职业病的符合下列条件的人员，可以自诊断、鉴定为职业病之日起一年内申请工伤认定，社会保险行政部门应当受理：（一）办理退休手续后，未再从事接触职业病危害作业的退休人员；（二）劳动或聘用合同期满后或者本人提出而解除劳动或聘用合同后，未再从事接触职业病危害作业的人员"的规定，仅明确了劳动、聘用合同期满终止，或者职工本人提出解除劳动、聘用合同的情形可以申请工伤认定，实践中对用人单位解除劳动关系离开工作岗位后的被诊断或鉴定为职业病的患者是否可以申请工伤认定产生争议。

认定争议

在司法实践中，有审判机关认为，对于曾经从事接触职业病危害作业、当时没有发现罹患职业病的职工，用人单位在与职工终止、解除劳动关系前，进行了职业健康检查后未发现职业病，并将检查结果告知职工，且无其他违反法律、行政法规的行为，由用人单位依法解除劳动关系的（协商解除、单方解除、无过失性辞退、经济性裁员、政策性解除），可以按照人社部发〔2013〕34号第八条的规定申请工伤认定。符合上述情形的职业病患者，可以自诊断、鉴定为职业病之日起一年内申请工伤认定，社会保险行政部门应当受理。理由是，为保护职业病职工的合法权益，人

社部发〔2013〕34 号文件第八条对曾经从事接触职业病危害作业、当时没有发现罹患职业病、离开工作岗位后发现职业病的工伤职工设置额外的工伤救济渠道，“用人单位与职工终止、解除劳动关系”与“劳动、聘用合同期满终止，或者职工本人提出解除劳动、聘用合同”的情形并无本质不同，人社部发〔2013〕34 号第八条第一款未对由用人单位解除劳动关系的（协商解除、单方解除、无过失性辞退、经济性裁员）情形进行表述属于法律漏洞，在适用法律的时候应当根据社会生活的需要进行填补。①

有审判机关认为，对于“劳动或聘用合同期满后或者本人提出而解除劳动或聘用合同”的情形应严格适用，即由用人单位解除、终止劳动合同的职业病人员的工伤认定申请，不符合人社部发〔2013〕34 号第八条的规定，应不予受理。《劳动合同法》《职业病防治法》《工伤保险条例》规定，用人单位在与职工终止、解除劳动关系或者办理退休手续前，应进行职业病检查，并将检查结果告知职工；存在疑似职业病人员在诊断或者医学观察期间、在本单位患职业病等情形的，用人单位不得依照《劳动合同法》第四十条、第四十一条的规定解除劳动合同。用人单位依法与职工终止、解除劳动关系说明用人单位在与职工终止、解除劳动关系之前进行了职业健康检查，当时未发现职业病，事后发现职业病不能再归责于用人单位，社会保险行政部门对用人单位依法与职工终止、解除劳动关系，事后被诊断或鉴定为职业病人员的工伤认定申请不应受理。②

专业解答

因为职业病具有隐匿性、潜伏期长的特点，可能存在职业病患者在岗期间没有发现，事后被诊断、鉴定为职业病的情形，故人社部发〔2013〕34 号第八条规定符合条件的人员可以自诊断、鉴定为职业病之日起一年内申请工伤认定。该条款的立法目的就是针对职业病可能没有被及时发现的情形。用人单位在与职工终止、解除劳动关系之前即使依法进行职业健康检查，没有发现职业病，也不能完全排除职工职业病处于隐匿期、潜伏期的情形。如果职工在岗期间曾经从事接触职业病危害作业，当时没有发现罹患职业病，用人单位依法与职工终止、解除劳动关系离开

① 参见重庆市第三中级人民法院行政判决书，(2019)渝 03 行终 90 号。

② 参见陕西省西安铁路运输中级法院行政判决书，(2020)陕 71 行终 1166 号。

工作岗位后未再从事接触职业病危害作业的，若被诊断或鉴定为职业病，应当与人社部发〔2013〕34 号第八条第一款第二项规定“劳动、聘用合同期满终止，或者职工本人提出解除劳动、聘用合同的”这一情形享受同等待遇，符合条件的可以依法申请工伤认定。

相关案例

重庆市第二中级人民法院行政判决书，(2021)渝 02 行终 34 号。

内蒙古自治区阿拉善盟中级人民法院行政判决书，(2018)内 29 行终 8 号。

相关法条

《职业病防治法》第三十五条。

《工伤保险条例》第十四条第四项、第三十七条。

《人力资源社会保障部关于执行〈工伤保险条例〉若干问题的意见》(人社部发〔2013〕34 号)第八条。

四十四、申请工伤认定时，申请人提交的职业病诊断证明书不符合国家规定要求和格式的如何处理

职业病诊断证明书是认定工伤的重要证据之一，根据《职业病诊断与鉴定管理办法》的规定，《职业病诊断证明书》应当明确诊断被检查者是否患有职业病，对患有职业病的，还应当写明所患职业病的名称、程度（期别）、处理意见和复查时间，由三名以上取得职业病诊断资格的执业医师集体诊断签名后出具，经具有职业病诊断资质的医疗卫生机构审核盖章后并加盖"专用章"方为有效。实践中，社会保险行政部门收到的申请人的职业病诊断证明书常常存在未载明或未明确载明用人单位，内容不完整、不准确等不符合要求的情况，如何处理在实践中存在一定争议。

认定争议

在司法实践中，有审判机关认为，社会保险部门可以径行不予受理。理由是《工伤保险条例》第十八条第一款规定："提出工伤认定申请应当提交下列材料：（一）工伤认定申请表；（二）与用人单位存在劳动关系（包括事实劳动关系）的证明材料；（三）医疗诊断证明或者职业病诊断证明书（或者职业病诊断鉴定书）。"《工伤认定办法》第六条规定："提出工伤认定申请应当填写《工伤认定申请表》，并提交下列材料：（一）劳动、聘用合同文本复印件或者与用人单位存在劳动关系（包括事实劳动关系）、人事关系的其他证明材料；（二）医疗机构出具的受伤后诊断证明书或者职业病诊断证明书（或者职业病诊断鉴定书）。"从上述规定来看，因职业病申请工伤认定，申请人需提交医疗机构诊断证明或者职业病诊断证明书（或职业病诊断鉴定书）。申请人提交的职业病诊断证明书不符合要求可认定其提交材料不齐，可不予受理。①

① 参见广东省东莞市中级人民法院行政判决书，（2007）东中法行终字第65号。

有审判机关认为，社会保险行政部门应当责令申请人补正，并依职权对相关情况进行调查核实，不得径行不予受理。理由是，根据《工伤保险条例》第十八条规定，工伤认定申请人提供材料不完整的，社会保险行政部门应当一次性书面告知工伤认定申请人需要补正的全部材料。申请人按照书面告知要求补正材料后，社会保险行政部门应当受理。职业病诊断证明书是认定工伤的重要证据之一，社会保险行政部门应进行全面审查。对职业病诊断证明书存在未载明或未明确载明用人单位等情形的，社会保险行政部门应当责令申请人补正，并依职权对相关情况进行调查核实，也可以要求出具职业病诊断证明书的机构重新提供。社会保险部门不得径行不予受理。①

专业解答

《工伤保险条例》第十八条规定，工伤认定申请人提供材料不完整的，社会保险行政部门应当一次性书面告知工伤认定申请人需要补正的全部材料。《工伤保险条例》第十九条规定，对依法取得职业病诊断证明书或者职业病诊断鉴定书的，社会保险行政部门不再进行调查核实。职业病诊断证明书是实施工伤认定行为的重要证据之一，社会保险行政部门在履行工伤认定行政确认职责时，应对申请人提供的职业病诊断证明书的出具机构资质、格式和内容要件进行形式审查，并决定是否采信，但对职业病医学诊断结论不再调查核实。根据不同情形，可分别按以下方式处理：

1. 社会保险行政部门接到工伤认定申请后，审查发现，申请人提供的职业病诊断证明书是不具备诊断资质的机构出具的，应当书面告知工伤认定申请人限期补正符合规定的职业病诊断证明书。申请人逾期未补正的，对其工伤认定申请不予受理；因社会保险行政部门审查超期视同受理的，经社会保险行政部门调查核实，应当根据《工伤保险条例》第十八条和各省市的具体规定，以不符合受理条件为由驳回申请人的工伤认定申请。

2. 社会保险行政部门接到工伤认定申请后，审查发现，申请人提供了具有职业病诊断资质的机构出具的职业病诊断证明书，但职业病诊断证明书内容不完整、不准确以及内容不符合要求（如“用人单位”信息空白或者载明非用人单位信息的，

① 参见王明辉、江朝丽：《职业病诊断证明书未载明用人单位的处理》，载《人民司法》2021 年第 20 期。

无职业接触史记载、职业危害结果评价等内容），应当告知申请人限期补正符合规定的职业病诊断证明书。申请人逾期未补正的，根据《工伤认定办法》第十三条“社会保险行政部门在进行工伤认定时，对申请人提供的符合国家有关规定的职业病诊断证明书或者职业病诊断鉴定书，不再进行调查核实。职业病诊断证明书或者职业病诊断鉴定书不符合国家规定的要求和格式的，社会保险行政部门可以要求出具证据部门重新提供”之规定，可以要求出具职业病诊断证明书的机构重新提供，机构未提供的，可根据《工伤保险条例》第十八条之规定，以职业病诊断证明书内容不完整、不准确以及内容不符合要求，驳回申请人的工伤认定申请。

3. 社会保险行政部门受理工伤认定申请后，经调查核实发现，申请人提供的职业病诊断证明书格式不规范、要件不全、事实不清、所载内容不真实或者错误（如用人单位信息错误，将无职业危害条件的单位作为用人单位，职业危害检测结果与事实不符），可根据《工伤保险条例》第十八条之规定，驳回申请人的工伤认定申请。

4. 社会保险行政部门受理工伤认定申请后，经调查核实发现，职业病诊断证明等弄虚作假或者已被撤销的，对此类职业病诊断证明书不予采信，根据《工伤保险条例》第十八条之规定，驳回申请人的工伤认定申请。

相关案例

四川省自贡市中级人民法院行政判决书，（2020）川 03 行终 33 号。

陕西省榆林市中级人民法院行政判决书，（2019）陕 08 行终 159 号。

山西省晋中市中级人民法院行政判决书，（2020）晋 07 行终 167 号。

相关法条

《工伤保险条例》第十四条第四项、第十八条。

《工伤认定办法》第六条、第十三条。

四十五、职工在工作时间和工作岗位突发疾病是否必须从工作岗位上直接送医

职工在工作时间和工作岗位突发疾病，感觉身体不舒服，可能经请假回家休息或者坚持到下班后回家，从家中被送往医院，也可能回家拿医保卡，换洗衣物后再自行去医院就医，然后经48小时抢救无效死亡。由此可见，职工在工作时间内、工作岗位上突发疾病被送医疗机构经48小时抢救无效死亡，可能是从工作岗位上送医，也可能是从家中送医，职工在工作时间内、工作岗位突发疾病被送医疗机构经48小时抢救无效死亡认定为工伤是否必须是从工作岗位送医在实践中产生一定争议。

认定争议

在司法实践中，有审判机关认为，必须从工作岗位上直接送医。理由是，《工伤保险条例》第十五条本身是对工伤规定的扩大放宽，由伤扩展至病，本身就已经是对职工权益保障的增强，因此不能在这个基础之上再放宽。必须符合在工作时间、在工作岗位突发疾病死亡或者在48小时内经抢救无效死亡的规定。这里的“突发疾病”应理解为突发疾病，病情危重，不能坚持工作，需要紧急到医院进行抢救的紧急和严重程度，不包括轻微的“身体不适”等情形，直接送医方能体现上述“突发疾病”紧急、严重的程度。从家里等非工作岗位送医抢救无效死亡不应予以认定视同工伤。[①]

有审判机关认为，不是必须从工作岗位上送医。理由是，在现实生活中，身体不适回家休息符合一般人的认知，也符合社会常理、常情。普通职工对自身疾病认识有局限性，有些疾病初始症状并不明显，从病发、恶化至死亡有一个循序渐进的过程，在工作岗位上只是突发疾病的起始阶段，职工可能不会直接前往医院就医而是回家休息。而回家休息过程中有些疾病的病情可能会在短时间内突然加重，并

① 参见湖南省高级人民法院行政判决书，(2020)湘行再23号。

迅速出现抢救无效死亡的后果，如果一概将在工作时间、工作岗位突发疾病，但未从单位直接送往医院的情形排除在外，对职工的要求过于苛刻，也与人们生活常识、常理、常情相悖。职工在工作时间和工作岗位身体不适，对病情发展的严重性未能正确预判，没有直接去医院，回家、回宿舍后病情加重，送医院抢救48小时内死亡，若"身体不适"与"病情加重"之间有因果关系，从"身体不适"到"病情加重"再到"抢救""死亡"符合所患疾病的病理性过程，从发病到死亡，过程上具有连续性，逻辑上具有因果关系，时间上未超过48小时，应视同工伤。故职工在上班期间，在工作岗位突发疾病，是否从单位直接送医抢救不宜作为认定视同工伤的必要条件。①

专业解答

人力资源社会保障部法规司于2016年5月20日给原国务院法制办社会管理法制司《关于如何理解〈工伤保险条例〉第十五条第(一)项的复函》规定，建议对《工伤保险条例》第十五条第一款第一项视同工亡的理解和适用，应当严格按照工作时间、工作岗位、突发疾病、径直送医院抢救等四要件并重，具有同时性、连贯性来掌握，具体情形主要包括：(1)职工在工作时间和工作岗位突发疾病当场死亡；(2)职工在工作时间和工作岗位突发疾病，且情况紧急，直接送医院或医疗机构当场抢救并在48小时内死亡等。至于其他情形，如虽在工作时间、工作岗位发病或者自感不适，但未送医院抢救而是回家休息，48小时内死亡的，不应视同工伤。《最高人民法院行政法官专业会议纪要(七)(工伤保险领域)》规定，职工在工作时间和工作岗位突发疾病，因正当理由未及时送医疗机构抢救，但在离开后48小时内死亡，或者送医后因医疗机构误诊在离开医疗机构48小时内死亡，有证据证明职工死亡确属上述疾病所致，社会保险行政部门认定工伤的人民法院予以支持。足见人力资源社会保障部与最高人民法院在理解《工伤保险条例》第十五条第一款第一项的"突发疾病"的认识是一致的，即为突发疾病，病情危重，不能坚持工作，需要紧急到医院进行抢救的紧急和严重程度，而不包括轻微的"身体不适"等情形。但是对是否必须径直送医有一定分歧。人社部认为应"直接送医院或医疗

---

① 参见江西省吉安市中级人民法院行政判决书，(2020)赣08行终2号；湖南省怀化市中级人民法院行政判决书，(2019)湘12行终224号。

机构当场抢救”，而最高人民法院认为满足因“正当理由”未及时送医也可以视同工伤。笔者认为，最高人民法院关于因“正当理由”未及时送医也可以视同工伤的理解具有一定的合理性。从生活常理角度考虑，参加医疗保险的职工携带医保卡前往医院就诊，入院之前回家收拾生活用品等情况合乎正常人的生活情理，在回家后送医死亡或在回家途中死亡，或回家后来不及送医即死亡这些“正当理由”未送医即死亡的情形应当认定为工伤，要求必须从工作岗位上径直送医属于对法条作对当事人不利的限缩性解释。

相关案例

北京市第一中级人民法院行政判决书，(2020)京 01 行终 731 号。

江苏省淮安市中级人民法院行政判决书，(2020)苏 08 行终 227 号。

相关法条

《工伤保险条例》第十五条第一款第一项。

《关于如何理解〈工伤保险条例〉第十五条第(一)项的复函》。

四十六、不定时工作制工种职工在宿舍等处所休息期间突发疾病死亡能否认定视同工伤

不定时工作制，也称无定时工时制，没有固定工作时间的限制，是针对因生产特点、工作性质特殊需要或职责范围的关系，需要连续上班或难以按时上下班，无法适用标准工作时间或需要机动作业的职工而采用的一种工作时间制度，是我国现行的基本工作时间制度之一。根据《关于企业实行不定时工作制和综合计算工时工作制的审批办法》（劳部发〔1994〕503 号）规定，企业对符合下列条件之一的职工，可以实行不定时工作制：企业中的高级管理人员、外勤人员、推销人员、部分值班人员和其他因工作无法按标准工作时间衡量的；企业中的长途运输人员、出租汽车司机和铁路、港口、仓库的部分工作人员以及因工作性质特殊，需要机动作业的职工；其他因生产特点、工作特殊或职责范围关系，适合实行不定时工作制的职工。实践中常常有不定时工作制工种职工在宿舍等处所休息时突发疾病死亡能否认定工伤的争议。比如，物业的水电工在公司安排的宿舍突发疾病死亡，值班司机在公司宿舍突发疾病死亡等。

认定争议

在司法实践中，有审判机关认为，不定时工作制工种职工属于特殊岗位工作人员，因其职业的特殊性，需要 24 小时全天候待命，在其上岗的 24 小时期间均应属于工作时间，在单位安排的宿舍休息只是为满足必要的、合理的生理需求，不定时工作制工种职工在宿舍等处所突发疾病死亡应当认定属于工作岗位突发疾病死亡，应认定视同工伤。[①]

有审判机关认为，宿舍是员工休息和生活的场所，员工在宿舍等生活区从事与自身利益相关的个人活动，即使从事与自身利益相关的公共卫生清理活动，如打扫宿舍卫生，也更多的是一种承担群体义务的自治和自利行为，与工作岗位上的工作

① 参见江苏省高级人民法院行政裁定书，(2020)苏行申 1455 号。

任务有本质不同。《工伤保险条例》第十五条第一款第一项的工作时间应该是在上班固定时间，工作岗位应与工作性质有直接联系，不定时工作制工种职工在宿舍等处所休息时突发疾病死亡并不是在工作时间和工作岗位上死亡的，不符合认定工伤的条件。[1]

专业解答

对于一些与职工从事日常工作内容直接相关的固定场所，如办公室，属于工作岗位，人们并无争议。但对于一些在单位控制范围内、职工固定岗位外的相关区域，如职工在“串岗”或在走廊、过道、休息室等区域是否属于工作岗位却意见不一。而对于职工的工作岗位和其生活区域混同的情况，认定工作岗位则更为困难。总体而言，司法实践中对于工作岗位的认定经历了一个从严到宽的发展过程。而判定工伤的关键在于职工发生伤亡时所从事事务与其履行工作职责的关联性。不定时工作制工种职工在宿舍等处所突发疾病死亡能否认定视同工伤需区分情形，如果职工工作场所与其生活场所是相对独立的，职工因工作安排上班、值班需要离开生活场所进入工作状态，因履行工作职责原因入住单位为其安排的宿舍、酒店，这些宿舍、酒店只是职工工作间隙的休息场所，而非其生活居所，因工在外履行工作职责的职工在单位安排的休息场所范围均应视为其在工作岗位，在这些场所突发疾病死亡应属于在工作时间、工作岗位突发疾病死亡，应认定视同工伤。如司机到公司值夜班，在公司安排的房间休息；医生护士在医院值班，在医院安排的宿舍休息。这一类职工进入工作状态，脱离自己日常生活状态非常明显，应当认定属于因工履职期间突发疾病死亡，认定视同工伤。对于职工的工作岗位和其生活区域混同的情况，认定工作岗位则需具体情况具体分析。例如，小区物业聘用的水电工，物业包吃包住，该职工的工作、生活区域均在小区；又如，一些仓库管理员，长期居住在仓库内。这一类职工的工作区域和生活区域混同，并且实行不定时工作制，使得判断“工作时间”“工作岗位”非常困难。这些情形能否视同工伤需结合职工突发疾病前的状态、职工的岗位职责、单位的规章制度、职工当天的工作安排、工友的证言等进行酌情判断，如果职工确实是因履行工作职责发病，应认定工伤，如果属于休息期间发病则不宜认定为工伤。

---

① 参见黑龙江省哈尔滨市中级人民法院行政判决书，(2019)黑01行终200号。

相关案例

云南省高级人民法院行政裁定书,(2019)云行申 157 号。
江苏省泰州市中级人民法院行政判决书,(2018)苏 12 行终 102 号。
江苏省高级人民法院行政裁定书,(2020)苏行申 1174 号。

相关法条

《工伤保险条例》第十五条第一款第一项。

四十七、在用人单位组织的观光、旅游、疗养等团建活动中突发疾病死亡能否认定为工伤

为增强团队凝聚力，用人单位往往会组织各式各样的团建活动，小型的比如团队聚餐、KTV唱歌、小型足球赛，大型的比如集体登山、出国游、年终晚会等。作为用人单位最直观的提升凝聚力的手段，一场优质的团建活动不仅能够创造更高的团队文化，还能促使团队成员迅速熟识，增加员工之间合作能力。职工在用人单位组织的观光、旅游、疗养等团建活动中可能舟车劳顿，比较辛苦，所以关于团建过程中职工突发疾病死亡的工伤争议案件很多，争议很大。

认定争议

在司法实践中，有审判机关认为，用人单位组织的观光、旅游、疗养等团建活动是用人单位组织的集体活动，是给予职工的福利待遇，更是单位加强职工之间的团结和睦，增强职工协作能力，增强职工凝聚力，调动职工积极性，提高工作效率的一种手段和方式，因此团建活动虽然不是直接以工作为内容，但与工作相关，是职工工作的延续。因此，职工参加用人单位组织的观光、旅游、疗养等团建活动，无论这些活动是否安排在工作日和工作时间，均应当视为工作时间和工作地点的延续，根据《工伤保险条例》第十五条"职工有下列情形之一的，视同工伤：(一)在工作时间和工作岗位，突发疾病死亡或者在48小时之内经抢救无效死亡的……"的规定，可以视同工伤。[①]

有审判机关认为，用人单位组织的观光、旅游、疗养等团建活动如果已经超出了工作的范围，再将职工在参加此种情形下的团建活动中突发疾病死亡均认定为工伤，会无限扩大用人单位的用工风险，用人单位组织此类员工福利活动时会顾虑

① 参见广东省珠海市中级人民法院行政判决书，(2014)珠中法行终字第79号。

重重，不利于以后用人单位组织和开展这种职工福利性质的团建活动，最终损害的也是职工的正当权益和社会的公平正义。[①]

专业解答

用人单位组织的观光、旅游、疗养等团建活动中突发疾病死亡是否认定为工伤需根据活动情况来具体分析。对于观光、旅游、疗养等纯粹游览活动虽然是由用人单位组织，也可能由用人单位承担团建活动费用，甚至有的用人单位要求原则上都参加，但这一类活动主要是福利性的，利益归属于职工本人比较多，不宜认定为视同工伤。对于用人单位组织的团体 CS、登山、越野、趣味运动会、读书活动等团建、党建活动，此类活动性质并非单纯游览放松，还包括增加团队协作，提升员工认同感、责任感、上进心、奉献精神等思想认识水平的情形，主要利益归属于用人单位，应当认定为视同工伤。对于聚餐这种团建活动，就需要结合聚餐性质进行判断，如果在聚餐前后有领导讲话鼓舞士气、安排工作、表彰先进等内容，主要利益归属于用人单位，应当认定为视同工伤；如果用人单位组织聚餐纯粹是犒劳职工、庆祝业绩，主要利益归属于职工，不应当认定为视同工伤。

相关案例

山东省济南市中级人民法院行政判决书，(2019)鲁 01 行终 1084 号。

青海省西宁市中级人民法院行政判决书，(2019)青 01 行终 5 号。

相关法条

《工伤保险条例》第十五条第一款第一项。

《最高人民法院关于审理工伤保险行政案件若干问题的规定》(法释〔2014〕9 号)第四条第二项。

---

① 参见江苏省苏州市中级人民法院行政判决书，(2020)苏 05 行终 587 号。

四十八、身患绝症职工在工作时间和工作岗位因该疾病死亡能否认定视同工伤

实践中,有的员工已经检查出无法治愈的致命疾病(如癌症、白血病等),但没有请假治疗,而是带病继续上班。在上班过程中,这些疾病突然发作,经抢救无效死亡。对此类情形能否认定工伤在用人单位和死亡职工家属之间产生巨大争议。

认定争议

在司法实践中,有审判机关认为,职工本身就患有无法治愈的疾病,其在已知患有绝症的情形下,继续在公司上班。在上班期间因自身疾病死亡,属于绝症发作,不属于《工伤保险条例》规定的"突发疾病"情形,与"工作原因"没有任何关系,如果职工已经明知患有绝症而未如实告知用人单位,则不应认定为视同工伤。①

有审判机关认为,根据《工伤保险条例》第十五条规定,职工在工作时间和工作岗位,突发疾病死亡或者在48小时之内经抢救无效死亡的,视同工伤。这里的"突发疾病"包括各类疾病,无论是与工作相关的突发疾病,还是员工身体长期存在的疾病,都可以认定为工伤,不排除职工原有或已有疾病在工作岗位、工作时间突发的情形。身患绝症职工在工作时间和工作岗位因自身疾病死亡应认定为视同工伤。②

专业解答

根据《工伤保险条例》第十五条规定,职工在工作时间和工作岗位,突发疾病死亡或者在48小时之内经抢救无效死亡的,视同工伤。本条的"突发疾病"包括各

---

① 参见广东省东莞市中级人民法院行政判决书,(2018)粤19行终172号。

② 参见福建省三明市中级人民法院行政判决书,(2020)闽04行终41号。

类疾病,不排除职工原有或已有疾病在工作岗位、工作时间突发的情形。例如,职工本身患有高血压,在工作岗位突发脑溢血死亡;职工患有心肌炎,在工作岗位突发疾病死亡;职工感染细菌、病毒,在工作岗位突发蛛网膜下腔出血死亡;职工患有癌症等绝症在工作岗位突发疾病死亡。但实践中要排除身患绝症职工在预知自己将不久于人世后故意到用人单位,利用《工伤保险条例》第十五条"职工有下列情形之一的,视同工伤:(一)在工作时间和工作岗位,突发疾病死亡或者在48小时之内经抢救无效死亡"的规定让家属获得一笔工伤保险待遇的道德风险。

相关案例

广东省中山市中级人民法院行政判决书,(2017)粤20行终62号。

福建省三明市中级人民法院行政判决书,(2020)闽04行终41号。

相关法条

《工伤保险条例》第十五条第一款第一项。

《关于实施〈工伤保险条例〉若干问题的意见》(劳社部函〔2004〕256号)。

四十九、因突发疾病连续抢救超过 48 小时死亡能否认定视同工伤

《工伤保险条例》第十五条第一款第一项规定，在工作时间和工作岗位，突发疾病死亡或者在 48 小时之内经抢救无效死亡的，认定为视同工伤。原劳动和社会保障部《关于实施〈工伤保险条例〉若干问题的意见》第三条规定，“48 小时”的起算时间，以医疗机构的初次诊断时间作为突发疾病的起算时间。具体而言，医疗机构初次诊断的“时”不计算在内，而应从下一个小时算起，以最后一个小时结束为止，分钟并不考虑在内。立法上规定“48 小时”只是立法者为了避免将突发疾病无限制扩大而作出的限制性规定，这一条款设计的本义是更大程度保护职工权益。同时，又为了兼顾用人单位的利益，结合医学上疾病抢救的规律和特点，确定了 48 小时时限，以求得各方平衡，且方便工伤认定操作。超过 48 个小时 1 分钟死亡者也不能视同工伤，这也使视同工伤的“48 小时时限”备受争议，但从全国各地执法实践来看，此条款几乎都被作严格解释，相关司法机关也一再明确“48 小时”系刚性规定，不应对其进行扩大化解释。超过 48 小时抢救无效死亡的不能认定为视同工伤在实践中达成了共识，但是对连续抢救超过 48 小时后死亡的可否认定为视同工伤还是有一定争议。

认定争议

在司法实践中，有审判机关认为，视同工伤属于通常意义上因工伤亡之外的扩大保护，应当严格从工作时间、工作岗位、突发疾病和 48 小时内死亡四个条件进行判定，不宜对视同工伤的条件予以扩大解释。《工伤保险条例》第十五条第一款第一项已明确规定在 48 小时之内经抢救无效死亡的，视同工伤，应严格控制 48 小时，超过 48 小时死亡的，不能认定为工伤。[①]

有审判机关认为，实践中如何把握 48 小时内死亡，应从《工伤保险条例》的立

① 参见天津市第一中级人民法院行政判决书，(2020)津 01 行终 474 号。

法本意加以理解，不能简单地计算成从医疗机构初次诊断时间到医疗机构宣布死亡时间。如果医院连续抢救时间超过48小时后死亡的不认定工伤可能引发如下两种道德风险：一是用人单位救“死人”，即在医院已经明确表明无救治希望，出现医学上认定死亡标准的特征时，用人单位为逃避支付工伤保险费用的责任，要求医院继续使用电击、呼吸机等生命支持设备，将死亡时间延迟至48小时以后，职工工作岗位突发疾病48小时后死亡不认定工伤，用人单位即可免于支付相关工伤费用；二是家属在有救治希望的情形下放弃治疗，即职工在工作岗位突发疾病送医，在医院治疗过程中，救治难度大但是并非完全没有救治希望，或者救治后可能形成身体、精神残疾，长期依赖照料、护理，家属考虑48小时后无论职工死亡还是未死亡但需长期医疗护理、照料，均无法认定工伤获得工伤赔偿，未死亡但需长期医疗护理、照料的情形下还需支付大笔的医疗费用和护理费用，个别家属可能会要求医院在48小时内放弃抢救，放任职工死亡。对危重病人进行抢救是社会主流观念，如因工伤认定问题而放弃对危重病人的救治，不符合社会公众对生命予以最大尊重的基本价值观。对“在48小时之内经抢救无效死亡”不能机械地理解，同时也为了从执法环节避免上述道德风险，对连续抢救超过48小时后死亡的可认定为视同工伤。①

专业解答

如果在48小时之内职工已出现靠呼吸机维持呼吸、脑死亡等症状，并经过医院诊断确定没有继续存活的可能性，但家属或用人单位要求继续抢救超过48小时的（此时的继续抢救实际是无效抢救，可称为过度抢救治疗），应当采取有利于职工的角度予以认定视同工伤，一则家属坚持抢救亦属人之常情，符合社会伦理道德，不应过于苛刻，二则也可以避免引发用人单位救“死人”的道德风险。经过医疗机构抢救但在整个抢救过程中没有确定排除继续存活的可能的，即医疗机构严格按照医疗机构的操作规程，未考虑家属和用人单位的意志，抢救时间超过48小时才死亡的，宜按照《工伤保险条例》第十五条第一款第一项规定严格控制，即在48小时之内经抢救无效死亡的方可认定视同工伤，超过48小时的不认定视同工伤。在个案中主要考虑职工在工作岗位突发疾病后送医，经抢救在48小时内是否

---

① 参见河南省高级人民法院行政判决书，（2019）豫行再154号。

具备医学上宣布死亡的要件，如果在48小时内已经具备医学上宣布死亡的要件，即使通过现代医疗技术手段支持至48小时后宣告死亡，也应认定工伤。如果在48小时内不具备医学上宣布死亡的要件，连续抢救超过48小时后死亡不宜认定为工伤。

相关案例

最高人民检察院2021年5月12日发布的工伤认定和工伤保险类行政检察监督典型案例之一：颜某某诉广西某县人力资源和社会保障局、某市人力资源和社会保障局工伤认定及行政复议检察监督案。

江苏省常州市中级人民法院行政判决书，(2020)苏04行终186号。

相关法条

《工伤保险条例》第十五条第一款第一项。

五十、职工在工作岗位突发疾病，在 48 小时内家属放弃治疗后死亡能否认定为工伤

根据《工伤保险条例》第十五条第一款的规定，在工作时间和工作岗位，突发疾病死亡或者在 48 小时之内经抢救无效死亡的视同工伤。对于职工非当场死亡的情形需送医抢救，但在 48 小时内的抢救过程中，家属放弃治疗的行为是否属于经抢救无效死亡，在实践中存在较大争议。

认定争议

在司法实践中，有审判机关认为，《工伤保险条例》第十五条第一款规定，在工作时间和工作岗位，突发疾病死亡或者在 48 小时之内经抢救无效死亡的视同工伤。对"经抢救无效死亡"的理解应当是：在职工非当场死亡的情形下"送医抢救"是一个必须的治疗过程，只有经过抢救治疗才能够有很大机会挽回职工的生命，家属主动放弃治疗不符合《工伤保险条例》的立法本意。一是生命是无价的，即使病情非常危重，也不是完全没有生还的可能，医院应继续对病人进行抢救，家属不能放弃治疗，家属在 48 小时内自愿放弃治疗的行为不属于经抢救无效死亡。二是如果认同突发疾病被抢救的职工家属放弃治疗行为，从而认定为工伤，将带来无穷尽的道德风险，即职工在工作岗位突发疾病送医，在医院治疗过程中，救治难度大但是并非完全没有救治希望，或者救治后可能形成身体、精神残疾，长期依赖照料、护理，个别家属可能考虑到无论 48 小时后职工是死亡还是未死亡但是需长期医疗护理、照料的情形，均无法认定工伤获得工伤赔偿，未死亡但是需长期医疗护理、照料的情形还需支付大笔的医疗费用和护理费用，个别家属可能会要求医院在 48 小时内放弃抢救，放任职工死亡。这样的后果，会使生命权被金钱所践踏。故在 48 小时内家属主动放弃治疗而导致死亡的属于职工并未经过合理的抢救治疗，不符合应当视同为工伤的情形。[①]

---

① 参见德阳市中级人民法院行政判决书，(2019)川 06 行终 73 号。

有审判机关认为，如果根据医院的诊断病历资料，能够证实是在医院告知家属已没有继续存活的可能性的情况下，家属才放弃抢救诊治的，其行为不属于“拒绝治疗”行为，而属于抢救无法改变死亡的结果，即使家属中途放弃抢救治疗，也应视同为工伤。①

专业解答

“抢救”系在紧急危重的情况下迅速救护。从字面意思的角度解释，抢救是采取迅速、及时的医疗手段挽救生命，一个重要原则就是穷尽所有的医疗技术和抢救器械（如心脏起搏器、呼吸机等）以争取救活患者。“经抢救无效死亡”和家属放弃治疗的认定，要根据医疗机构的专业意见，判断患者有无救治的可能性。实践中要视情形而定，如果患者在医院下达病危通知书（下病危通知并非意味着病没救了，有很多住进监护室的病人一般都被下病危通知书）后放弃治疗或出院后自己到“小医院”“小门诊”医治，就不能说是“抢救无效”，也不能说是积极“救治”，若该患者在48小时之内死亡，与其本人和亲属不听医生劝阻和建议，主动要求放弃抢救有直接的、必然的因果关系，而并非经抢救无效死亡。“经抢救无效死亡”应是在经抢救无效的前提下，亦即医疗机构经过诊断确定了其确实没有继续存活的可能性，家属才可以作出放弃救治的决定，也只有在此种情形下，家属的放弃治疗才可以认定为“经抢救无效”。因此，在医疗机构确定病人没有继续存活可能性的前提下，家属放弃治疗后死亡的可以认定视同工伤。在“山东金宇建筑集团诉山东省东营市劳动和社会保障局工伤行政确认案”中，法院也确立了这一原则。该案中，法院认为，在孙某某缺乏自主呼吸、靠升压药维持血压、救治无望的情况下，其亲属放弃治疗，确属无奈之举，并不违反法律禁止性规定。对“放弃治疗”之情形，应综合参考医院病历、对治疗医生的调查笔录、病人与家属之间的关系等从严审查、认定。② 最高人民法院办公厅2020年11月26日对外公布“全国法院系统2020年度优秀案例分析评选”获奖名单中有一篇获奖案例《上海蓝云环境服务管理有限公

① 参见吉林省高级人民法院行政裁定书，（2020）吉行申229号。

② 《职工被医疗机构判定无法存活时，家属放弃治疗后职工死亡的可以认定为工伤——山东金宇建筑集团诉山东省东营市劳动和社会保障局工伤行政确认案》，载最高人民法院行政审判庭编：《中国行政审判指导案例》（第2卷），中国法制出版社2011年版，第135页。

司诉上海市宝山区人力资源和社会保障局、第三人张某某劳动和社会保障行政确认纠纷案——“主动放弃治疗”视同工伤的价值判断与裁判要素》,该案中法院认为,医疗救治本身即存在诸多风险要素,具有高度不确定性,在郝某多次被医院下病危通知书、随时存在死亡风险、基本无治疗痊愈希望的情形下,其家属结合郝某身体情况、病历记载及医生建议对风险进行合理评估,在不存在公安机关认定的违法犯罪行为且不存在主观故意、重大过错并愿意自担后果的情形下,家属作出的放弃治疗决定于法不悖,亦符合情理。家属对患者放弃治疗情形在医疗实践中亦属常见,无须苛责,依法认定为工伤。

相关案例

重庆市第一中级人民法院行政判决书,(2020)渝01行终1036号。

贵州省遵义市中级人民法院行政判决书,(2020)黔03行终274号。

相关法条

《工伤保险条例》第十五条第一款第一项。

五十一、职工居家办公，突发疾病死亡或者在48小时之内经抢救无效死亡能否认定为工伤

线上办公、网络办公、居家办公的现象并不鲜见。甚至因受公共疫情、公共事件的影响，已经成为一种不可避免的工作和生活方式。居家办公期间，职工的工作场所与生活场所混同，上下班的时间也比较模糊。居家办公时“突发疾病”死亡能否认定为工伤在实践中争议较大。

认定争议

在司法实践中，有审判机关认为，员工居家办公的主要目的是办公，而非居家休息，职工是在工作，只是工作地点在家里。即在工作状态下，家是员工履行工作职责的场所，而非员工下班回家休息的场所。不能因为是在家中这一特殊场所，就否定员工工作的正当性与合理性。员工为了单位的利益在家办公，是员工正常履行工作职责，应当属于“工作时间和工作岗位”，根据《工伤保险条例》第十五条第一款第一项的规定，居家办公期间突发疾病死亡或者在48小时内经抢救无效死亡，应认定为工伤。[①]

有审判机关认为，突发疾病本身是因为职工自身身体原因导致，《工伤保险条例》是基于倾斜性保护职工利益的原则，将其纳入工伤保险范围，给予职工以工伤保险待遇。对“突发疾病”视同工伤应当严格按照法律规定执行，对工作时间和工作岗位不宜再作扩大解释。对因突发疾病死亡视为工伤的认定，必须同时具备工作时间、工作岗位和在48小时之内抢救无效死亡三个条件，缺一不可。在家办公时，虽然工作场所有所变化，“家”可以视为工作地点，但职工居家办公期间，工作场所与生活场所混同，上下班的时间也比较模糊，工作原因难以认定，为避免视同

---

① 参见湖南省高级人民法院行政裁定书，(2019)湘行申251号。

工伤认定范围的无限扩大，在法律法规没有正式修改前，不宜认定为视同工伤。[①]

专业解答

自从有了电话、网络之后，职工在家通过电话、邮件、微信等方式进行工作，随时服从用人单位的召唤、安排，处于工作状态的现象越来越多。长远来看，在居家线上办公可能成为常态的背景下，淡化工作场所的原有内涵是大势所趋。只要是履行工作职责的场所，无论是在家中，还是在地铁、火车上，都应认定为工作场所，不能因为员工没有在用人单位就加以否定。社会保险行政部门和人民法院在处理这类案件时，着重审查突发疾病与工作之间是否具有一定的关联性，即主要是对案件相关事实的审查。即居家办公期间，疾病突发时职工是否处于工作状态，这是认定工伤的必要条件之一。社会保险行政部门和人民法院审查此类案件的基本原则还是结合相关证据，根据事发的时间、事发时的工作记录、其他同事的陈述、家人的陈述、合理常识等综合判断。若确实是在居家工作期间突发疾病死亡，或者在 48 小时之内经抢救无效死亡的，可以认定视同工伤。例如，在（2017）最高法行申 6467 号行政裁定中，冯某是海口市某中学高中教师。2011 年 11 月 15 日深夜，冯某在家中加班批改试卷，次日早上家属发现其身体异常状况，冯某因抢救无效死亡。海口市人社局、海南省人社厅均认为不符合工作时间、工作岗位要素，不属于工伤。其妻俞某随后提起行政诉讼，历经多次上诉，此案最终由最高人民法院认定，根据《工伤保险条例》第十五条第一款第一项的规定，冯某发病时是否正在工作难以确定，作有利于职工的肯定性事实推定，视同工伤。又如，刘某是湖北省仙桃市某医院的门诊医生，疫情期间他超负荷工作，除了配合医院在发热门诊接诊，下班之后也在家中接受病人电话问诊，2020 年 2 月 13 日在家中加班到 22 时，过度劳累的情况下因“急性心肌梗死”死亡。仙桃市人社局认为，刘某并非感染新冠，不属于《关于审理新型冠状病毒感染肺炎疫情防控期间劳动争议案件法律适用问题的解答》中规定的患有新冠肺炎认定工伤的情况；也不符合传统的工伤认定标准，不予认定为工伤，后经行政复议仙桃市人民政府撤销仙桃市人社局作出的《不予认定工伤决定书》。[②] 再如，“2021 年度广铁法院行政诉讼十大典型案例”之田某

---

① 参见江西省萍乡市安源区人民法院行政判决书，（2020）赣 0302 行初 40 号。

② https://m.gmw.cn/baijia/2020-03/10/1301032375.html.

诉广州市荔湾区人社局工伤认定一案中，石某生前是广州市某贸易有限公司的员工。2020 年 7 月 13 日 19 时 40 分左右，石某在家中突然倒地，"120"到场急救约 20 分钟后死亡。石某的微信聊天记录显示，事发当天下班回家后，其通过微信与同事、客户洽谈工作，最后与同事"大宇"的聊天时间是 19 时 22 分；当天 19 时 55 分，石某所在微信群的其他同事仍在继续回复工作内容。石某的家属田某向当地人社局提出工伤认定申请。当地人社局对石某的死亡情形决定不予认定视同工伤。广州铁路运输法院一审判决驳回田某的诉讼请求。田某不服，提出上诉。二审法院认为，石某的微信聊天记录显示，其经常下班后用微信回复工作信息，且结合同事董某陈述，其与石某负责的工厂晚上都在生产，生产过程中遇到问题都会相互联系，多年来一直如此。由此可见，石某回家后继续处理工作是常态。具体到本案，事发当天石某在工作群回复工厂进度，19 时 10 分，石某在该群回复"应该都收到了"；19 时 22 分与同事"大宇"微信对话讨论收货问题。上述证据互相印证，可以证明石某当日下班后，仍使用微信处理工作，其在家用微信处理工作属于工作时间和工作岗位的延伸。虽然石某最后推送信息的时间是 19 时 22 分，与其倒地的时间 19 时 40 分存在时间差，但考虑到突发疾病发病到死亡有持续的阶段和过程，且在 19 时 22 分后石某再无推送信息，故可以认定石某符合在工作时间和工作岗位突发疾病的情形。

相关案例

湖北省保康县人民法院行政判决书，（2020）鄂 0626 行初 13 号。

重庆市第四中级人民法院行政判决书，（2018）渝 04 行终 86 号。

相关法条

《工伤保险条例》第十五条第一款第一项。

五十二、职工居家办公期间受伤能否认定为工伤

伴随信息技术、互联网产业的发展,电子设备应用的普及,职工脱离传统办公环境,居家办公成为可能,居家职工或互联网平台从业者可以利用电脑终端或其他移动端随时接受用人单位的安排,完成工作任务。科技信息技术日益发达,居家办公逐渐成为新常态。如果员工居家工作期间遭遇伤亡,就不可避免会出现工伤认定问题。不同于传统劳动方式,居家办公环境中,职工的工作地点从固定的单位工作场所转移到家中,工作场所与家居环境难以明确界别,如果发生伤害事故,对是否发生在工作时间、工作地点、因工作原因引起,存在认定困难,且我国对居家办公的工伤情形并未进行专门立法,也未有相关司法解释,相关法律规定并不明确,社会保险行政部门和司法机关在认定时需要进行自由裁量,认定结果也容易产生争议。

认定争议

在司法实践中,有审判机关认为,职工因履行工作职责受到伤害是指职工受到的伤害与其履行工作具有因果关系,这种因果关系除了包括伤害与职工工作内容之间的因果关系,也包括伤害与职工因履行工作职责所处的特定工作环境之间的因果关系。若职工因履行工作职责处于特定环境,又因为身处该特定环境而受到了伤害,也应认定该伤害与该职工履行工作职责具有因果关系。职工居家办公期间,因入室盗窃受暴力伤害、家具倾倒被砸伤、电器触电等伤害均可认定系职工因履行工作职责处于家这个特定环境造成的伤害,属于与履行工作职责相关,应当认定为工伤。且居家办公应视为工作时间和工作场所的延伸,在工作时间、工作场所,职工遭受伤害是否属于"因工作"原因无法查明或难以认定时,应当推定为工作原因引起,认定为工伤。①

---

① 参见黑龙江省哈尔滨市香坊区人民法院行政判决书,柴某家属诉大庆市人力资源和社会保障局、黑龙江省人力资源和社会保障厅工伤行政确认及行政复议一案。

有审判机关认为，根据工伤保险条例，工伤认定需要根据工作时间、工作场所、工作原因“三工”原则进行综合判定。实践中，居家办公一般仅适用于用电脑、手机、图、纸能够处理的工作，需要用到生产设备的情况极少，使用电脑、手机、图、纸相较于在工厂车间、工地使用机器设备一般不会造成工业事故伤害，实践中职工居家办公引发事故伤害的情形主要集中于第三人的暴力伤害（如被入室盗窃者伤害）、在家摔倒伤亡、电器触电伤亡等情形。但职工居家办公期间被入室盗窃者伤害、在家摔倒伤亡、电器触电伤亡等情形与其履行工作职责一般没有因果关系，不符合工伤认定标准，不应认定工伤。①

专业解答

关于居家办公工作时间的问题。首先，居家办公中，休息时间和办公时间界限不清晰。居家办公职工的上班时间与下班时间容易混淆，职工容易陷入“弹性工作”的误区，没有严格遵照用人单位规定的劳动时间。面对每天的工作任务，职工没有按照用人单位的要求紧凑而高效地完成。同时，因用人单位难以对职工工作时间进行合理估计，职工可能难以在工作时间内完成工作任务，只能通过加班的方式完成工作，容易造成职工居家办公行为与其在家休息行为混同。其次，在家上厕所等解决基本生理需求的时间是否算工作时间，沏茶休闲时间可否认定为工作时间均在实践中有一定争议。工时制度不透明、不具体，用人单位和职工在解释制度时具有很强的任意性，容易产生争议。在现行法律无明确规定的情况下，用人单位应当制定完善的居家办公工作管理制度。首先，在居家办公情形下，用人单位在与职工订立劳动合同时，应将工作时间进行提前具体化约定，施行远程化的上下班打卡系统等，形成完善的居家办公工作时间管理制度。其次，由于居家办公依赖信息技术，信息技术运用贯穿于居家办公的整个过程。因此，从技术手段上来说，职工的工作时间应当能够通过技术手段来反映。实际上，在技术层面，根据亿欧智库提供的信息，以世界 500 强选择的核心人力资源软件 workday 为例，该软件已经上线了员工时间管理等功能。② 该功能表明居家办公工时标准化记录是可行的。因

① 参见黑龙江省人力资源和社会保障厅行政复议决定书，黑人社复决字〔2020〕20 号。

② 参见《Workday 为何能成为世界 500 强选择的核心人力资源软件》，载亿欧网，https://www.iyiou.com/p/123494.html/。

此,用人单位也可以通过互联网等技术手段实现工时的测算。如果职工在合同约定的上班时间因工作相关方面的原因而发生伤害,此时应为工伤。如果居家办公职工需要延长工作时间,也需要事先向用人单位报备,由职工在工作日志中记载,并通过公司 OA 系统等进行线上登记。但是,要求职工在工作时间内一直坐在电脑前,显然是不现实的。职工工作过程中也需要适当地休息放松,离开办公区域去上厕所、吃饭、喝水等应当属于工作时间。在从事此类必要的生理需求行为的过程中受到伤害属于工伤。

关于居家办公工作场所的问题。依靠互联网技术,职工可以在其住所完成工作,这意味着职工的工作场所与传统用工形式中由用人单位提供工作场所有区别。且居家办公涉及职工的隐私与用人单位管理权限的界限,不能简单粗暴地使用安装摄像头等方式对职工进行管理。与传统用工形式相比,职工居家办公给用人单位带来管理上的不便。例如,在居家办公形式下,用人单位不能通过在办公场所人脸识别、安装打卡机或监控等有效管理的形式完成对职工的考勤、工作状态的管理。司法实践中,对于居家办公的情形,法院一般将因公共事件或者虽非公共事件但职工经用人单位要求,或经用人单位知情同意在家中工作,此时居家办公是出于用人单位利益的考量,用人单位的工作场所应当延伸至职工的家,在家中因工作原因遭受伤害应当受工伤相关法律法规的保护。且法院一般将家视为一个整体认定为工作场所,但是对家这个整体场所的具体区域未再进行区分,在居家办公中,日常生活地点和办公地点界限不清晰,在家上厕所、吃饭等解决基本生理需求的卫生间、餐厅是否算工作地点,放松、休闲的客厅、阳台等地点可否认定为工作地点均在实践中有一定争议。在居家办公中,不能对工作场所的认定过度扩大,过分对职工进行倾斜性保护。在确定家是否可以被认定为工作场所时,应考虑:一是用人单位是否知晓或同意;二是居家办公的工作内容、工作数量和相关要件;三是职工在家中是否持续使用工作所需终端或设备;四是需结合相应工作的特殊情况,判断居家办公是否是必要的,而不能仅仅考虑是否因为方便职工。如果用人单位对职工居家办公的相关情况不知晓或不同意,居家办公仅仅是出于职工个人的便利,则家不宜被认定为工作场所。在居家办公情形下,对家这个整体场所的具体区域如何再进行区分,用人单位应当制定完善的居家办公工作管理制度,用工企业在与职工订立劳动合同时,应将工作地点进行提前具体化约定,规定家内固定办公区域,形成完善的远程居家办公工作管理制度。如果职工在合同约定的上班地点因工作相关方面的原因而发生伤害,此时应为工伤,在卧室等明显属于隐私区域受伤则不应认定为因工作原因受伤。

关于工作原因的认定问题。不定时、不定期、不定场所的灵活办公日渐成为职场新常态。长远来看，在居家办公、线上办公变得越来越普遍的背景下，对“工作场所”的界定变得越来越模糊。“工作场所”是工伤认定的要素，但随着灵活办公、云上办公、居家办公、移动办公这些新职场模式的出现，对“工作场所”的定义进行延伸是一个基本共识，居家办公期间“家”应当视为工作场所的延伸当无争议。居家办公情形下，确定工作和伤害之间的因果关系才是工伤认定的根本关键，对工作原因的判断应当与传统劳动关系中到用人单位提供的工作场所进行工作时因工作原因受到伤害的判断一致。包括：本职工作以及因工作流程需要所进行的前期预备性、后期收尾性工作；职工在日常工作中为满足必要的、合理的生理需求所进行的活动；为完成工作所采取的必要的措施；职工为用人单位的利益从事的其他工作。

关于居家办公期间举证责任的分配问题。传统工伤认定举证责任的分配是以标准劳动关系为基础设立的，职工有固定的工作区域，其工作场所由用人单位控制，处于用人单位的管理和监督之下，很多证据由用人单位掌握，如果员工遭受事故或突发疾病，用人单位调取监控等即可举证，职工往往难以获得或者根本无法获得相关证据材料，完全让职工举证证明自己所受伤害或突发疾病是工伤显然不公平、不合理。因此，《工伤保险条例》第十九条第二款规定：“职工或者其近亲属认为是工伤，用人单位不认为是工伤的，由用人单位承担举证责任。”该条设置了举证责任倒置的原则，上述规定是为了平衡举证能力上的差异，实现举证责任上的“平等”，以提高行政、诉讼程序中的效率，合理保护职工的利益。但在居家办公情形下，职工的工作地点为自己的家，区别于用人单位控制下的办公场所：一是用人单位难以履行保障工作场所安全的义务；二是居家办公期间一旦发生事故伤害，对事故过程及事故原因的描述多数情况下只能依靠员工自述或家属叙述，工作场所由职工控制，用人单位和工伤认定部门很难证实或证伪；三是如果用人单位进入职工家中进行调查取证或安装监控设备，又将引发和职工隐私权之间的冲突，职工本人和家属也可能抗拒，用人单位很难证明职工所受伤害不是工伤。故，在居家办公情形下，仍然坚持《工伤保险条例》第十九条第二款规定的举证责任分配规则，显然对用人单位不公平。在居家办公情形下，应当适用由受伤职工举证规则，如果受伤职工或其家属能够举示线上打卡记录、电话、微信工作沟通记录、家中监控视频等证据证明是工作原因引发的伤害，就应认定为工伤，如果不能举证，则不宜认定工伤。即居家办公期间的工伤事实应当由职工或其近亲属负完全的举证责任，不适用工伤认定中的举证责任倒置。

相关案例

河南省焦作市中级人民法院行政判决书，(2020)豫08行终235号。
北京市第一中级人民法院行政判决书，(2020)京01行终40号。
北京市第二中级人民法院行政判决书，(2016)京02行终466号。

相关法条

《工伤保险条例》第十四条第一项。

五十三、认定“脑死亡”还是“心肺死亡”为死亡时间，直接关系是否可被认定为工伤

随着医疗技术的发展，特别是呼吸机等生命支持设备的应用，“脑死亡”越来越普遍，按照《中国成人脑死亡判定标准与操作规范(第二版)》的规定，判定“脑死亡”的临床标准为：深昏迷(不可逆转的深昏迷，完全丧失意识，对于他人呼唤、拍打等外界刺激没有反应)；脑干反射消失(瞳孔散大，对光反射消失，角膜反射消失，咳嗽反射消失)；无自主呼吸(呼吸骤停，依赖呼吸机维持通气，自主呼吸激发试验证实无自主呼吸)。这几项标准必须同时符合方可判定为“脑死亡”。“脑死亡”是一种全脑(包括脑干)功能不可逆转的丧失，脑死亡发生后如果没有呼吸机支持，几分钟就会呼吸衰竭，循环缺氧，继而发生心跳停止，即转为“心肺死亡”。《工伤保险条例》第十五条第一款第一项规定，在工作时间和工作岗位，突发疾病死亡或者在48小时之内经抢救无效死亡的，视同工伤。“48小时之内”死亡是认定为工伤的关键时间节点，而“脑死亡”与“心肺死亡”往往有“时间差”，通常情况下患者在医生宣布“脑死亡”后还会进行一段时间抢救，比如，靠呼吸机支持等，穷尽一切治疗手段后才会宣布“心肺死亡”。如果“脑死亡”与“心肺死亡”均在“48小时之内”，认定工伤当无争议。实践中，出现了48小时之内的“脑死亡”和48小时之外的“心肺死亡”并存的情况，若将“脑死亡”时间作为认定工伤的时间，可认定工伤，若将“心肺死亡”作为认定工伤的时间，则因职工死亡时间超过48小时，无法认定为工伤，无法要求用人单位或工伤保险基金支付相应工伤保险待遇。在这种情况下，以“脑死亡”还是“心肺死亡”时间认定为死亡时间，直接关系到是否可以视同工伤。职工近亲属、用人单位、社会保险行政部门往往对此产生较大争议。

认定争议

在司法实践中，有审判机关认为，我国医学界常规的死亡认定标准是“心肺死亡”，其状态为双侧瞳孔散大固定，无对光反射，大动脉搏动消失，无自主呼吸，全心停搏。对死亡时间的判断应当尊重医疗机构的专业判断，以人口死亡医学证上载

明的时间(通常为心肺死亡时间)为准。虽然脑部严重受损的病人存活率较低，医学领域也有脑死亡的概念，但脑死亡并不等同于有机体生命活动、新陈代谢的终结和生命体征的消失。目前，我国尚没有脑死亡的立法，脑死亡也并没有正式引入临床或司法实践。无论在临床医学上还是在司法实践中，仍然以呼吸、心跳停止为判定死亡的标准。①

也有审判机关认为，从医学上讲，一旦诊断为“脑死亡”，尽管患者可能还有呼吸、心跳，但其各种组织和器官一定会很快走向死亡，这种变化是不可逆转的。世界上已有 80 多个国家在立法上采纳了“脑死亡”标准。我国立法之所以尚未确立该标准，同医学伦理和传统观念等因素有关，因为在患者呼吸、心跳还有的情况下即放弃抢救，国人普遍还难以接受，但采纳“脑死亡”标准是大趋势。且将“脑死亡”时间解释为《工伤保险条例》中的“死亡时间”更有利于职工家属获得工伤保险救济。“脑死亡”时间可作为认定工伤的死亡标准。②

专业解答

从我国目前的司法实践来看，对于法律意义上的死亡，我国并未出台相关认定标准。实践中多依赖医疗机构的临床标准进行判断，我国目前医学上判断死亡的临床标准是“心肺死亡”，指的是人的血液循环完全停止，脉搏、呼吸停止。这是人类公认的死亡标准，也是最容易观察和确定的形式。目前的工伤认定实践中，大多数社会保险行政部门和人民法院还是按照人口死亡医学证上载明的时间来认定死亡时间，进而作出能否认定工伤的判断。但是近年来也有不少案例突破了人口死亡医学证上载明的死亡时间，而以“脑死亡”的时间作为死亡时间进而作出是否认定为工伤的决定。关于工伤认定中应以“脑死亡”还是“心肺死亡”作为死亡时间在学术界和实务界引起广泛讨论，也引起各个方面的广泛关注。

“脑死亡”和“心肺死亡”在医学上均可视为死亡已经没有争议，“脑死亡”对生命终结具有不可逆转性，持续救治只能延缓心肺死亡时间。在我国工伤死亡标准没有明确法律规定的情况下，从保护职工的合法权益角度出发，应当作出对职工有

① 参见山东省高级人民法院行政裁定书，(2017)鲁行申 127 号；江苏省南通市中级人民法院行政判决书，(2020)苏 06 行终 665 号。

② 参见河南省高级人民法院行政判决书，(2019)豫行再 154 号。

利的解释,“脑死亡”一般早于“心肺死亡”时间,在“48 小时内脑死亡”“48 小时外心肺死亡”这种情形下,“脑死亡”可作为认定工伤的死亡标准,这充分保护了职工权益,符合《工伤保险条例》的立法精神,亦符合人性的良知。

相关案例

湖北省荆州市中级人民法院行政判决书,(2018)鄂 10 行终 2 号。

相关法条

《工伤保险条例》第十五条第一款第一项。

五十四、职工在工作中突发疾病摔倒致伤或致死，能否认定为工伤

《工伤保险条例》第十四条规定了在工作时间和工作场所内，因工作原因受到事故伤害、暴力伤害的可以认定为工伤，第十五条第一款规定了职工在工作时间和工作岗位上突发疾病死亡或突发疾病48小时内经抢救无效死亡可以视同工伤，但均未规定在工作时间工作岗位上突发疾病摔倒受伤或致死是否可以认定或视同工伤，但实践中这种情况非常常见，引起巨大争议。

认定争议

在司法实践中，有审判机关认为，职工在工作中突发疾病摔倒致伤或致死情形下，其受伤或死亡的原因系因工作时间、工作场所中摔倒这一事故，属于《工伤保险条例》第十四条第一项规定的应予认定为工伤的典型情形。应当根据《工伤保险条例》第十四条第一项之规定，直接认定为工伤。[①]

有审判机关认为，不能忽略了"工作原因"这一核心要素，不能将认定工伤的必要条件掌握得过于宽泛。倘若职工工作中突发疾病摔倒致伤或致死与工作原因毫无关联，职工受伤或死亡的直接原因系自身疾病突发导致，此种情形下认定为工伤对用人单位显失公平，也不利于工伤保险基金的平稳运行。[②]

专业解答

如果突发疾病摔倒致伤或致死与职工履行工作职责具有直接因果关系，则可按照《工伤保险条例》第十四条第一项之规定执行，应当认定为工伤。比如，用人

---

① 参见四川省成都市中级人民法院行政判决书，(2021)川01行终641号。

② 参见贵州省水城县人民法院行政判决书，(2020)黔0221行初73号。

单位强制安排职工超强度、超时，或在温度很高的户外环境中长时间工作，导致职工极度疲倦或中暑而突然晕厥跌倒致伤或晕倒后磕到脑干死亡，应认定为工伤；又如，职工本身有高血压病史，因连续加班，工作过度劳累和紧张，其高血压病复发导致摔伤，其高血压的复发与其从事工作的情况有直接关系，此类情况下，不能因自身疾病的复发而阻断摔伤与工作原因的因果关系，宜认定为工伤。如果职工在工作时间和正常工作环境中（按照普通公众的正常感知能力，其工作环境无任何不适）履行工作职责，基于其既往病史（如癫痫）或个体素质差异（如长期低血糖而未食用早餐）突然摔倒致伤或磕到脑干死亡，则并非基于工作原因，不宜认定为工伤。职工突发疾病是因履行工作职责还是因自身身体、疾病，可按照医学常识和普通公众的正常认知能力来判断，如果不能判断其突发疾病的事实和履行工作职责之间的因果关系，可以通过劳动能力鉴定委员会作出的关联性鉴定证明来予以确认。

相关案例

安徽省合肥市中级人民法院行政判决书，（2021）皖 01 行终 201 号。

山西省晋中市中级人民法院行政判决书，（2021）晋 07 行终 8 号。

相关法条

《工伤保险条例》第十四条第一项、第十五条第一款第一项。

五十五、带班领导的“工作时间”“工作岗位”“突发疾病”如何把握

领导带班制度通常是在节假日或工作日的非工作时间，领导的下属有值班的工作人员，领导只需要监督或指导一下工作即可，其主要工作职责是协调、协助处理突发事件，及时向主要领导报告带班期间重大事项。领导带班与值班、加班不同，处于有事就处理，无事可休息的状态。对带班领导的要求通常是手机24小时畅通，确保对各种情况和信息作出快速反应，带班期间不得离开本辖区，确保有事能及时返岗处理。带班领导在带班期间突发疾病死亡或者在48小时之内经抢救无效死亡往往发生在非工作岗位，是否能认定视同工伤在实践中存在较大争议。

认定争议

在司法实践中，有审判机关认为，带班领导24小时待命，随时用手机、电脑等通信工具与单位员工保持联系、安排工作，工作时间具有不确定性，随时处于待命状态，带班领导整个带班期间均属于工作时间。单位对带班领导工作地点没有明确要求，只要求不得离开本辖区范围，故在此期间，带班领导在家或者在本辖区范围的其他地点均可以视为单位批准的工作地点，均属于工作地点。带班领导即使不在工作岗位发病，在住所、交通工具上等地点突发疾病，这些地点也应当属于其工作地点，带班领导在带班期间突发疾病死亡或者在48小时之内经抢救无效死亡应当认定视同工伤。①

有审判机关认为，带班领导如果发病时仅仅是待命而没有实际开展工作，不应当认定视同工伤，带班领导如果发病时正在开展工作，可以认定工伤。如果带班领导突发疾病的地点是其住所、参加私人活动的场所或路途中，没有证据证明其突发疾病时属于工作状态，即属于工作时间和工作岗位或从事与工作有关的准备、收尾

---

① 参见湖南省永州市中级人民法院行政判决书，(2020)湘11行终72号。

等合理延伸阶段，此类情况下带班领导突发疾病不能认定视同工伤。[1]

专业解答

一般来说，带班领导的工作处于有事就处理，无事可休息的状态，带班领导的工作与生活往往界限模糊，难以区分。如果带班领导在单位处理工作事务时突发疾病死亡或者在 48 小时之内经抢救无效死亡认定视同工伤当无争议。难以判断的是带班领导突发疾病是在非工作岗位，比如在家接同事电话沟通工作期间突发疾病、在赶去单位的途中突发疾病、在参加私人聚会的时候接电话处理工作中的事宜时突发疾病、在家阅读工作文件时突发疾病，种种情形使得带班领导在带班期间突发疾病认定工伤变得非常复杂。在工作时间和工作岗位上突发疾病致死经过了从不认定工伤到视同工伤，从强调“因工作紧张突发疾病”到不再强调“疾病与工作之间直接因果关系”的转变，对死亡职工及其近亲属的倾斜保护力度越来越大。《工伤保险条例》主要保护的是工作中发生伤害的情形，而疾病本不属于《工伤保险条例》的调整范围。立法者将“突发疾病”纳入视同工伤的范围，即使与西方发达国家相比，也是有所突破和超前的。[2] 正是因为《工伤保险条例》第十五条第一款第一项已经对死亡职工及其近亲属作出了倾斜保护，所以对于第十五条第一款第一项视同工伤的情形需严格掌握，不得随意扩大解释。带班领导的工作处于有事就处理，无事可休息的状态，如果将带班领导整个带班期间均认定为工作时间，所处地点均认定为工作岗位或工作岗位合理延伸，显然是扩大了带班领导工作时间、工作地点的外延，对带班领导工作时间、工作岗位作了过于宽松的解释。对带班领导的工作时间、工作岗位的考量可参考德国居家办公的相关立法。德国《劳动时间法》基于不同劳动者以及不同产业在工作时间上的不同要求，规定了一般工作时间和特殊工作时间。一般工作时间指从打卡上班到打卡下班之时，其中的休息时间并不包括在内。特殊工作时间包括以下三种形式：工作岗位待命、呼叫待命、值班。根据德国在工作时间认定上的主流观点，工作岗位待命时间和值班时间是在个人工作时间范围内的，而呼叫待命则是将被呼叫后具体工作的时间计入个人工作时间范围。那么，居家办公劳动者没有上下班路途，当职工应单位要求到单位

---

① 参见青海省高级人民法院行政裁定书，(2018)青行申 2 号。

② 最高人民法院行政审判庭编：《中国行政审判案例》(第 2 卷)，中国法制出版社 2011 年版，第 134 页。

处理相关工作问题时，此时从家到单位的路途时间认定为上下班路途时间，应单位要求到单位处理工作的时间是上班时间。带班领导的工作时间可参照德国法上的呼叫待命时间进行确定，带班领导被呼叫后进入具体工作的时间计入个人工作时间，在上班时间突发疾病死亡应当认定为工伤。其他时间突发疾病是否认定工伤一定要结合工作原因判断，如果确实是处于实际开展工作情形下的突发疾病可以认定为工伤，如果没有证据证明处于实际处理工作情形中，就不宜认定工伤。而且举证责任需根据案件具体情况来分配，比如职工在家阅读工作文件、思考工作安排期间突发疾病的情形，因用人单位无法举证，此时就应当由死亡职工近亲属举证证明死亡职工系正在处理工作时突发疾病。

相关案例

青海省西宁市中级人民法院行政判决书，(2017)青 01 行终 74 号。

云南省楚雄彝族自治州中级人民法院行政判决书，(2020)云 23 行终 35 号。

广西壮族自治区南宁铁路运输中级法院行政判决书，(2020)桂 71 行终 47 号。

相关法条

《工伤保险条例》第十四条第一项、第十五条第一款第一项。

五十六、维护他人财产及生命安全的见义勇为行为能否认定视同工伤

《工伤保险条例》第十五条第一款第二项规定，职工在抢险救灾等维护国家利益、公共利益活动中受到伤害的，视同工伤。该法条并未要求职工必须在工作时间、工作地点，更未要求必须在职责范围内，只要职工系为了维护国家利益或者公共利益而受到伤害，即应当视同为工伤。实践中，对职工在抗洪抢险、抗震救灾、火灾扑救等直接维护国家利益、公共利益的活动中受伤认定为工伤并无争议。但见义勇为行为的直接利益归属是被施救者的个人财产或生命安全，直接维护的是个人利益，是否属于《工伤保险条例》第十五条第一款第二项规定可以视同工伤的情形有较大争议。例如，路遇歹徒实施抢劫、强奸等针对个体人身、财产权利的侵害时，挺身而出，与歹徒搏斗过程中受伤或死亡是否可以视同工伤。

认定争议

在司法实践中，有审判机关认为，以保护其他人人身、财产安全为目的的见义勇为行为与《工伤保险条例》第十五条第一款第二项规定的视同工伤的情形有明显区别，公共利益的最大特征是面对不特定的人，而以保护其他人人身、财产安全为目的的见义勇为行为维护的是他人财产或生命安全，维护的是他人利益，不属于抢险救灾，也不属于维护公共利益，不符合《工伤保险条例》第十五条第一款第二项规定可以视同工伤的情形。且如果将在维护他人财产或生命安全的见义勇为活动中受到的伤害都认定为工伤，让用人单位和工伤保险基金支付工伤保险待遇，会使其承担工作之外的无法控制的风险，不符合公平原则。例如，小区保安在下班回家的路途中遇到抢劫行为，与抢劫者搏斗受伤，该行为只是维护被抢劫者的个人利益，不能视同工伤。[①]

有审判机关认为，首先，《工伤保险条例》第十五条第一款第二项规定，职工在

---

① 参见广东省江门市中级人民法院行政判决书，(2020)粤07行终141号。

抢险救灾等维护国家利益、公共利益活动中受到伤害的,视同工伤。这是概括与列举相结合的例示规则,判断工伤事由是否属于此条款的"等"的范围可以参考条款显示的中心价值:为排除国家利益和公共利益所面临的紧迫危险而受伤,国家为其提供法律保护。公共利益的最大特征是面对不特定的人,虽然在见义勇为行为中只是某个人处在危险境地,就其自己本身而言属于特定的人,但相对于不明其身份、不知其具体情况的施救人来说其属于不特定的人。施救者对一个自己不完全了解的对象施救就是为使不特定的对象不受损害。实施为维护其他人人身、财产安全为目的的见义勇为行为,不顾个人安危与违法犯罪行为作斗争,既保护了个人财产或生命安全,也维护了社会的治安管理秩序和法律尊严,与抢险救灾一样,同样属于维护社会公共利益的行为,应当予以大力提倡和鼓励。以保护其他人人身、财产安全为目的的见义勇为行为符合《工伤保险条例》第十五条第一款第二项规定可以视同工伤的情形。[①] 其次,对遭受生命、财产威胁的个体进行施救是人民警察的法定义务,维护个体生命、财产安全的见义勇为者的施救行为属于履行政府公共安全维护职能的行政协助行为,见义勇为者的施救行为有利于政府公共职能的实现,帮助政府处理紧急情况,维护公共利益,见义勇为者的施救行为超越了一般意义上的普通公民法定义务,其施救行为导致的损失应由政府补偿,由全体纳税人共同负担,将施救者在救助行为中所受伤害视同工伤就是对施救者最直接有效的保障。综上,职工维护他人财产及生命安全的见义勇为行为应当认定视同工伤。例如,小区保安在下班回家的路途中遇到抢劫行为,与抢劫者搏斗受伤,抢劫行为使得社会治安和社会公共利益面临危险性,具有紧迫性和突发性,小区保安在社会治安和社会公共利益面临突发的危险性时挺身而出,并非基于自身的利益考虑,其行为效果一是保护了其他公民的人身和财产安全,二是对受侵扰和妨碍的社会治安秩序的维护,协助政府实现公共安全维护职能,国家应当为其提供法律保护和救济,应当视同工伤。[②]

专业解答

维护他人财产及生命安全的见义勇为行为并没有明确规定在《工伤保险条

① 参见最高人民法院指导案例94号:重庆市涪陵志大物业管理有限公司诉重庆市涪陵区人力资源和社会保障局劳动和社会保障行政确认一案。

② 参见贵州省毕节市中级人民法院行政判决书,(2020)黔05行终98号。

例》中，但对《工伤保险条例》第十五条第一款第二项的适用，无法绕开对维护他人财产及生命安全的见义勇为行为的解读，因为实践中对维护他人财产及生命安全的见义勇为行为申请视同工伤认定的情形较多，争议较大。“见义勇为”作为一个专门的法律概念，在我国现行法律中并未作出明确的规定，理论上的研究也不多。目前各地关于见义勇为保障条例中都有涉及，但对其界定也不完全一致。《国务院办公厅转发民政部等部门关于加强见义勇为人员权益保护意见的通知》（国办发〔2012〕39 号）及各省市出台的地方性条例中对“见义勇为”的定义表述为：见义勇为是指在法定职责、法定义务之外，为保护国家利益、社会公共利益或者其他人人身、财产安全，制止正在发生的违法犯罪或者抢险、救灾、救人的合法行为。为保护国家利益、社会公共利益的见义勇为行为视同工伤当无争议。为保护其他人人身、财产安全的见义勇为行为虽然保护的最直接利益是个人，但也是文明社会的高尚之举，其受益对象可扩大至全社会，亦符合维护公益的性质，应当可以认定视同工伤。[①] 因维护个人财产及生命安全的见义勇为行为并没有明确规定在《工伤保险条例》中，故各个地方对维护其他人人身、财产安全的见义勇为行为是否认定工伤作出了不完全一致的规定，需要结合各地的规定进行认定。

首先，哪些情形属于见义勇为各个地方性条例的规定不一致。大部分地方性条例对见义勇为的范围均排除了法定职责、法定义务。如《广州市奖励和保护见义勇为人员条例》第二条规定：“本条例所称见义勇为人员是指在法定职责以外，为维护社会秩序，保护国家的、社会的、集体的利益和公民的生命财产的安全，同违法犯罪分子作斗争或者排除治安灾害事故中表现英勇，作出突出贡献的人员。”如警察、现役军人紧急情况下维护个人财产及生命安全的行为值得赞扬和学习，但是由于法律规定他们应当保护人民生命财产安全，此种行为就不属于见义勇为。监护人对被监护对象、父母对未成年子女、子女对年迈的父母等负有照顾、救助职责或者义务，他们对照顾、监护对象的救助也不属于见义勇为。如公司职工在上班期间，带儿子去游泳，后为救子溺水身亡。该职工救助儿子是其应当履行的法定义务，不属于维护国家利益、公共利益的行为，不能被认定视同工伤。公共场所管理人负有对场所内人员的安全保障义务等。少部分还排除了约定义务，约定义务是基于合同约定所应承担的救助义务，比如，根据委托合同等保护他人人身财产安全的私人保镖等。如果某人被自己雇用的私人保镖救助，这种情况下也不属于见义勇为。如《重庆市鼓励公民见义勇为条例》第三条规定：“本条例所称见义勇为是

① 参见广东省东莞市中级人民法院行政判决书，（2017）粤 19 行终 179 号。

指不负有特定职责的公民,为维护国家利益、社会公共利益或他人利益,置个人安危于不顾,挺身而出,与违法犯罪作斗争的行为。”少部分未排除法定职责、法定义务,如《北京市见义勇为人员奖励和保护条例》第二条规定:“本条例所称见义勇为,是指为保护国家、集体利益或者他人的人身、财产安全,不顾个人安危,与正在发生的违法犯罪作斗争或者抢险救灾的行为。”

其次,哪些行为属于见义勇为各个地方性条例的规定不一致。大部分地方性条例都规定了制止正在发生的违法犯罪、抢险、救灾、救人四种行为。少部分地方性条例只包括同违法犯罪分子作斗争和排除治安灾害事故,如《广州市奖励和保护见义勇为人员条例》第二条。另有少部分只包括了与正在发生的违法犯罪作斗争,如《重庆市鼓励公民见义勇为条例》第三条。

最后,见义勇为是否必然可以认定视同工伤各个地方的规定也不一致。部分地方性条例直接规定见义勇为视同工伤,也就是只要有关部门认定了某人的行为属于见义勇为,那么他所受到的伤害必然可以被视同工伤,如《重庆市鼓励公民见义勇为条例》第十九条规定,因见义勇为牺牲的公民,按照国家和市有关因公(工)伤亡的规定办理。有的地方性法规则将见义勇为作区分处理,符合享受工伤保险待遇条件的,依据国家工伤保险有关规定落实相关待遇,否则依据国家伤残抚恤管理有关规定评定伤残等级并落实相应待遇。换句话说,因见义勇为受伤并不必然会被视同工伤,而由工伤保险行政部门进行裁量,如《武汉市见义勇为人员奖励和保护条例》第二十二条第一款规定:“对见义勇为致残人员,凡符合享受工伤保险待遇条件的,依据国家工伤保险有关规定落实相应待遇;不符合享受工伤保险待遇条件的,依据国家伤残抚恤管理有关规定评定伤残等级并落实相应待遇。”《河南省见义勇为人员奖励和保障条例》第十六条规定:“见义勇为人员因见义勇为引起的医疗费、误工费、丧葬费等费用,由侵权人依法承担。先行垫付、暂付的单位享有对侵权人的追偿权。无侵权人或者侵权人无力承担的,按照下列规定支付前款所列费用:(一)属于视同工伤情形并符合工伤保险基金支付范围的费用,由工伤保险基金支付;(二)符合社会基本医疗保险基金支付范围的费用,由社会基本医疗保险基金支付;(三)相关费用不在保险支付范围或者见义勇为负伤人员未参加工伤保险、社会基本医疗保险的,由见义勇为发生地县级财政予以支付。”

各个地方性条例在上述几点的规定不同,影响各地对维护他人财产及生命安全的见义勇为行为的认定范围,并最终影响视同工伤的执法和裁判尺度。故在实践中,维护他人财产及生命安全的见义勇为行为是否能够认定视同工伤,需结合当地的具体规定来判定。

相关案例

福建省泉州市中级人民法院行政判决书，(2019)闽 05 行终 134 号。

辽宁省本溪市中级人民法院行政判决书，(2019)辽 05 行终 125 号。

相关法条

《工伤保险条例》第十五条第一款第二项。

五十七、“维护国家利益、公共利益”由谁认定

《工伤保险条例》第十五条第一款第二项规定，职工在抢险救灾等维护国家利益、公共利益活动中受到伤害的，视同工伤。在工伤认定程序中必然涉及对职工是否从事抢险救灾等维护国家利益、公共利益活动等相关事实的认定。但是哪些证据可以证明职工是在从事抢险救灾等维护国家利益、公共利益活动，在实践中有争议。

认定争议

在司法实践中，有审判机关认为，“维护国家利益、公共利益活动”概念很不确定，范围宽泛，必须有权威部门认定（如民政行政部门认定的见义勇为）才属于《工伤保险条例》第十五条第二款第二项“维护国家利益、公共利益”视同工伤的规定，否则就不能作为视同工伤得到认定。[①]

有审判机关认为，根据《工伤保险条例》第十九条的规定，社会保险行政部门受理工伤认定申请后，根据审核需要可以对事故伤害进行调查核实，用人单位、职工、工会组织、医疗机构以及有关部门应当予以协助。《工伤认定办法》第九条规定：“社会保险行政部门受理工伤认定申请后，可以根据需要对申请人提供的证据进行调查核实。”社会保险行政部门具有对工伤认定程序中相关事实的调查权利，可以根据需要自行对“维护国家利益、公共利益”的相关事实进行调查，作出认定。[②]

专业解答

民政等有权机关依法对“维护国家利益、公共利益”作出认定的，社会保险行

---

① 参见福建省泉州市中级人民法院行政判决书，（2019）闽05行终134号。

② 参见浙江省宁波市中级人民法院行政判决书，（2019）浙02行终301号。

政部门原则上可不再审核认定,民政等有权机关未作认定的,社会保险行政部门可以依据《工伤认定办法》第九条“社会保险行政部门受理工伤认定申请后,可以根据需要对申请人提供的证据进行调查核实”,第十一条“社会保险行政部门工作人员在工伤认定中,可以进行以下调查核实工作:(一)根据工作需要,进入有关单位和事故现场;(二)依法查阅与工伤认定有关的资料,询问有关人员并作出调查笔录;(三)记录、录音、录像和复制与工伤认定有关的资料。调查核实工作的证据收集参照行政诉讼证据收集的有关规定执行”,第十四条“社会保险行政部门受理工伤认定申请后,可以根据工作需要,委托其他统筹地区的社会保险行政部门或者相关部门进行调查核实”的规定依职权根据需要自行对“维护国家利益、公共利益”进行调查认定。例如,职工休假时组织扑救商场大火身亡,若职工依法被民政等有权机关认定为见义勇为,社会保险行政部门原则上不再审核认定,而没有相关机关认定的,社会保险行政部门可以根据需要自行对职工“维护国家利益、公共利益”的事实进行调查认定,而不得仅仅以民政等有权机关未依法对职工“维护国家利益、公共利益”的事实作出认定而不认定职工视同工伤。

相关案例

辽宁省本溪市中级人民法院行政判决书,(2019)辽 05 行终 125 号。

河南省洛阳市中级人民法院行政判决书,(2019)豫 03 行终 306 号。

相关法条

《工伤保险条例》第十五条第一款第二项。

《工伤认定办法》第九条、第十一条、第十四条。

五十八、维护他人财产及生命安全的见义勇为行为由谁认定

前已述及，对“维护国家利益、公共利益”的认定，民政等有权机关未作认定的，社会保险行政部门可以根据工伤认定案件的办理需要自行调查认定。而对于维护个人财产及生命安全的见义勇为行为，在生活中频发、常见，比如救落水儿童、救某个准备跳楼自杀的人，很多情形甚至没有第三方见证。在民政等有权机关未作认定的情形下，是否亦可由社会保险行政部门根据需要自行调查认定在实践中产生争议。

认定争议

在司法实践中，有审判机关认为，维护个人财产及生命安全的见义勇为行为在生活中常见且情形复杂，为避免产生道德风险和视同工伤泛化，为维护用人单位合法权益和工伤保险基金平稳运行，必须有权威部门认定（如民政行政部门认定的见义勇为）才属于《工伤保险条例》第十五条第一款第二项“维护国家利益、公共利益”视同工伤的规定。未经权威部门认定见义勇为的，不得认定视同工伤。职工因施救行为产生损害可依据《民法典》第一百八十三条“因保护他人民事权益使自己受到损害的，由侵权人承担民事责任，受益人可以给予适当补偿。没有侵权人、侵权人逃逸或者无力承担民事责任，受害人请求补偿的，受益人应当给予适当补偿”，从民事法律关系中获得救济和补偿。[①]

有审判机关认为，根据《工伤保险条例》第十九条的规定，社会保险行政部门受理工伤认定申请后，根据审核需要可以对事故伤害进行调查核实，用人单位、职工、工会组织、医疗机构以及有关部门应当予以协助，以及《工伤认定办法》第九条的规定，社会保险行政部门受理工伤认定申请后，可以根据需要对申请人提供的证据进行调查核实。社会保险行政部门具有对工伤认定程序中相关事实的调查权

---

① 参见重庆市高级人民法院行政裁定书，（2016）渝行申 653 号。

利，可以根据需要自行对维护个人财产及生命安全的见义勇为行为相关事实进行调查，作出认定。[①]

专业解答

《最高人民法院行政审判庭关于非因工作原因对遇险者实施救助导致伤亡的情形是否认定工伤问题的答复》(〔2014〕行他字第 2 号)明确，非因工作原因对遇险者实施救助导致伤亡的，如未经有关部门认定为见义勇为，不属于《工伤保险条例》第十五条第一款第二项规定的视同工伤情形。该答复已经对此问题有明确的意见，即对维护个人财产及生命安全的见义勇为行为须经有关部门认定为见义勇为方可适用《工伤保险条例》第十五条第一款第二项规定视同工伤，对维护个人财产及生命安全的见义勇为行为能不能认定为见义勇为，应该由有权部门依法定程序来处理，而不是依据行为人或相关当事人的陈述或者媒体舆论来进行认定。见义勇为在实践中存在认定难、举证难的情况，比如救助同行的朋友，救助者能不能构成见义勇为的主体；在不提倡未成年人见义勇为的情形下，未成年人实施救助行为可否作为见义勇为的主体；施救者醉酒情况下救别人导致自己死亡，醉酒情况下一定程度可能会增加救助人死亡的风险，醉酒后救人是否影响见义勇为的认定；救助他人人身、财产事迹突出的认定等。见义勇为必须具有不顾个人安危的情节，即在认定见义勇为的过程中，必须要找到行为人为公共利益不顾个人人身和生命安全的行为，对于不顾个人安危的标准是可以有多种理解方式的，是否只要行为人实施了旨在同违法犯罪行为作斗争或抢险救灾等行为，无论行为的效果和程度，都可以视为见义勇为等均具有较大的争议。加上见义勇为事件又极易引发社会热议，所以在处理上就需要依法进行，由公安、民政、综治机构经过调查、核实，依照法定程序确认为见义勇为行为可一定程度避免争议的产生，最高人民法院的上述回复是完全契合见义勇为认定的现实实际的。

---

① 参见山东省济南市中级人民法院行政判决书，(2017)鲁 01 行终 204 号。

相关案例

广东省东莞市中级人民法院行政判决书,(2017)粤 19 行终 179 号。

山东省青岛市中级人民法院行政判决书,(2019)鲁 02 行终 331 号。

相关法条

《工伤保险条例》第十五条第一款第二项、第十九条。

《工伤认定办法》第九条。

《最高人民法院行政审判庭关于非因工作原因对遇险者实施救助导致伤亡的情形是否认定工伤问题的答复》(〔2014〕行他字第 2 号)。

五十九、制止正在发生的违法犯罪包括哪些犯罪行为

在为维护社会秩序，保护国家的、社会的、集体的利益和公民的生命财产的安全，同违法犯罪分子作斗争中伤亡的职工可按照《工伤保险条例》第十五条第一款第二项规定视同工伤。目前我国《刑法》共有罪名 422 个，含过失犯罪 48 个，故意犯罪 374 个，工伤职工在与触犯上述罪名的犯罪分子作斗争过程中伤亡是否都可按照《工伤保险条例》第十五条第一款第二项规定申请认定视同工伤在实践中有争议，如制止正在发生的贪污贿赂行为、制止正在发生的敲诈勒索行为、制止正在实施的金融犯罪等行为受伤能否认定工伤。

认定争议

在司法实践中，有审判机关认为，在同违法犯罪分子作斗争中伤亡的职工可按照《工伤保险条例》第十五条第一款第二项规定视同工伤并没有限制违法犯罪的类型，只要是在同违法犯罪分子作斗争中伤亡的均可申请认定视同工伤。[①]

有审判机关认为，根据各个省市地方性条例的规定，一般来说同违法犯罪分子作斗争可以认定为见义勇为行为的只能是那些制止正在危害国家安全，公共安全，扰乱公共秩序，侵害国家、集体财产安全和他人人身财产安全的行为，且只有当国家利益、公共利益、他人利益面临的危险具有严重性与紧迫性时，行为人的行为才可能被认定为见义勇为，进而才可能被认定为视同工伤。对刑法分则中的破坏社会主义市场经济秩序、贪污贿赂、渎职等行为的制止，不应纳入见义勇为的范畴，也不应进入视同工伤的认定范围。[②]

---

① 参见最高人民法院指导性案例 94 号：重庆市涪陵志大物业管理有限公司诉重庆市涪陵区人力资源和社会保障局劳动和社会保障行政确认案。

② 参见广东省江门市中级人民法院行政判决书，（2020）粤 07 行终 141 号。

专业解答

《工伤保险条例》第十五条第一款第二项规定,职工在抢险救灾等维护国家利益、公共利益活动中受到伤害的,视同工伤。该条款中的国家利益、公共利益是无法统一定义的不确定性概念,在实践中需要运用法官的生活经验和逻辑推理进行判断,将个人因制止正在发生的违法犯罪行为产生的伤亡纳入视同工伤认定范畴,是考虑该类行为具有维护法律尊严,维护法所认可的社会秩序和规则,具有维护国家利益和公共利益的要素。对个人制止正在发生的违法犯罪行为的规定应当限缩为维护公共利益、社会利益、他人人身财产安全所面临紧迫危险的行为;职工为制止公共利益、社会利益、他人人身财产安全面临紧迫危险的违法犯罪行为而受到伤害的方可视同工伤情形。对于制止正在发生的贪污贿赂行为、证券违法行为等不具有紧迫性的违法犯罪行为伤亡,不宜认定视同工伤。

相关案例

湖南省衡阳市中级人民法院行政判决书,(2015)衡中法行终字第6号。

河南省商丘市中级人民法院行政判决书,(2013)商行终字第53号。

相关法条

《工伤保险条例》第十五条第一款第二项。

六十、受伤职工不能通过刑事诉讼程序确认故意犯罪与否情形下的工伤认定排除

《最高人民法院关于审理工伤保险行政案件若干问题的规定》(法释〔2014〕9号)第一条规定:“人民法院审理工伤认定行政案件,在认定是否存在《工伤保险条例》第十四条第(六)项‘本人主要责任’、第十六条第(二)项‘醉酒或者吸毒’和第十六条第(三)项‘自残或者自杀’等情形时,应当以有权机构出具的事故责任认定书、结论性意见和人民法院生效裁判等法律文书为依据,但有相反证据足以推翻事故责任认定书和结论性意见的除外。前述法律文书不存在或者内容不明确,社会保险行政部门就前款事实作出认定的,人民法院应当结合其提供的相关证据依法进行审查。《工伤保险条例》第十六条第(一)项‘故意犯罪’的认定,应当以刑事侦查机关、检察机关和审判机关的生效法律文书或者结论性意见为依据。”该条明确,在“本人主要责任”“醉酒或者吸毒”“自残或者自杀”等情形的认定中,有权机构出具的事故责任认定书、结论性意见和人民法院生效裁判等法律文书不存在或者内容不明确,社会保险行政部门有权就相关事实作认定。但是对“故意犯罪”的认定只能以刑事侦查机关、检察机关和审判机关的生效法律文书或者结论性意见为依据,社会保险行政部门对相关事实无认定权。但是实践中往往存在刑事侦查机关、检察机关和审判机关对是否构成“故意犯罪”的生效法律文书或者结论性意见因案件撤销、不起诉、终止审理而不存在的情形。根据《刑事诉讼法》第十六条的规定,有下列情形之一的,不追究刑事责任,已经追究的,应当撤销案件,或者不起诉,或者终止审理,或者宣告无罪:(1)情节显著轻微、危害不大,不认为是犯罪的;(2)犯罪已过追诉时效期限的;(3)经特赦令免除刑罚的;(4)依照刑法告诉才处理的犯罪,没有告诉或者撤回告诉的;(5)犯罪嫌疑人、被告人死亡的;(6)其他法律规定免予追究刑事责任的。实践中比较典型的两种故意犯罪情形,司法部门往往会作出不立案、不起诉、撤销案件或者终止审理等决定。一是犯罪嫌疑人或被告人死亡。司法部门对犯罪嫌疑人或被告人行为本身是否构成犯罪不出具相应的司法文书,从而使社会保险行政部门在适用《工伤保险条例》时无法对死亡职工的行为性质作出评判。二是故意伤害的自诉案件。这一类案件往往也构成故意伤害的犯罪行为,但是因为被害人不主动提告,司法部门往往不能立案,对受伤职工的行为

性质也无法定性。例如,小区保安因停车收费事宜与小区业主互殴,保安将业主打伤主动赔偿和解,业主对其涉嫌故意伤人的行为不提起自诉,保安本人也被业主打伤经司法鉴定构成十级伤残,后保安提起工伤认定申请,社会保险行政部门在适用《工伤保险条例》时也无法对保安的行为性质作出评判。对职工行为性质的认定,实践中争议较大。

认定争议

在司法实践中,有审判机关认为,职工在工作时间,工作地点,因工作原因受伤,即使有证据显示职工存在故意犯罪的可能性,但只要未经刑事侦查机关、检察机关和审判机关的生效法律文书或者结论性意见确认,职工所受伤害应确定为工伤,理由是根据我国《刑事诉讼法》第十二条“未经人民法院依法判决,对任何人都不得确定有罪”的规定,由于司法机关没有结论或内容不明确,因此社会保险行政部门应以《工伤保险条例》的规定认定职工所受伤害为工伤,而不能根据《工伤保险条例》第十六条第一项的规定,以职工行为构成犯罪为由而认定职工的伤亡不属于工伤。①

有审判机关认为,根据《工伤保险条例》第十六条第一项的规定,故意犯罪的不得认定为工伤或者视同工伤,职工因死亡或被害人未提起自诉而未被追究刑事责任,但其行为完全符合故意犯罪的特征,属故意犯罪行为,社会保险行政部门可以依职权自行判断作出认定,对其死亡不认定为工伤。②

专业解答

我国《工伤保险条例》第十六条中的立法用语不周延,忽略了“犯罪”这一结论的确认机关,由此导致了实践中存在较大争议。据此,《最高人民法院关于审理工伤保险行政案件若干问题的规定》(法释〔2014〕9 号)第一条第三款规定:“《工伤保险条例》第十六条第(一)项‘故意犯罪’的认定,应当以刑事侦查机关、检察机关

---

① 参见重庆市第四中级人民法院行政判决书,(2014)渝四中法行终字第 00075 号。

② 参见海南省高级人民法院行政判决书,(2019)琼行终 286 号。

和审判机关的生效法律文书或者结论性意见为依据。”该条对确认机关进行了补充。根据刑事诉讼法的规定，公安机关、检察机关以及审判机关在不同的阶段均有权对是否故意犯罪进行认定。如果在侦查阶段，由公安机关认定是否构成故意犯罪；如果在公诉阶段，由检察机关认定是否构成故意犯罪；如果在法院审理阶段，由法院作出裁判认定是否构成故意犯罪。但最高人民法院的司法解释仍然没有规定在刑事侦查机关、检察机关和审判机关的生效法律文书或者结论性意见对是否构成“故意犯罪”意见不存在或内容不明确的情形下，社会保险行政部门是否可以依职权自行判断。比较典型且常见的两种情形：一是职工死亡，确实不能通过刑事诉讼程序确认故意犯罪与否的情形下如何认定；二是被害人未提起自诉而职工未被追究刑事责任情形下如何认定。下一步，可以由最高人民法院或者人力资源和社会保障部进一步明确职工出现《刑事诉讼法》第十六条规定的有关情形时，司法机关在不能通过刑事诉讼程序确认故意犯罪与否情形下，其在职工行为的罪与非罪方面配合说明的义务或者赋予社会保险行政部门调查认定权。在相关立法或有权机关未作进一步明确之前，笔者认为从实现法律的公平和正义角度来说，执法者、司法者应该在司法个案中对这一法律漏洞进行填补，结合个案进行判断，如果有明显的证据表明职工构成“故意犯罪”的，不宜认定为工伤。

相关案例

四川省乐山市中级人民法院行政判决书，(2021)川 11 行终 79 号。

宁夏回族自治区石嘴山市中级人民法院行政判决书，(2021)宁 02 行终 4 号。

贵州省铜仁市中级人民法院行政判决书，(2021)黔 06 行终 22 号。

相关法条

《工伤保险条例》第十六条第一项。

六十一、有相反证据足以推翻司法机关的生效法律文书或者结论性意见中关于“故意犯罪”的定性，社会保险行政部门和法院是否可以不采信司法机关的生效法律文书或者结论性意见

《最高人民法院关于审理工伤保险行政案件若干问题的规定》(法释〔2014〕9号)第一条明确,“本人主要责任”“醉酒或者吸毒”“自残或者自杀”等情形的认定中,有相反证据足以推翻有权机构出具的事故责任认定书、结论性意见的,可以不以有权机构出具的事故责任认定书、结论性意见作为认定是否构成“本人主要责任”“醉酒或者吸毒”“自残或者自杀”的依据。但是对于有相反证据足以推翻司法机关的生效法律文书或者结论性意见中关于“故意犯罪”的定性,社会保险行政部门和法院是否可以不采信司法机关的生效法律文书或者结论性意见未作明确规定,实践中对这一问题也有一定争议。

认定争议

在司法实践中,有审判机关认为,《最高人民法院关于行政诉讼证据若干问题的规定》第七十条规定:“生效的人民法院裁判文书或者仲裁机构裁决文书确认的事实,可以作为定案依据。但是如果发现裁判文书或者裁决文书认定的事实有重大问题的,应当中止诉讼,通过法定程序予以纠正后恢复诉讼。”依据这一规定,刑事侦查机关、检察机关和审判机关的生效法律文书或者结论性意见不能直接被推翻,需要通过法定程序予以纠正,在没有依法纠正前,应当以刑事侦查机关、检察机关和审判机关的生效法律文书或者结论性意见为依据,社会保险行政部门和法院不能不采信刑事侦查机关、检察机关和审判机关的生效法律文书或者结论性意见

而依据其他相反证据作出认定。①

有审判机关认为，除了在行政诉讼阶段，发现裁判文书或者裁决文书认定的事实有重大问题的，应当中止诉讼，通过法定程序予以纠正后恢复诉讼外，其他情形下，有相反证据足以推翻司法机关的生效法律文书或者结论性意见中关于“故意犯罪”的定性，社会保险行政部门可以不采信司法机关的生效法律文书或者结论性意见。理由主要有以下几点：第一，《最高人民法院关于行政诉讼证据若干问题的规定》第七十条的规定仅适用于行政诉讼程序中，对于社会保险行政部门的工伤认定程序并不适用。第二，按照现行刑事诉讼法的规定，生效刑事案件进入再审的渠道只有三个：一是上级检察院抗诉进入再审；二是当事人及其法定代理人、近亲属向人民法院提出申诉进入再审；三是各级人民法院院长提请审判委员会或者最高人民法院、上级人民法院对下级人民法院生效判决提审或者指令下级人民法院再审。社会保险行政部门不是刑事案件当事人，在工伤认定程序中要纠正裁判文书的相关认定除了动员刑事案件当事人及其法定代理人、近亲属向人民法院提出申诉外别无他法，如果生效刑事裁判文书对当事人有利，刑事案件当事人及其法定代理人、近亲属拒绝向人民法院提出申诉，社会保险行政部门无任何渠道可以纠正生效裁判文书。如果有相反证据足以推翻司法机关的生效法律文书或者结论性意见中关于“故意犯罪”的定性，社会保险行政部门还不得不采信司法机关的生效法律文书或者结论性意见，将产生明显不公。例如，某职工在上班期间受伤系因涉嫌故意犯罪导致，但因证据不充分，人民法院判决无罪，在该无罪判决已经生效的情况下，该职工再来申请工伤认定，若社会保险行政部门在调查程序中获得新的证据显示该职工确有故意犯罪的可能性，只是社会保险行政部门不是刑事案件的利害关系人，没有法定渠道可以推翻之前生效刑事判决的认定，在此种情形下仍然要求社会保险行政部门认定工伤显然有违公平正义。第三，《最高人民法院关于行政诉讼证据若干问题的规定》第七十条只规定了如果发现生效的人民法院裁判文书或者仲裁机构裁决文书确认的事实有重大问题的，应当中止诉讼，通过法定程序予以纠正后恢复诉讼。对于是否构成“故意犯罪”，公安机关、检察机关也可能作出不立案、不起诉、撤销案件或者终止决定，如果发现这些机关对“故意犯罪”的认定事实有重大问题的，是否中止，经过法定程序纠正再恢复工伤认定程序和审理程序，这一问题法律、司法解释并没有规定，不宜扩大适用。例如，职工在工作时间、工作地点因故意犯罪死亡，公安机关往往可能就不立案了，这种情形下若死亡职工家属来申

---

① 参见辽宁省大连市中级人民法院行政判决书，(2019)辽 02 行终 521 号。

请工伤认定，社会保险行政部门还依据《刑事诉讼法》第十二条“未经人民法院依法判决，对任何人都不得确定有罪”的规定，以没有生效判决确认职工故意犯罪而认定工伤，显然有违公平正义。①

专业解答

《刑事诉讼法》第十二条规定：“未经人民法院依法判决，对任何人都不得确定有罪。”从一般的法治理念来看，“罪”与“非罪”的定性是司法权范畴，其他任何个人和组织不得僭越。故《最高人民法院关于审理工伤保险行政案件若干问题的规定》（法释〔2014〕9号）第一条仅规定在对“本人主要责任”“醉酒或者吸毒”“自残或者自杀”等情形的认定时有相反证据足以推翻事故责任认定书和结论性意见的可以直接推翻，但对“故意犯罪”的认定没有作这一规定，符合上述法律规定的精神。但是，关于对“故意犯罪”的认定，应当以刑事侦查机关、检察机关和审判机关的生效法律文书或者结论性意见为依据，有相反证据也应当按照法定程序纠正已生效裁判文书的规定在实践中有制度漏洞。例如，职工“故意犯罪”在公安侦查阶段就决定不予立案，检察院决定不予起诉，人民法院判决无罪的三种情形下，职工构成“故意犯罪”的结论显然不成立，工伤认定程序中职工被认定为工伤的可能性非常大，用人单位承担工伤责任的可能性也非常大，往往对用人单位非常不利。但是按照现行刑事诉讼法的规定，用人单位并非刑事案件的当事人，用人单位在“故意犯罪”刑事案件的立案、侦查、判决阶段不具有相关申诉权利，对公安、检察院、法院的生效法律文书或者结论性意见无法通过法定途径予以纠正。不予立案决定、不予起诉决定、无罪判决是对伤亡职工有利的生效文书，伤亡职工一般不会提起上诉、申诉。在无人上诉、申诉的案件中，公安、检察院、法院通过自纠程序自行纠正的可能性也非常小。那么即使按照《工伤保险条例》第十九条第二款的规定，职工或其近亲属认为是工伤，而用人单位认为不是工伤的，由用人单位承担举证责任，用人单位提供了确凿的证据证明伤亡职工构成“故意犯罪”，也无法推翻刑事侦查机关、检察机关和审判机关的生效法律文书或者结论性意见。笔者认为，在刑事诉讼程序中除了被害人权利保障外，也应当考虑利害关系人的权利保障和救济，应当赋予刑事案件中的利害关系人（如前文所说用人单位）相应的救济权利，需要为刑

① 参见四川省成都市中级人民法院行政判决书，（2020）川01行终983号。

事案件中的利害关系人设计一个救济程序。但在相关法律修改之前，不能突破基于“无罪推定”这一现代法治国家刑事司法的重要原则。即使有相反证据足以推翻司法机关的生效法律文书或者结论性意见中关于“故意犯罪”的定性，社会保险行政部门和法院也必须采信司法机关的生效法律文书或者结论性意见，不得自行根据相关证据作出认定。

相关案例

广东省佛山市中级人民法院行政判决书，(2020)粤 06 行终 513 号。

重庆市第一中级人民法院行政判决书，(2019)渝 01 行终 365 号。

相关法条

《工伤保险条例》第十六条第一项。

《最高人民法院关于审理工伤保险行政案件若干问题的规定》(法释〔2014〕9 号)第一条。

六十二、无有权机构出具的结论性意见认定“吸毒”情形下，工伤认定机构如何进行认定

实践中，存在职工的伤亡符合《工伤保险条例》第十四条、第十五条的规定，但是否具有吸毒行为，并无有权机构出具结论性意见予以证实，若遇到遗体已火化等情形，客观上已无法取得相应鉴定结论的情况。对于此类情形下是否适用《工伤保险条例》第十六条第二项的规定排除工伤认定在实践中具有较大争议。

认定争议

在实践中，有审判机关认为，职工伤亡前是否具有吸毒行为，无有权机构出具结论性意见证实，若存在遗体已火化，客观上已无法取得相应鉴定结论，但根据社会保险行政部门提供的一系列证据，公安部门对相关当事人的询问笔录、调查笔录、尸表检验情况均表明有针孔损伤事实，足以证实职工伤亡前存在吸毒行为，人社部门根据《工伤保险条例》第十六条第二项之规定，作出不予认定工伤决定，应予支持。[①]

有审判机关认为，在工伤认定过程中是否存在吸毒应以有权机关出具的法律文书、鉴定结论或证明为依据，即使伤亡职工确有吸毒史，但若无证据证明事发时职工吸毒，医院的诊疗记录及警方的鉴定结论若不能转换成有权机关出具的法律文书、鉴定结论或证明，都不能证明事发时职工吸毒，不能仅根据医院出具的镇静药物躯体依赖等诊疗记录或职工吸毒史就认定职工吸毒。[②]

---

① 参见湖南省长沙市中级人民法院行政判决书，(2020)湘01行终157号。

② 参见上海市普陀区人民法院行政判决书，(2014)普行初字第56号；江苏省徐州市中级人民法院行政判决书，(2016)苏03行终第301号。

专业解答

《工伤保险条例》第十六条第二项规定，职工符合该条例第十四条、第十五条的规定，但是醉酒或者吸毒的，不得认定为工伤或者视同工伤。

《最高人民法院关于审理工伤保险行政案件若干问题的规定》第一条第一款、第二款规定，人民法院审理工伤认定行政案件，在认定是否存在《工伤保险条例》第十四条第六项“本人主要责任”、第十六条第二项“醉酒或者吸毒”和第十六条第三项“自残或者自杀”等情形时，应当以有权机构出具的事故责任认定书、结论性意见和人民法院生效裁判等法律文书为依据，但有相反证据足以推翻事故责任认定书和结论性意见的除外。前述法律文书不存在或者内容不明确，社会保险行政部门就前款事实作出认定的，人民法院应当结合其提供的相关证据依法进行审查。职工伤亡前是否具有吸毒行为，在无有权机构出具结论性意见证实，且也无法取得相应鉴定结论的情况下，人民法院根据各方当事人提供的相关证据，如伤亡职工有吸毒史的证据、询问笔录、调查笔录、尸表检验情况、现场照片等，足以认定职工伤亡前存在吸毒行为，应不认定为工伤。

相关案例

湖南省长沙铁路运输法院行政判决书，(2019)湘 8601 行初 497 号。

重庆市第五中级人民法院行政判决书，(2020)渝 05 行终 687 号。

相关法条

《工伤保险条例》第十六条第二项。

《最高人民法院关于审理工伤保险行政案件若干问题的规定》(法释〔2014〕9号)第一条第一款。

六十三、无有权机构出具的结论性意见认定“自杀、自残”情形下，工伤认定机构如何进行认定

实践中存在无有权机构出具的结论性意见认定“自杀、自残”情形下，职工是否存在自杀、自残等情况不明时，工伤认定机构如何进行认定的问题。例如，职工发生坠亡或溺亡，公安机关的结论性意见为“排除他杀”“高坠死亡”，无法查明死因是否为“自杀”，此类情形下能否由社会保险行政部门认定自杀而不予认定工伤在实践中有一定争议。

认定争议

在司法实践中，有审判机关认为，根据《最高人民法院关于审理工伤保险行政案件若干问题的规定》(法释〔2014〕9号)第一条的规定，人民法院审理工伤认定行政案件，在认定是否存在《工伤保险条例》第十六条第三项“自残或者自杀”等情形时，应当以有权机构出具的事故责任认定书、结论性意见和人民法院生效裁判等法律文书为依据，但有相反证据足以推翻事故责任认定书和结论性意见的除外。前述法律文书不存在或者内容不明确，社会保险行政部门就前款事实作出认定的，人民法院应当结合其提供的相关证据依法进行审查。《工伤保险条例》第十六条排除工伤认定的适用需以明确作出自杀认定的有权机构出具的结论性意见或人民法院生效裁判等法律文书为依据，而不应简单地以当事人曾经因失眠问题就诊，被诊断为轻微抑郁症，服用抗抑郁和抗焦虑药物等为由推定当事人系故意自残、自杀，从而阻却工伤认定。公安刑侦大队出具的“排除他杀”“高坠死亡”等证明并非结论性意见，也未认定系死者自残或自杀等情形。根据前述法律规定，在没有证据证明死者死亡系本人自残或自杀的情况下，应当视为死者在工作时间及合理区域

内因履行工作职责受到伤亡。①

有审判机关认为，如果有公安机关的现场鉴定照片、工友证言，公安机关出具的《居民死亡医学证明(推断)书》中也载明死亡原因是高坠死亡，以上证据足以证明死者的死亡地点并非工作场所内，也不属于工作场所的合理延伸，死亡时间不是工作时间，死者自残、自杀可能性非常大，自残、自杀具有必然或高度盖然性，可以适用《工伤保险条例》第十六条第三项的规定不认定为工伤。②

专业解答

对于是否存在“自残或自杀”的认定，依据《最高人民法院关于审理工伤保险行政案件若干问题的规定》(法释〔2014〕9号)第一条的规定，应当以有权机构(如公安机关、医疗机构)出具的结论性意见或人民法院生效裁判等法律文书为依据。若前述法律文书不存在或者内容不明确，有权机关对事故原因、责任划分等情况无法盖棺定论，社会保险行政部门也应当受理申请人的工伤认定申请，不能仅以有权机关结论不明为由而拒绝受理或久拖不决。受理后社会保险行政部门可首先根据《工伤保险条例》第十九条第二款“职工或者近亲属认为是工伤，用人单位不认为是工伤的，由用人单位承担举证责任”的规定要求用人单位举证。用人单位无法举证的情况下，社会保险行政部门应自行调查核实并在法定期限内作出认定结论。在这种特殊情形下，对此类无法彻底锁定事实的案件，社会保险行政部门、司法机关需以工伤保险的立法价值取向为出发点和落脚点，结合社会生活常理、普通大众的正常认知水平以及个案具体情况进行综合分析判断。重点审查自杀自残等事实与认定工伤的条件之间的法律联结点，科学运用证据规则，在职工和用人单位的举证责任分配上做到合理、明晰，最终得出结论。而不能简单地依据《最高人民法院关于审理工伤保险行政案件若干问题的规定》第一条及《工伤保险条例》第十九条“职工或者其近亲属认为是工伤，用人单位不认为是工伤的，由用人单位承担举证责任”的规定，因用人单位无法举示“有权机构出具的事故责任认定书、结论性意

---

① 参见湖南省衡阳市中级人民法院行政判决书，(2017)湘04行终124号；重庆市第四中级人民法院行政判决书，(2015)渝四中法行终字第00051号；北京市第三中级人民法院行政判决书，(2015)三中行终字第00648号；广西壮族自治区南宁市中级人民法院行政判决书，(2015)南市行一终字第9号；广东省云浮市中级人民法院行政判决书，(2015)云中法行终字第25号。

② 参见广州铁路运输中级法院行政判决书，(2019)粤71行终4841号。

见和人民法院生效裁判等法律文书”而推定为工伤。

相关案例

山西省临汾市中级人民法院行政判决书，(2019)晋10行终103号。

辽宁省鞍山市中级人民法院行政判决书，(2020)辽03行终47号。

相关法条

《工伤保险条例》第十六条第三项、第十九条第二款。

《最高人民法院关于审理工伤保险行政案件若干问题的规定》(法释〔2014〕9号)第一条。

六十四、“故意犯罪”的认定期限是否可以在工伤认定申请期限中扣除

是否构成故意犯罪是一个复杂的认定过程，需要经过公安机关的侦查、检察机关的审查起诉、人民法院的开庭审理，才能作出判决最终认定。这一系列程序耗费时间非常长，少则几个月，多则半年、一年。根据《工伤保险条例》第十七条的规定，用人单位申请工伤认定的期限只有 30 日，工伤职工或者其近亲属、工会组织申请工伤认定的期限只有 1 年，待司法部门关于“故意犯罪”的生效法律文书或者结论性意见作出后，用人单位、工伤职工或者其近亲属申请工伤认定的期限恐已远远超期。而《最高人民法院关于审理工伤保险行政案件若干问题的规定》（法释〔2014〕9 号）第七条规定：“由于不属于职工或者其近亲属自身原因超过工伤认定申请期限的，被耽误的时间不计算在工伤认定申请期限内。有下列情形之一耽误申请时间的，应当认定为不属于职工或者其近亲属自身原因：（一）不可抗力；（二）人身自由受到限制；（三）属于用人单位原因；（四）社会保险行政部门登记制度不完善；（五）当事人对是否存在劳动关系申请仲裁、提起民事诉讼。”关于工伤认定申请期限的扣除情形也不包括“故意犯罪”认定程序所耗费的期限，故实践中，司法部门关于“故意犯罪”的生效法律文书或者结论性意见作出的期间是否可在申请工伤认定期限中予以扣除在实践中有一定的争议。

认定争议

在司法实践中，有审判机关认为，《工伤保险条例》第十八条规定了提出工伤认定申请时应当提交的材料，其中并不包括“故意犯罪”的生效法律文书或者结论性意见，因此进行“故意犯罪”认定的时间并非属于应当从工伤认定申请时限中扣除的时间。且《最高人民法院关于审理工伤保险行政案件若干问题的规定》（法释〔2014〕9 号）第七条对不属于职工或者其近亲属自身原因超过工伤认定申请期限的，被耽误的时间不计算在工伤认定申请期限内的情形进行了列举。且语言表述中不含“等”“其他”表述，故应当严格按照上述司法解释的规定来适用，因司法机

关作出“故意犯罪”的生效法律文书或者结论性意见耽误申请时间的不属于可在申请工伤认定期限中予以扣除的情形之一,因“故意犯罪”认定程序耽误的申请工伤认定期限不能扣除。若社会保险行政部门受理工伤认定申请后,认为确有必要等待公安机关的侦查、检察机关的审查起诉、人民法院的开庭审理,直至作出判决最终认定的,可中止工伤认定程序,待是否有“故意犯罪”的最终结论作出后再继续工伤认定程序。而申请人不能以此为由扣除工伤认定申请期限。①

有审判机关认为,不属于职工或者其近亲属自身原因超过工伤认定申请期限的情形显然包括因“故意犯罪”认定程序耽误的期限。“故意犯罪”被排除在认定工伤的范围之外,职工构成“故意犯罪”的不符合工伤认定申请的受理条件,故实践中,用人单位、职工及其近亲属往往需待职工是否构成“故意犯罪”的认定尘埃落定后再决定是否申请工伤认定。“故意犯罪”的认定与“当事人对是否存在劳动关系申请仲裁、提起民事诉讼”情形类似,均属于对工伤认定是否符合受理条件的判定,应当属于可予以扣除工伤认定申请期限的情形。且《人力资源社会保障部关于执行〈工伤保险条例〉若干问题的意见(二)》(人社部发〔2016〕29号)第八条规定:“有下列情形之一的,被延误的时间不计算在工伤认定申请时限内。(一)受不可抗力影响的;(二)职工由于被国家机关依法采取强制措施等人身自由受到限制不能申请工伤认定的;(三)申请人正式提交了工伤认定申请,但因社会保险机构未登记或者材料遗失等原因造成申请超时限的;(四)当事人就确认劳动关系申请劳动仲裁或提起民事诉讼的;(五)其他符合法律法规规定的情形。”可见,“故意犯罪”的认定也符合该条第五项规定的兜底条款。②

专业解答

排除认定工伤情形主要包括以下四种:(1)故意犯罪;(2)醉酒或者吸毒;(3)自残或者自杀;(4)职工在上下班途中,受到本人主要责任的交通事故或者城市轨道交通、客运轮渡、火车事故伤害。但上述排除工伤认定的事由通常需要一个确认程序,故意犯罪需要司法机关作最终的确认,醉酒或者吸毒往往需要进行鉴定,自残或者自杀需要公安机关作结论,交通事故责任划分需要公安交通部门出具

① 参见山西省长治市城区人民法院行政判决书,(2017)晋0402行初90号。

② 参见广西壮族自治区南宁铁路运输法院行政判决书,(2018)桂7102行初60号。

交通事故责任认定书，这些认定程序往往耗时较长，耗费的时间是否应当从工伤认定申请时限中扣除在司法实践中意见不统一，有的认为不应当扣除，[①]有的认为应当扣除。[②] 综合《最高人民法院关于审理工伤保险行政案件若干问题的规定》（法释〔2014〕9 号）第七条和《人力资源社会保障部关于执行〈工伤保险条例〉若干问题的意见（二）》（人社部发〔2016〕29 号）第八条规定来看，不属于职工或者其近亲属自身原因应当是核心关键。如果有证据证明确实存在不能归责于职工本人或者其近亲属的正当事由，而非职工本人或者其近亲属怠于行使权利，因正当事由耽误的期限应当扣除。对于“正当理由”的理解应该是一般理性人无法抗拒的客观情形。对“正当事由”的判断应当综合考虑各种因素，准确作出认定。相关因素主要包括职工或者其近亲属客观上是否具备申请工伤认定的条件（有的单身职工在交通事故后一直处于昏迷状态，有的因涉嫌故意犯罪被监视居住），是否主动积极跟用人单位沟通（有的获得用人单位的承诺），是否向社会保险行政部门申请被告知必须要相关材料等。如果确实存在不能归责于职工本人或者其近亲属的正当事由，那么相应的期限应当从工伤认定期限中扣除。结合“故意犯罪”的认定期限是否应当被扣除这个问题，如果职工涉嫌“故意犯罪”，那么笔者认为从立案到司法机关的生效法律文书或者结论性意见作出这个期间应当整体扣除，因为是否构成“故意犯罪”，需经过公安机关的侦查、检察机关的审查起诉、人民法院的开庭审理，直至作出判决最终认定，社会保险行政部门无调查认定权。即使职工或者其近亲属在“故意犯罪”的生效法律文书或者结论性意见作出之前去申请了工伤认定，社会保险行政部门也需中止等待司法机关的生效法律文书或者结论性意见，即不管是在申请前申请人等待“故意犯罪”的结论还是在申请后社会保险行政部门中止等待“故意犯罪”的结论，最终的工伤认定决定始终是要等待“故意犯罪”的结论。若“故意犯罪”的认定期限不在工伤认定申请期限中扣除，当事人因为超期不能申请工伤认定，被挡在工伤救济程序门外，反而不利于工伤职工的权利救济。

相关案例

山东省临沂市中级人民法院行政判决书，（2019）鲁 13 行终 286 号。

---

① 参见天津市第三中级人民法院行政判决书，（2020）津 03 行终 182 号。

② 参见河北省廊坊市广阳区人民法院行政判决书，（2014）廊广行初字第 41 号。

广西壮族自治区南宁铁路运输中级法院行政判决书,(2019)桂71行终67号。

相关法条

《工伤保险条例》第十六条第一项、第十八条。

《最高人民法院关于审理工伤保险行政案件若干问题的规定》(法释〔2014〕9号)第七条。

《人力资源社会保障部关于执行〈工伤保险条例〉若干问题的意见(二)》(人社部发〔2016〕29号)第八条。

六十五、职工醉酒或吸毒与自身伤亡之间不存在因果关系，且职工所受伤害符合认定工伤或者视同工伤法定情形，是否应当认定为工伤

《社会保险法》第三十七条规定，职工因下列情形之一导致在工作中伤亡的，不认定为工伤：(1)故意犯罪；(2)醉酒或者吸毒；(3)自残或者自杀；(4)法律、行政法规规定的其他情形。即醉酒或吸毒造成行为失控进而引发职工伤亡事故的，对于职工伤亡不认定为工伤；反之，如果醉酒或吸毒与职工伤亡事故之间不存在因果关系，则不得以醉酒或吸毒为由不予认定工伤。《工伤保险条例》第十六条规定，职工符合该条例第十四条、第十五条的规定，但是有醉酒或者吸毒情形的，不得认定为工伤或者视同工伤。《工伤保险条例》并未强调"导致"二字，而《工伤保险条例》是工伤认定中最主要的法律依据，该条款并未强调职工醉酒或吸毒与自身伤亡之间的因果关系，这使实践中对职工醉酒或吸毒与自身伤亡之间是否必须存在因果关系才能排除工伤认定产生一定分歧。

认定争议

在司法实践中，有审判机关认为，《工伤保险条例》第十六条第二项并没有要求醉酒或者吸毒与伤亡之间具有因果关系才能排除工伤认定，应当直接将醉酒或者吸毒情形排除在应当认定工伤或视同工伤情形之外，只要醉酒或者吸毒就应当排除工伤认定，而并不区分醉酒或者吸毒与伤亡之间是否存在因果关系。①

有审判机关认为，《工伤保险条例》第十六条第二项虽将醉酒或者吸毒规定为不得认定为工伤或视同工伤的情形之一，但考虑到《工伤保险条例》制定目的是保护职工的合法权益，其法律原则与精神核心是保障职工因工作原因伤亡后，获得来

① 参见广东省东莞市中级人民法院行政判决书，(2019)粤19行终371号。

自社会的经济救助,结合《工伤保险条例》第十六条的几项规定来看,之所以将醉酒或者吸毒情形不予认定工伤或者视同工伤的原因在于职工本身存在过错而直接或间接导致了伤亡的发生,即醉酒或者吸毒行为与伤亡发生之间存在相当因果关系,故职工醉酒或吸毒与自身伤亡之间不存在因果关系,且职工所受伤害符合认定工伤或者视同工伤法定情形的,应当认定为工伤。①

专业解答

《工伤保险条例》将醉酒或者吸毒情形不予认定工伤的原因在于职工本身存在过错而直接或间接导致了伤亡的发生,即醉酒或者吸毒行为与伤亡发生之间存在相当因果关系。如在未区分醉酒或者吸毒行为与伤亡发生之间是否存在因果关系的情况下,将存在醉酒或者吸毒行为发生伤亡的所有情形排除在工伤范围外,既不符合《工伤保险条例》的立法精神,也无助于充分保障无过错职工的合法权益。由于醉酒或者吸毒是个人行为,我国相关法律完全禁止吸毒,也禁止醉酒后从事某些行为,因此《工伤保险条例》将醉酒或吸毒排除在认定工伤的范围外,由醉酒或吸毒导致行为失控,引发的伤亡不能作为工伤处理。醉酒或吸毒与伤亡之间具备因果关系是醉酒或吸毒不得认定工伤的条件,如果不加区分将醉酒或吸毒一律排除在工伤范围外,既不符合《工伤保险条例》保障职工合法权益的本意,也有悖日常生活经验。且虽然《工伤保险条例》第十六条从文字上未明确醉酒或者吸毒等不得认定为工伤或者视同工伤的情形需要和职工所受伤害存在因果关系,但是从上位法《社会保险法》第三十七条“职工因下列情形之一导致本人在工作中伤亡的,不认定为工伤:(一)故意犯罪;(二)醉酒或者吸毒;(三)自残或者自杀;(四)法律、行政法规规定的其他情形”中“导致”一词来考量,在工伤认定中应考虑伤亡是否与醉酒或吸毒存在因果关系,不存在因果关系的,则不能机械适用《工伤保险条例》第十六条规定,单纯以醉酒或吸毒为由不予认定工伤。《工伤保险条例》第十六条的文字表述欠缜密,《社会保险法》第三十七条的表述更为准确且为《工伤保险条例》的上位法,应当以《社会保险法》第三十七条的规定为准。

---

① 参见广东省高级人民法院行政裁定书,(2019)粤行申3654号。

相关案例

山东省青岛市中级人民法院行政判决书，(2020)鲁02行终511号。
山东省东营市中级人民法院行政判决书，(2019)鲁05行终27号。
广东省佛山市中级人民法院行政判决书，(2019)粤06行终212号。

相关法条

《社会保险法》第三十七条。
《工伤保险条例》第十六条第二项。

六十六、无有权机构出具的结论性意见认定“醉酒”情形下，工伤认定机构如何进行认定

《工伤保险条例》第十六条第二项规定“醉酒”情形下可排除工伤认定，而“饮酒”不等于“醉酒”，按照《车辆驾驶人员血液、呼气酒精含量阈值与检验》(GB 19522—2004)规定，醉酒的血液酒精含量临界值是80mg/100ml，血液酒精含量临界值低于80mg/100ml的不能认定为“醉酒”。而酒精进入人体后，随着酒精消化、代谢，人体内血液酒精含量会逐渐减低。在实践中常常存在“饮酒”与“醉酒”的界限难以界定，无有权机构出具的结论性意见认定“醉酒”，职工是否存在醉酒情况不明，工伤认定机构如何进行认定的问题。例如，职工在车间饮酒后受伤，几个小时后才被工友发现，此时体内酒精已经被代谢，经测试后达不到“醉酒”标准，此类情形下能否由社会保险行政部门认定“醉酒”而不予认定工伤在实践中有一定争议。

认定争议

《最高人民法院关于审理工伤保险行政案件若干问题的规定》(法释〔2014〕9号)第一条第一、二款规定：“人民法院审理工伤认定行政案件，在认定是否存在《工伤保险条例》第十四条第六项‘本人主要责任’、第十六条第二项‘醉酒或者吸毒’和第十六条第三项‘自残或者自杀’等情形时，应当以有权机构出具的事故责任认定书、结论性意见和人民法院生效裁判等法律文书为依据，但有相反证据足以推翻事故责任认定书和结论性意见的除外。前述法律文书或者内容不明确，社会保险行政部门就前款事实作出认定的，人民法院应当结合其提供的相关证据依法进行审查。”在司法实践中，有审判机关认为，当事人并未提交有权机构出具的结论性意见等法律文书，社会保险行政部门可以依据对喝酒现场相关人员的询问笔录、调查笔录等证据结合急性酒精中毒确诊条件进行认定。若社会保险行政部门认定

职工“醉酒”，可以不予认定工伤。[①]

有审判机关认为，《实施〈中华人民共和国社会保险法〉若干规定》（人力资源社会保障部令第 13 号）第十条规定：“社会保险法第三十七条第二项中的醉酒标准，按照《车辆驾驶人员血液、呼气酒精含量阈值与检验》（GB 19522—2004）执行。公安机关交通管理部门、医疗机构等有关单位依法出具的检测结论、诊断证明等材料，可以作为认定醉酒的依据。”参考《车辆驾驶人员血液、呼气酒精含量阈值与检验》（GB 19522—2004）规定，醉酒的血液酒精含量临界值是 80mg/100ml。“醉酒”的认定只能以公安机关交通管理部门、医疗机构等有关单位依据呼气式酒精检验或者血液酒精检验出具的检测结论这类直接证据为准，若无血液酒精检测之类的直接证据，喝酒现场相关人员的询问笔录、调查笔录等证据仅能证明职工事发当时有饮酒的事实而无法证明达到醉酒的程度，社会保险行政部门认定职工事发时醉酒的证据也就不充分，不能排除工伤认定。[②]

专业解答

醉酒原则上应当以有关机关出具的法律文书或者人民法院的生效判决为依据。无法获取上述证据的，社会保险行政部门可以结合相关证据来确认事实性质，人民法院在司法审查时应支持社会保险行政部门结合相关证据作出的认定。理由如下：“醉酒”排除工伤认定有两个要件，一是醉酒状态的判断，二是“醉酒”与伤亡之间存在因果关系的判断。首先是关于醉酒状态的判断。实践中，除职工当场死亡会有公安机关介入排除刑事案件的可能而进行死亡原因鉴定外，一般没有有权机关进行专门认定，因为职工醉酒现场没有专业的仪器进行检测，而且发生伤亡后肯定以抢救人作为第一要务，经过抢救后的职工醉酒状态已经改变，再行检测已经不能证明当时的状态。故严格要求用人单位或社会保险行政部门提供有权机构出具的醉酒的结论性意见非常困难，几乎是不可能的，对用人单位或社会保险行政部门苛以几乎不可能完成的举证责任是有悖生活常识、常理的。故对醉酒状态的判断若无有权机关的结论性意见，可采信喝酒现场相关人员的询问笔录、调查笔录、

---

① 参见海南省高级人民法院行政判决书，（2019）琼行终 43 号。

② 参见云南省高级人民法院行政判决书，（2019）云行再 1 号；安徽省高级人民法院行政裁定书，（2020）皖行申 474 号。

医院诊断记录、医生证言等证据进行综合认定。其次是关于“醉酒”与伤亡之间存在因果关系的判断。“醉酒”与伤亡之间存在因果关系的判断与醉酒状态的判断面对同样的难题，即使具有有权机关的结论性意见证明伤亡职工是醉酒状态，但如果要求用人单位或社会保险行政部门提供有权机构的结论性意见证明职工伤亡与醉酒之间的因果关系也是非常困难的。故对“醉酒”与伤亡之间存在因果关系的判断也可以综合证人证言、调查询问笔录、医院诊断记录等证据证明的案件事实认定伤亡与醉酒之间的因果关系。

相关案例

广西壮族自治区钦州市中级人民法院行政判决书，(2019)桂07行终108号。

江苏省扬州市中级人民法院行政判决书，(2020)苏10行终110号。

相关法条

《工伤保险条例》第十六条第二项。

《最高人民法院关于审理工伤保险行政案件若干问题的规定》(法释〔2014〕9号)第一条第一、二款。

《实施〈中华人民共和国社会保险法〉若干规定》(人力资源社会保障部令第13号)第十条。

《车辆驾驶人员血液、呼气酒精含量阈值与检验》(GB 19522—2004)。

六十七、醉酒或吸毒职工在上下班途中发生非本人主要责任的交通事故能否认定为工伤

醉酒或吸毒职工驾驶车辆在道路上行驶,一定程度上醉酒或吸毒的状态会让职工对自身行为的控制力减弱。实践中,客观存在醉酒或吸毒职工驾驶车辆在道路上行驶时发生由第三方的主要责任导致的交通事故,即醉酒或吸毒职工在上下班途中受到非本人主要责任的交通事故,该种情形下是否能因职工醉酒或吸毒就排除工伤认定存在一定争议。

认定争议

在司法实践中,有审判机关认为,《工伤保险条例》第十四条第六项规定职工在上下班途中,受到非本人主要责任的交通事故或者城市轨道交通、客运轮渡、火车事故伤害的情形,应当认定为工伤。但该条例第十六条第二项同时规定,职工符合该条例第十四条、第十五条的规定,但是有醉酒或者吸毒情形的,不得认定为工伤或者视同工伤。据此,醉酒或吸毒是职工认定工伤或者视同工伤的排除情形。《工伤保险条例》第十六条并未强调职工醉酒或吸毒与自身伤亡之间的因果关系,如果有证据证明职工发生交通事故时处于醉酒或吸毒状态,即使符合《工伤保险条例》第十四条第六项规定应当认定为工伤的情形,但因其存在醉酒或吸毒的事实,根据第十六条第二项的规定,其伤亡情形仍不得认定为工伤或者视同工伤。职工伤亡原因是否与醉酒或吸毒存在因果关系,均不影响对工伤认定的排除。且职工醉酒或吸毒的状态肯定会影响职工对自身行为的控制力,在正常状态下,职工对第三方违反交规的行为可能能够妥当处置、及时避让,避免交通事故的发生,而处于醉酒或吸毒状态的职工可能就缺乏对这种应急情况的处置能力,故不能完全否认职工醉酒或吸毒状态与交通事故发生的因果关系,醉酒或吸毒职工在上下班途中受到非本人主要责任的交通事故,也应排除工伤认定。①

---

① 参见湖南省怀化铁路运输法院行政判决书,(2020)湘 8603 行初 113 号。

有审判机关认为,根据《社会保险法》第三十七条的规定,职工因醉酒或者吸毒导致在工作中伤亡的,不认定为工伤,即醉酒或吸毒造成行为失控进而引发职工伤亡事故的,对于职工伤亡不认定为工伤;反之,如果醉酒或吸毒与职工伤亡事故之间不存在因果关系,则不得以醉酒或吸毒为由不予认定工伤。《工伤保险条例》第十四条第六项规定,职工在上下班途中受到非本人主要责任的交通事故或者城市轨道交通、客运轮渡、火车事故伤害的应当认定为工伤。"非本人主要责任"足以证明交通事故与职工醉酒或吸毒之间无因果关系,职工醉酒或吸毒状态不是导致交通事故的直接的、主要的原因,此种情形下不能因职工醉酒或吸毒就排除工伤认定,应当认定为工伤。[①]

专业解答

《工伤保险条例》第十六条规定:"职工符合本条例第十四条、第十五条的规定,但是有下列情形之一的,不得认定为工伤或者视同工伤:(一)故意犯罪的;(二)醉酒或者吸毒的……"虽然该条例未明确规定不得认定为工伤或者视同工伤的情形需要和职工所受伤害存在一定的关联性,但《工伤保险条例》的立法目的是保障因工作遭受事故伤害或者患职业病的职工获得医疗救治和经济补偿,对于是否应认定工伤或视同工伤的判断应围绕事故的发生予以考虑,如果对认定或视同工伤的例外情形与事故发生之间的关联性一概不考虑,明显将认定或视同工伤的例外情形泛化,不符合《工伤保险条例》的立法目的。故醉酒或吸毒职工在上下班途中受到非本人主要责任的交通事故伤害的能否认定为工伤需根据案情具体判断。即使职工在上下班途中受到非本人主要责任的交通事故伤害,如果职工的醉酒或吸毒"导致"非本人主要责任的交通事故的发生,那么可排除工伤认定。如果职工因吸毒产生幻觉在车流很大的公路中间行走导致发生交通事故,即使公安交警部门认定职工负非主要责任,但显然职工吸毒与事故的发生具有较大程度因果关系,那么应当排除工伤认定。但若交通事故并非因职工醉酒或者吸毒引起,即使职工不存在醉酒或者吸毒情形,也难以避免交通事故的发生,职工醉酒或吸毒对事故的发生没有任何作用力,不存在因果关系,则应当认定为工伤。如职工因醉酒搭乘同事驾驶的车辆回家时发生交通事故,显然交通事故的发生与醉酒之间不具有

① 参见广东省江门市中级人民法院行政判决书,(2020)粤07行终187号。

因果关系,应当认定为工伤。

相关案例

天津市第一中级人民法院行政判决书,(2020)津 01 行终 319 号。

重庆市第一中级人民法院行政判决书,(2020)渝 01 行终 540 号。

江苏省徐州市中级人民法院行政判决书,(2018)苏 03 行终 176 号。

相关法条

《工伤保险条例》第十四条第六项、第十六条第二项。

六十八、工作原因导致精神疾病影响下的病态自残、自杀是否属于工伤排除的范围

在实践中,如果司法鉴定的结论认定职工精神状态与工作中的某个具体事件之间存在直接因果关系(如保安因工作原因遭受暴力伤害导致颅脑损伤,进而导致精神障碍),或极端情况下的工作原因与发病密切相关,则可认定职工属于“因工作遭受事故伤害”的情形,可以认定为工伤。职工因工作原因导致精神疾病影响下的病态自残、自杀是否属于《工伤保险条例》中工伤排除的范围在实践中存在争议。产生这一争议的原因是《工伤保险条例》第十六条未区分自由意志支配下的故意自残、自杀与主观意志不可控的病态自残、自杀,亦未表明存在工作原因导致自残、自杀的情形时该条是否适用。例如,保安因工作原因遭受暴力伤害导致颅脑损伤,进而导致重度抑郁,在重度抑郁状态下的自杀能否排除工伤认定在实践中具有争议。

认定争议

在司法实践中,有审判机关认为,《工伤保险条例》第十六条第三项规定自残、自杀不得认定为工伤,并没有限定为与工作没有必然联系的自残、自杀才能排除工伤认定,应当直接将自残、自杀情形排除在应当认定工伤或视同工伤情形之外,只要自残、自杀就应当排除工伤认定,而并不区分自残、自杀与工作原因之间是否存在因果关系。且工作原因导致精神疾病影响下的病态自残、自杀本质上是职工因工作压力引发精神疾患后的自我伤害行为,是精神疾患发病的一种极端表现。导致精神疾病影响下的病态自残、自杀的工作原因并非工作或职业伴随的特殊危险,而是在职场中常见的工作压力。精神疾病发病原因复杂,并且工作上的压力并非导致过劳自杀的唯一原因,工作压力往往和其他生活中的压力纠缠在一起共同作用导致自杀。自杀自残系职工严重自我伤害的行为,自杀行为切断了死亡结果与

工作之间的因果关系，不宜认定为工伤。①

有审判机关认为，《工伤保险条例》第十六条只是排除与工作无关的故意性自残、自杀。不去深究职工自残、自杀原因，将自残、自杀一律排除在工伤认定之外过于武断。② 这意味着职工及其家属需要自行承担工作原因导致精神疾病影响下的病态自残、自杀所引发的负面后果，而造成精神疾病的用人单位却无须承担任何责任。这样的理解会让用人单位没有动力采取措施防止职工过度劳累、紧张和改善工作环境，更没有动力关注职工的身心健康。工作原因导致精神疾病影响下的病态自残、自杀在威胁职工生命健康的同时，也加剧了劳资关系的对立。现行法律、法规虽尚未对工作原因导致精神疾病影响下的病态自残、自杀和与工作没有必然联系的故意自残、自杀作出科学的界定和区分，但二者的性质不同，在工伤认定中应作区分处理。自残、自杀工伤认定需要区分自杀行为的故意性和非故意性，导致自残、自杀原因可能有很多种，现代医学以及社会学都已经证明有一部分自残、自杀行为存在非故意性。③ 职工因工作原因导致精神疾病影响下的病态自残、自杀属于非自主性自残、自杀。对工作原因直接导致的创伤后应激障碍、抑郁等疾病诱发的自残、自杀，是工伤伤情进一步的延续和发展，本质上也是因工作原因导致的一种事故伤害，不应仅因自残、自杀行为系职工自行做出而割裂工作与事故伤害之间的因果关系，认定工伤才符合《工伤保险条例》"为了保障因工作遭受事故伤害或者患职业病的职工获得医疗救治和经济补偿，促进工伤预防和职业康复，分散用人单位的工伤风险，制定本条例"的立法精神。④

专业解答

总体上，社会保险行政部门及司法机关对自残、自杀一般都会排除工伤认定，不作工伤认定排除的非常少，仅有少数案例认定了工伤，社会保险行政部门及司法机关对该问题的认识非常谨慎，普遍认为工作原因导致精神疾病影响下的病态自残、自杀和工作之间不存在直接的因果关系，否定工作原因导致精神疾病影响下的

---

① 参见河南省焦作市中级人民法院行政判决书，(2020)豫 08 行终 138 号。

② 参见郑尚元：《论工伤保险法制之完善》，载《法治研究》2018 年第 5 期。

③ Genest Christine & Ricciardelli Rosemary et al., Correctional Work: Reflections Regarding Suicide, International Journal of Environmental Researchand Public Health, 18(2021).

④ 参见北京市第一中级人民法院行政判决书，(2019)京 01 行终 603 号。

病态自残、自杀的工伤救济。[①] 但是也有部分案例支持因工作原因遭受外力伤害导致脑部受损或病变，抑郁自杀而认定为工伤的。例如，某中学教师陈某在值班时发现一学生殴打老师，在劝阻过程中被另一学生打伤，后陈某因被殴打后出现应激障碍到医院接受抑郁症治疗。后陈某走失，尸体被发现，经县公安局鉴定陈某为自杀。社会保险行政部门认定陈某在学校值班过程中被学生打伤受到的伤害为工伤。后经公安局委托，某司法鉴定所出具的《法医精神病鉴定文证审查意见书》载明：陈某抑郁精神状态与被学生殴打事件之间存在直接因果关系。陈某家属因陈某死亡向社会保险行政部门申请工伤认定，社会保险行政部门认为，陈某自杀的行为不能认定为工伤，家属不服诉至法院。法院认为，陈某在学校值班时被殴打所受伤害已认定为工伤，因陈某在自杀时系处于创伤后应激障碍的影响之中，在这种情况下诱发的自杀，是患者精神障碍影响下的病态自杀，其在该精神状态下的自杀行为与该暴力伤害存在因果关系。这种病态的自杀与《工伤保险条例》中工伤排除的"自残与自杀"中的与工作没有必然联系的故意自杀非同一性质，不属同一概念。工伤直接导致的创伤后应激障碍诱发的自杀，是工伤伤情进一步的延续和发展，认定工伤符合《工伤保险条例》第一条所述的立法精神。因此，判决撤销社会保险行政部门所作《工伤认定决定书》，并责令社会保险行政部门重新作出行政行为。[②] 又如，某铁路职工杨某在更换混凝土轨枕施工过程中，被一铁撬棍击中头部被诊断为头顶部皮裂伤，头部受伤后出现了头晕、头痛、失眠等脑震荡后综合征的表现，并出现抑郁情绪。2006 年 12 月 15 日凌晨，杨某在家中将其妻子和孩子砍伤后自己割腕，最终因失血过多死亡。2007 年 2 月，某精神疾病司法鉴定中心对杨某案发时的精神状态进行了司法精神医学鉴定，推断杨某案发当时处于心境障碍—抑郁状态，系在抑郁情绪影响下发生扩大性自杀。杨某家属向社会保险行政部门申请认定杨某头部外伤为工伤，同时要求认定杨某扩大性自杀死亡为因工死亡。社会保险行政部门认定杨某头部外伤为工伤，但认为杨某死亡的直接原因是自杀，不予认定为工伤或视同工伤，家属不服遂诉至法院。法院认为，杨某 2006 年 12 月 15 日凌晨的精神状态是由之前头部受伤引起的，在该精神状态下杨某的自杀行为与其在工作中受到的头部伤害存在因果关系，且考虑到《工伤保险条例》第一条所述的制定目的，《工伤保险条例》第十六条关于不得认定为工伤或者视同工伤的规定（包括自残或者自杀），应指并非因工作和工作事故遭受伤害的情况，而杨某的

---

① 参见云南省楚雄彝族自治州中级人民法院行政判决书，(2018) 云 23 行终 17 号。

② 参见福建省三明市中级人民法院行政判决书，(2019) 闽 04 行终 13 号。

自杀行为是其在工作中头部遭受事故伤害后，导致精神障碍所表现出的一种后果，与《工伤保险条例》第十六条所规定的情形并非同一性质。因此，判决撤销社会保险行政部门所作《工伤认定结论通知书》相关决定，并要求重新作出处理。① 再如，2012年10月丁某在上班途中遭遇交通事故，后出院诊断为：创伤性蛛网膜下腔出血、脑挫伤伴硬膜下血肿、动眼神经损伤等。2013年2月7日，上述伤害被社会保险行政部门认定为工伤。2013年7月，丁某被医院诊断为"认知、性格和人格（心理、精神）异常"。2013年9月，丁某自缢死亡。2013年10月，丁某家属向社会保险行政部门申请认定其死亡为工伤，社会保险行政部门认为，没有证据证明其自缢与工伤有直接因果关系，复议机关亦维持社会保险行政部门的认定，家属不服诉至法院。法院认为，根据审理期间司法鉴定所出具的《司法鉴定意见书》，丁某患脑器质性精神障碍，与交通事故有直接因果关系，且与2013年9月的自缢行为有关。社会保险行政部门亦未提供证据证明丁某2012年10月受到事故伤害后，头部还受到过其他伤害，或证明丁某在受伤前即患有精神疾病。丁某遭遇的交通事故与死亡结果之间由精神障碍下的自杀行为连接，精神障碍是交通事故的直接后果，而精神障碍下的自杀行为不能归责于行为人。因此，因交通事故导致的工伤成为丁某死亡的重要原因，二者具有法律上的因果关系。《工伤保险条例》第十六条所规定的"自杀"行为是在自己自由意志支配下结束自己的生命，与工作时间、工作场所、工作原因无关。而丁某在上班途中遭受交通事故伤害，导致脑器质性精神障碍，严重影响意志自由，并在此精神障碍状态下结束自己的生命，这一特殊情形不能简单地以《工伤保险条例》第十六条关于"自杀"的规定论处。因此，判决撤销社会保险行政部门作出的答复意见，并要求重新作出认定。② 笔者认为，《工伤保险条例》第十六条之所以将"自残、自杀"排除在工伤认定范围之外主要是考虑职工"自残、自杀"系由于职工自身原因引起，不能"嫁祸"于用人单位或工伤保险基金，所以应当排除在工伤范围之外。但若职工罹患精神疾病本身系因工作原因直接引起，患病后痛苦不堪、身不由己、无法自已，进而自残、自杀的应当认定为工伤，不属于《工伤保险条例》第十六条的排除范围。如保安因工作原因被暴力伤害后导致颅脑损伤，继而诱发抑郁自残、自杀的，应当认定为工伤。但对职工自称因工作压力大，领导施压、同事嘲讽等导致抑郁症、焦虑症等精神疾病，因该类疾病的产生很难说是由工作原因直接引起，一般跟职工的性格、情智也有一定的关系，该类精神

① 参见北京市第一中级人民法院行政判决书，（2008）一中行终字第656号。

② 参见南京市建邺区人民法院行政判决书，（2014）建行初字第77号。

疾病诱发的自残、自杀则一般不宜认定工伤。总之,职工因重度抑郁等精神疾病而出现自残或自杀等行为时,并不必然被排除认定工伤,还需结合职工患上抑郁症等精神疾病而自残、自杀是否为工作原因导致,职工重度抑郁与职场压力的关联性,与工作之间的因果关系,以及职工因抑郁而自杀的具体情形进行具体分析。对该类工伤的认定非常依赖社会保险行政部门、法院在个案中判断伤害结果是否由于工作导致。也就是说,需要在案件中梳理事实上的因果关系和法律上的因果关系,反复斟酌工作与职工精神疾患发病(自残、自杀)间的关联,判断是否存在工作上的因果关系。对比世界各国立法,日本在工作原因导致精神疾病影响下的病态自残、自杀领域形成了自己独特的工伤认定理论。日本作为世界上最早将工作原因导致精神疾病影响下的病态自残、自杀认定为工伤的国家,已经将工作压力过大导致的抑郁等心理精神类疾患作为职业病纳入工伤保险,并在近年的完善过程中,形成了较为丰富的立法资料和案例资源。社会保险行政部门、法院在个案中判断中可参考域外的法理和判例,并结合我国工伤认定理论和实践进行审慎判断。

相关案例

云南省文山壮族苗族自治州中级人民法院行政判决书,(2020)云 26 行终 91 号。

广东省惠州市中级人民法院行政判决书,(2020)粤 13 行终 300 号。

相关法条

《工伤保险条例》第十五条第一款第一项、第十六条第二项。

六十九、“统筹地区社会保险行政部门”具体是指哪级社保部门

《工伤保险条例》第十七条规定，职工所在单位向统筹地区社会保险行政部门提出工伤认定申请，工伤职工或者其近亲属、工会组织向用人单位所在地统筹地区社会保险行政部门提出工伤认定申请。在用人单位提出工伤认定申请后应当由省级社会保险行政部门进行工伤认定的事项，根据属地原则由用人单位所在地设区的市级社会保险行政部门办理。工伤保险基金统筹是指工伤保险经办机构对工伤保险基金实行统一筹集、统一管理、统一调剂、统一给付的管理行为。通过统筹实现基金管理的社会化，以分散社会风险，增强基金支付能力，发挥收入再分配的功能。《工伤保险条例》中的“统筹地区”是指工伤保险基金的统筹层次或范围，即在哪一具体范围内统一筹集工伤保险费，统一管理、调剂工伤保险基金，给付工伤保险待遇，进而使工伤保险基金能够达到收支平衡。2004 年《工伤保险条例》第十一条规定，工伤保险基金在直辖市和设区的市实行全市统筹，其他地区的统筹层次由省、自治区人民政府确定，说明直辖市和设区的市为市级统筹。2011 年《工伤保险条例》第十一条规定，工伤保险基金逐步实行省级统筹，说明下一步将全部实现省级统筹。在工伤保险基金已经或将要实现省级统筹的情况下，根据《工伤保险条例》第十七条的规定可进行工伤认定的机构是用人单位所在地的设区的市级社会保险行政部门。那么区县一级社会保险行政部门能否受理工伤认定申请在实践中产生一定争议。

认定争议

在司法实践中，有审判机关认为，按照《工伤保险条例》第十七条的规定，只能是市级社会保险行政部门可以受理。比如，四川省达州市下辖 2 个区、4 个县、1 个县级市，只能是达州市社会保险行政部门可以受理工伤认定申请，达州市下辖的通川区、达川区、宣汉县、开江县、大竹县、渠县、万源市的区县一级社会保险行政部门

不能受理工伤认定申请。[①]

有审判机关认为,工伤认定案件数量多,工作量大,如果完全集中在市级社会保险行政部门受理,会使市级社会保险行政部门不堪重负,而且也不利于发挥区县一级社会保险行政部门的职能。区县一级社会保险行政部门根据属地原则受理工伤认定申请更便于调查相关事实,有利于提高工伤认定工作效率,区县一级社会保险行政部门可以受理工伤认定申请。[②]

专业解答

该问题的争议系因立法不周延导致的,工伤认定经过多年的实践,现在各个省市对受理工伤认定申请的机关基本全部达成共识,即区县一级社会保险行政部门均可以受理工伤认定申请。立法下一步修改《工伤保险条例》时,可将此问题予以明确,避免按照法条理解得出的结论与各地的实际做法不一致。

相关案例

四川省乐山市中级人民法院行政判决书,(2020)川 11 行终 53 号。

安徽省宿州市中级人民法院行政判决书,(2020)皖 13 行终 204 号。

相关法条

《工伤保险条例》第十七条。

---

① 参见四川省达州市中级人民法院行政判决书,(2020)川 17 行终 41 号。

② 参见广东省梅州市中级人民法院行政判决书,(2019)粤 14 行终 141 号。

七十、第三人侵权导致的工伤事故能否适用“双赔原则”计算工伤保险待遇

现实生活中,因第三人侵权引起的工伤事故时有发生,例如,职工在上下班途中被他人违章驾驶的机动车撞伤或撞死;在正常工作期间(在工作时间和工作场所内),因履行工作职责受到暴力而意外伤害等,都是典型的因第三人侵权引起的工伤。作为工伤职工是否可以就人身损害赔偿向侵权人主张后再根据《工伤保险条例》享受工伤保险待遇,或者就人身损害赔偿和工伤保险待遇二者选择其一主张?由于我国《民法典》以及《工伤保险条例》都没有对工伤保险赔偿和侵权损害赔偿竞合时的法律适用作出明确的规定,司法实践中对因第三人侵权引起的法律适用问题存在较大争议。

认定争议

在司法实践中,有审判机关认为,工伤保险待遇与民事侵权赔偿性质不同,工伤保险待遇属于公法领域的补偿,系以缴纳工伤保险费作为支付前提;民事侵权赔偿属于私法领域的赔偿,系以侵权人致人损害作为赔偿前提,两者依据的法律规定和事实前提各不相同,侵权关系与工伤保险关系是两类不同且并行不悖的法律关系,不能相互代替,亦不存在责任竞合。结合《社会保险法》第四十二条规定,除医疗费外,法律并不禁止工伤职工享受工伤保险待遇后再获得民事赔偿;《工伤保险条例》也没有规定第三人侵权工伤应当扣减第三人赔偿部分或者工伤基金、用人单位对除医疗费外的赔付享有追偿权。在因第三人侵权导致的工伤事故中应当适用“双赔原则”,即职工可以分别主张侵权损害赔偿和工伤保险待遇。但《社会保险法》第四十二条规定:“由于第三人的原因造成工伤,第三人不支付工伤医疗费用或者无法确定第三人的,由工伤保险基金先行支付。工伤保险基金先行支付后,有权向第三人追偿。”可见,医疗费由工伤保险基金先行支付后,有权向第三人追偿,故医疗费应由侵权人承担,不能适用“双赔原则”,除医疗费用以外的其他费用可

适用“双赔原则”。①

有审判机关认为,人身损害赔偿“损失填平”以及不能因同一损害而获得法外利益的法律原则,对于直接损失以及重复(竞合)项目,如丧葬费、护理费、交通费、住院伙食补助费、被抚(扶)养人生活费等费用不支持双重赔偿。受害人已经从侵权方或者工伤保险中的一方获得重复项目赔偿的,不再支持其他方的赔偿,尚未获得足额赔偿的,支持其他方补足差额。②

专业解答

在工作中遭受伤害,该伤害中存在第三人侵权的,职工是否既可以按照工伤救济程序申请工伤认定获得工伤保险待遇,也可以向侵权的第三方主张人身损害赔偿,实践中有一定争议。如与某快递公司存在劳动关系的快递员在派件途中,被第三方机动车撞倒,该快递员是否既可以申请工伤救济也可以向第三方主张人身损害赔偿。在同一个伤害事故中,侵权损害赔偿和工伤保险待遇是否可以兼得的问题在过去争议较大的原因来自《最高人民法院关于审理工伤保险行政案件若干问题的规定》(法释〔2014〕9 号)第八条的规定,该条规定:“职工因第三人的原因受到伤害,社会保险行政部门以职工或者其近亲属已经对第三人提起民事诉讼或者获得民事赔偿为由,作出不予受理工伤认定申请或者不予认定工伤决定的,人民法院不予支持。职工因第三人的原因受到伤害,社会保险行政部门已经作出工伤认定,职工或者其近亲属未对第三人提起民事诉讼或者尚未获得民事赔偿,起诉要求社会保险经办机构支付工伤保险待遇的,人民法院应予支持。职工因第三人的原因导致工伤,社会保险经办机构以职工或者其近亲属已经对第三人提起民事诉讼为由,拒绝支付工伤保险待遇的,人民法院不予支持,但第三人已经支付的医疗费用除外。”该规定与多个省市的地方性规章、规范性文件的规定不一致。例如,四川省人民政府 2003 年 12 月 22 日发布的《四川省人民政府关于贯彻〈工伤保险条例〉的实施意见》第十条规定:“职工上下班途中受到交通机动车事故伤害,或者履行工作职责和完成工作任务过程中遭受意外伤害,按《条例》③规定认定为工伤和视

① 参见吉林省东辽县人民法院行政判决书,(2021)吉 0422 民初 1460 号。

② 参见浙江省温州市中级人民法院民事判决书,(2021)浙 03 民终 7182 号。

③ 指《工伤保险条例》。

同工伤的，如第三方责任赔偿的相关待遇已经达到工伤保险相关待遇标准的，用人单位或社会保险经办机构不再支付相关待遇；如第三方责任赔偿低于工伤保险相关待遇，或因其他原因使工伤职工未获得赔偿的，用人单位或社会保险经办机构应按照规定补足工伤保险相关待遇。"这使得在同一省市的法院在作裁判时因为适用不同的规定得出不同的结论。四川省宜宾市翠屏区人民法院（2017）川 1502 行初 9 号行政判决书依据《四川省人民政府关于贯彻〈工伤保险条例〉的实施意见》第十条规定不支持受伤职工的双赔请求。成都市金牛区人民法院（2018）川 0106 行初 34 号行政判决书依据《最高人民法院关于审理工伤保险行政案件若干问题的规定》（法释〔2014〕9 号）第八条的规定认为职工侵权损害赔偿和工伤保险待遇可以兼得，支持职工的双赔请求。

为统一法律适用，《最高人民法院公报》2018 年第 3 期（总第 257 期）刊载的连云港市中级人民法院（2015）连民终字第 00159 号伏某、张某某等与连云港开发区华源市政园林工程有限公司劳动争议二审民事判决书确认，交通事故与工伤竞合时，可以获得双重赔偿。最高人民法院 2016 年 11 月 21 日公布的《第八次全国法院民事商事审判工作会议（民事部分）纪要》第九条规定："被侵权人有权获得工伤保险待遇或者其他社会保险待遇的，侵权人的侵权责任不因受害人获得社会保险而减轻或者免除。根据社会保险法第三十条和第四十二条的规定，被侵权人有权请求工伤保险基金或者其他社会保险支付工伤保险待遇或者其他保险待遇。"第十条规定："用人单位未依法缴纳工伤保险费，劳动者因第三人侵权造成人身损害并构成工伤，侵权人已经赔偿的，劳动者有权请求用人单位支付除医疗费之外的工伤保险待遇。用人单位先行支付工伤保险待遇的，可以就医疗费用在第三人应承担的赔偿责任范围内向其追偿。"负责起草《工伤保险条例》的原劳动和社会保障部法规司王丽处长解答指出，《工伤保险条例》确实对此没有作出明确规定，但如果是工伤，职工当然可以享受工伤保险待遇，同时又构成民事侵权的，工伤职工可以要求获得民事赔偿，即《工伤保险条例》认可双重赔偿。人力资源和社会保障部、最高人民法院强调在同一个伤害事故中，侵权损害赔偿和工伤保险待遇可以兼得，但是医疗费用不能兼得。主要法律依据来自《社会保险法》第四十二条规定："由于第三人的原因造成工伤，第三人不支付工伤医疗费用或者无法确定第三人的，由工伤保险基金先行支付。工伤保险基金先行支付后，有权向第三人追偿。"从上述工伤保险基金先行支付医疗费后有权向第三人追偿的规定来看，《社会保险法》将医疗费用的支付责任归于侵权第三方。

实践中,是否可以双赔经过人力资源和社会保障部、最高人民法院的反复强调逐步得到统一,但各个地方的做法并不完全一致。有的省市修改了与最高人民法院司法解释不一致的规章条文。如2020年7月31日四川省第十三届人民代表大会常务委员会第二十次会议通过的《四川省工伤保险条例》和自2021年8月6日起施行的《〈四川省工伤保险条例〉实施办法》已经删除不支持受伤职工双赔的相关规定。但是还有一些省市的做法与最高人民法院的司法解释并不完全一致。如2020年修正的《浙江省工伤保险条例》第三十二条第一款至第三款规定:"因第三人的原因造成工伤,工伤职工可以先向第三人要求赔偿,也可以直接向工伤保险基金或者用人单位要求支付工伤保险待遇。工伤职工先向第三人要求赔偿后,赔偿数额低于其依法应当享受的工伤保险待遇的,可以就差额部分要求工伤保险基金或者用人单位支付。工伤职工直接向工伤保险基金或者用人单位要求支付工伤保险待遇的,工伤保险基金或者用人单位有权在其支付的工伤保险待遇范围内向第三人追偿,工伤职工应当配合追偿。"又如,上海市第一中级人民法院2020年8月发布的《工伤保险待遇纠纷案件的审理思路和裁判要点》,明确了在工伤保险赔偿与第三人侵权损害赔偿竞合时,重复赔偿项目应按照"就高原则"确定赔偿标准,并明确了重复项目包括医疗费、停工留薪期工资、护理费、辅助器具费、康复费、住院伙食补助费等。而一次性伤残补助金(残疾赔偿金)、一次性工亡补助金(死亡赔偿金)属于可兼得项目;一次性就业补助金、一次性医疗补助金属于工伤保险待遇专属项目。再如,《深圳市中级人民法院关于审理工伤保险待遇案件的裁判指引》第十一条规定:"劳动者的工伤系第三人侵权所致,劳动者先获得侵权赔偿的,不影响其享受工伤保险待遇,但对于医疗费、丧葬费和辅助器具更换费等不得重复享有。"

综上所述,受伤职工侵权损害赔偿和工伤保险待遇除医疗费用外是否可以兼得,人力资源和社会保障部、最高人民法院认为可以兼得,受伤职工放弃对第三人的追偿权(医疗费用除外),并不妨碍其获得相应的工伤待遇。但实践中各个地方的做法尚有差异,需待进一步统一到最高人民法院、人力资源和社会保障部的做法中来。

相关案例

四川省成都市中级人民法院民事判决书,(2015)成民终字第898号。

最高人民法院民事裁定书，(2020)最高法民申 5354 号。

最高人民法院民事裁定书，(2016)最高法民申 3575 号。

陕西省高级人民法院民事裁定书，(2021)陕民申 1339 号。

相关法条

《社会保险法》第三十条、第四十二条。

《最高人民法院关于审理工伤保险行政案件若干问题的规定》(法释〔2014〕9 号)第八条。

《第八次全国法院民事商事审判工作会议(民事部分)纪要》第九条、第十条。

七十一、职工因第三方侵权受伤放弃应由第三方支付的医疗费后，能否再申请用人单位或工伤保险基金支付医疗费

《社会保险法》第四十二条规定："由于第三人的原因造成工伤，第三人不支付工伤医疗费用或者无法确定第三人的，由工伤保险基金先行支付。工伤保险基金先行支付后，有权向第三人追偿。"职工因第三人侵权造成损害的，医疗费用依法由该第三人负担，第三人不支付或者无法确定第三人的，由工伤保险基金先行支付。工伤保险基金先行支付后，有权向第三人追偿。工伤保险基金支付的医疗费排除了受伤职工在医疗费项目上获得双重赔偿的权利。职工因第三方侵权受伤放弃应由第三方支付的医疗费后，能否再申请用人单位或工伤保险基金支付医疗费，在职工、用人单位和工伤保险基金中有一定争议。

认定争议

在司法实践中，有审判机关认为，《社会保险法》第四十二条规定："由于第三人的原因造成工伤，第三人不支付工伤医疗费用或者无法确定第三人的，由工伤保险基金先行支付。工伤保险基金先行支付后，有权向第三人追偿。"职工因工受伤应当获得所有的工伤保险待遇，医疗费当然包含在其中。职工因第三方侵权受伤放弃应由第三方支付的医疗费，可能是因客观上第三方无力支付或在与第三方的谈判中无奈让步，如果据此剥夺受伤职工申请用人单位或工伤保险基金支付医疗费的权利，不利于受伤职工的权益保护，也不符合工伤保险的立法目的。[①]

有审判机关认为，《社会保险法》第四十二条规定："由于第三人的原因造成工伤，第三人不支付工伤医疗费用或者无法确定第三人的，由工伤保险基金先行支付。工伤保险基金先行支付后，有权向第三人追偿。"《第八次全国法院民事商事

---

① 参见辽宁省鞍山市中级人民法院民事判决书，(2020)辽03民终3691号。

审判工作会议(民事部分)纪要》第十条规定："用人单位未依法缴纳工伤保险费，劳动者因第三人侵权造成人身损害并构成工伤，侵权人已经赔偿的，劳动者有权请求用人单位支付除医疗费之外的工伤保险待遇。用人单位先行支付工伤保险待遇的，可以就医疗费用在第三人应承担的赔偿责任范围内向其追偿。"从上述条文可知，当侵权与工伤竞合时，医疗费应由侵权者负担；职工诉请侵权赔偿后，有权要求用人单位支付除医疗费以外的其他工伤保险待遇；若职工先诉请工伤赔偿，工伤保险基金中心或用人单位支付医疗费后，有权向侵权者追偿。职工因第三人侵权导致伤害构成工伤，其与案外人已就侵权纠纷达成了调解协议，明确放弃要求案外人承担医疗费等与工伤赔偿相重合项目的赔偿责任，系其对自身权利的放弃，不可在工伤保险赔偿中再行主张医疗费。[①]

专业解答

从《工伤保险条例》第六十二条第二款规定可知，用人单位未为职工参加工伤保险发生工伤事故的，由用人单位支付工伤待遇，用人单位已经为职工参加工伤保险并按时足额缴纳工伤保险费用发生工伤事故的，由工伤保险基金和用人单位分别支付相应工伤待遇。《社会保险法》第四十二条将医疗费用的支付责任归于侵权第三方，侵权第三方是治疗费用支付的第一责任人。从《最高人民法院关于审理工伤保险行政案件若干问题的规定》(法释〔2014〕9号)第八条和《第八次全国法院民事商事审判工作会议(民事部分)纪要》第十条规定可知，工伤保险基金和用人单位支付工伤保险待遇中医疗费用遵循补差原则，已由侵权的第三方支付了工伤医疗费的，工伤保险基金和用人单位不再支付。未支付或者未完全支付的，工伤保险基金和用人单位仅支付应支付的医疗费减去已支付的医疗费的剩余部分。虽然侵权第三方因经济困难等原因一时难以支付医疗费用时，先由用人单位或工伤保险基金支付，但是最终承担者还是第三人，用人单位或工伤保险基金可以代位追偿。

实践中存在，因第三方侵权导致的工伤事故中，受伤职工与侵权的第三人达成和解协议，受伤职工放弃对第三方医疗费的求偿权，转而申请工伤保险基金或用人单位支付医疗费的情形。工伤职工放弃医疗费在职工与侵权第三方的协议中可体

---

① 参见山东省高级人民法院民事裁定书，(2021)鲁民申13388号。

现为直接放弃和间接放弃。直接放弃是指工伤职工在协议中以明示的方式或采用其他形式放弃医疗费;间接放弃是指工伤职工虽未在协议中明确表示放弃医疗费，但可据相关文字表达推断，协议中约定的放弃金额为医疗费。对于这种情况，在“有限的双赔模式”下，即“医疗费用”不享受双赔模式，除“医疗费用”外，受伤职工与侵权的第三人达成民事和解协议处理的是民事侵权纠纷，其并不妨碍工伤认定程序的处理。但是，对于“医疗费用”，如在工伤补偿之前，受伤职工放弃对第三方的求偿权，若该放弃行为不存在欺诈、胁迫、乘人之危、重大误解、显失公平的情形，那么该工伤职工放弃要求侵权第三人承担医疗费的行为是有效的。在其放弃的范围内，工伤保险基金或用人单位不应给予补偿。因为《社会保险法》第四十二条、《最高人民法院关于审理工伤保险行政案件若干问题的规定》(法释〔2014〕9号)第八条和《第八次全国法院民事商事审判工作会议(民事部分)纪要》第十条规定用人单位或工伤保险基金支付因第三人侵权造成的工伤医疗费，是对工伤职工无法从第三人处获得工伤医疗费情形的一个保障性规定，用人单位或工伤保险基金支付后还可以向侵权第三方追偿。在有第三人能够支付医疗费或者工伤职工主动放弃从第三人处获得医疗费的情形下，工伤保险基金不必再支付治疗工伤的医疗费，且工伤职工主动放弃从第三人处获得医疗费也会使用人单位或工伤保险基金的代位追偿权落空，无法再追偿。

相关案例

新疆维吾尔自治区高级人民法院民事裁定书，(2022)新民申466号。

山东省高级人民法院民事裁定书，(2021)鲁民申13388号。

相关法条

《社会保险法》第四十二条。

《最高人民法院关于审理工伤保险行政案件若干问题的规定》(法释〔2014〕9号)第八条。

《第八次全国法院民事商事审判工作会议(民事部分)纪要》第十条。

七十二、住院治疗期间是否能将视为不属于自身原因所耽误的时间，不计算在工伤认定申请期限内

《最高人民法院关于审理工伤保险行政案件若干问题的规定》(法释〔2014〕9号)第七条规定:“由于不属于职工或者其近亲属自身原因超过工伤认定申请期限的,被耽误的时间不计算在工伤认定申请期限内。有下列情形之一耽误申请时间的,应当认定为不属于职工或者其近亲属自身原因:(一)不可抗力;(二)人身自由受到限制;(三)属于用人单位原因;(四)社会保险行政部门登记制度不完善;(五)当事人对是否存在劳动关系申请仲裁、提起民事诉讼。”如果职工住院治疗期间较长,因住院治疗而耽误申请工伤认定期限,住院治疗期间是否属于不可抗力、人身自由受限制等不属于自身原因所耽误的时间,不计算在法定工伤认定申请期限内在实践中也存在较大争议。

认定争议

在司法实践中,有审判机关认为,受伤职工住院治疗期间活动受限,应当视为不属于自身原因所耽误的时间,不应计算在工伤认定法定申请期限内,住院期间应当扣除。在工伤职工身边无亲属,不便表达意志(如工伤职工深度昏迷),无法通过委托他人或邮寄材料等方式申请工伤认定情况下,若不将住院期间从工伤认定期限中扣除将严重限制工伤职工申请工伤认定的权利。且《工伤保险条例》第十七条第二款中“事故伤害发生之日”不应理解为“事故发生之日”,还应考虑事故与发生伤害结果之间的因果关系,伤害造成的后果往往需住院治疗结束后才能最终确定。工伤认定的作出应遵循《工伤保险条例》的立法宗旨和精神,保障工伤职工的合法权益。①

① 参见广东省高级人民法院行政裁定书,(2017)粤行申194号;宁夏回族自治区高级人民法院行政判决书,(2016)宁行再1号。

有审判机关认为，《工伤保险条例》第十七条第一款规定："职工发生事故伤害或者按照职业病防治法规定被诊断、鉴定为职业病，所在单位应当自事故伤害发生之日或者被诊断、鉴定为职业病之日起 30 日内，向统筹地区社会保险行政部门提出工伤认定申请。遇有特殊情况，经报社会保险行政部门同意，申请时限可以适当延长。"该条第二款规定："用人单位未按前款规定提出工伤认定申请的，工伤职工或者其近亲属、工会组织在事故伤害发生之日或者被诊断、鉴定为职业病之日起 1 年内，可以直接向用人单位所在地统筹地区社会保险行政部门提出工伤认定申请。"该条赋予受伤职工获得工伤认定的两种途径，即用人单位申请和受伤职工或其家属申请，而用人单位 30 日的申请期限远少于职工 1 年的申请时间。职工应在事故伤害发生之日起一年内申请工伤认定，但因不属于自身原因被耽误的时间不计算在该一年期限内。受伤职工住院期间人身自由并未受到限制，也不影响其通过委托亲属、他人或邮寄材料等方式申请工伤认定，故受伤职工住院治疗期间不能视为不属于自身原因所耽误的时间，应计算在法定申请期限内。①

专业解答

1. 用人单位的申请时间

《工伤保险条例》第十七条对工伤认定申请的时间作了规定，用人单位申请工伤认定的时间为工伤事故发生之日或者被诊断、鉴定为职业病之日起 30 日内，遇有特殊情况，经社会保险行政部门同意，申请时限可以适当延长。值得注意的是，《工伤保险条例》第十七条规定职工所在用人单位承担首要的工伤申报义务，并且还规定用人单位未在规定的 30 日时限内提交工伤认定申请，在此期间发生符合该条例规定的工伤待遇等有关费用的由该用人单位负担。用人单位的 30 日申请期限未经社会保险行政部门批准不得中止、中断、延长、扣除，故用人单位若为职工购买工伤保险，在职工发生工伤事故后应积极申报工伤，避免不必要的经济损失。

2. 工伤职工或者其近亲属、工会组织的申请时间

若用人单位在 30 日内没有提出工伤认定申请，工伤职工或者其近亲属、工会组织应当在工伤事故发生之日或者被诊断、鉴定为职业病之日起 1 年内提出申请。

---

① 参见广东省高级人民法院行政裁定书，(2020)粤行申 634 号；宁夏回族自治区中卫市中级人民法院行政判决书，(2015)卫行终字第 16 号。

工伤职工或者其近亲属、工会组织的 1 年申请期限是否可以延长,《工伤保险条例》并未规定,一般倾向于不能延长。因为一年的期限已经足够长,若在此基础上还可以延长可能会使得社会保险行政部门无法及时固定证据,调查取证困难,无法查明事实真相。但是,根据《最高人民法院关于审理工伤保险行政案件若干问题的规定》(法释〔2014〕9 号)第七条和《人力资源社会保障部关于执行〈工伤保险条例〉若干问题的意见(二)》(人社部发〔2016〕29 号)第八条的规定,工伤职工或者其近亲属、工会组织的 1 年申请期限可以因上述两个条款规定的正当事由扣除。

用人单位、工伤职工或者其近亲属、工会组织无正当理由超过申请期限的,视为放弃权利,不能再提起工伤认定申请。根据《工伤保险条例》第十七条的规定,如果单位没有在 30 日内提交工伤认定申请,在此期间发生的工伤待遇等有关费用由该用人单位负担。在用人单位未提交申请,工伤职工或者其近亲属、工会组织的申请也超期的情况下,伤亡职工的赔偿不能按工伤保险赔偿,可以按侵权损害要求用人单位或者第三者赔偿医疗费、误工费、伙食费等费用,职工可以通过民事救济途径解决伤亡救济问题。相较工伤救济而言,民事侵权损害赔偿要按过错比例来承担责任,而工伤保险待遇纠纷的用人单位或者工伤保险基金按照职工无过错承担责任,即无论职工在受伤事故中有无过错,均由用人单位或工伤保险基金承担职工享受工伤保险待遇产生的费用。在民事侵权损害赔偿中工伤职工或其近亲属举证负担重一些,恐难完全将责任归责于用人单位。工伤待遇与侵权损害赔偿的金额根据不同情形会有较大差异,比如,工作中突发疾病死亡若超期申请工伤认定则不能认定工伤,那么在侵权损害赔偿中可能因用人单位无过错,工伤职工近亲属主张的人身损害赔偿请求将得不到支持。工伤中的医疗费用要求到"签订协议"的医疗机构就医,在情况紧急时才可以到就近的医疗机构治疗;根据相关部门规定的工伤保险诊疗项目目录、药品目录、住院服务标准来确定,而民事侵权损害赔偿中对受害人诊疗项目、药品及住院服务等没有限制。

申请期限的起算时间为工伤事故发生之日或者被诊断、鉴定为职业病之日。其中工伤事故发生之日是指伤害结果发生或者发现之日。一般情况下,工伤事故发生时,伤害结果也随之发生,工伤事故与伤害结果是同时发生的,此种情形下工伤事故发生之日与伤害结果发生之日是一致的。但实践中也存在工伤事故发生后,伤害后果尚未发生,伤害结果未立即显现或者工伤职工对隐性伤害认识不足,后知后觉,这种情形下,工伤认定申请主体无法预知是否会产生伤害后果,会产生什么样的伤害后果,也无法预知伤害后果会引发什么样的损失,当然也就无从提出工伤认定申请。职工所受伤害在事故发生时未发现但能够证明是由事故所造成的，自伤害确诊之日起未超过法定申请期限的，社会保险行政部门不得以从事故发生之日算起已经超过法定期限为由不予受理。

职工住院治疗期间是否能视为不属于自身原因所耽误的时间，不计算在法定申请期限内在实践中争议较大，一般来说工伤职工或者其近亲属具有申报条件的，应积极申请工伤认定，若确因职工住院，无近亲属，客观上不具备申请工伤认定的条件，职工住院期间应当扣除。

相关案例

江西省高级人民法院行政裁定书，(2016)赣行申144号。

广东省清远市中级人民法院行政判决书，(2020)粤18行终313号。

相关法条

《工伤保险条例》第十七条。

《最高人民法院关于审理工伤保险行政案件若干问题的规定》(法释〔2014〕9号)第七条。

《工伤认定办法》第四条、第五条。

《人力资源社会保障部关于执行〈工伤保险条例〉若干问题的意见(二)》(人社部发〔2016〕29号)第八条。

七十三、职工因工受伤后就其人身损害赔偿问题提起民事诉讼所花费的时间，工伤认定申请期限是否予以扣除

《最高人民法院关于审理人身损害赔偿案件适用法律若干问题的解释》第三条第一款规定："依法应当参加工伤保险统筹的用人单位的劳动者，因工伤事故遭受人身损害，劳动者或其近亲属向人民法院起诉请求用人单位承担赔偿责任的，告知其按《工伤保险条例》的规定处理。"实践中，有的职工因为不懂法律，发生工伤事故后先向法院提起民事诉讼要求用人单位进行人身损害赔偿，往往在被法院驳回后才知道应该按照工伤程序申请工伤认定。同时，该条第二款规定："因用人单位以外的第三人侵权造成劳动者人身损害，赔偿权利人请求第三人承担民事赔偿责任的，人民法院应予支持。"根据上述规定，因用人单位以外的第三人侵权造成职工人身损害，构成工伤的，该职工既是工伤事故中的受伤职工，又是侵权行为的受害人，其有权同时获得工伤保险赔偿和人身损害赔偿。用人单位和侵权人均应当依法承担各自所负赔偿责任，即使该职工已经从其中一方先行获得赔偿，亦不能免除或者减轻另一方的赔偿责任。实践中，有的职工发生工伤事故后先向法院提起民事诉讼要求第三人进行人身损害赔偿。职工先向法院提起要求用人单位或第三人进行人身损害赔偿的民事诉讼，会在一定程度上耽误职工的申请工伤认定的期限，这个期限是否扣除，在实践中争议颇大，甚至在不同法院的裁判中也有不同的认识。

认定争议

在司法实践中，有审判机关认为，根据《最高人民法院关于审理工伤保险行政案件若干问题的规定》（法释〔2014〕9号）第七条第二款第五项规定，当事人对是否存在劳动关系申请仲裁、提起民事诉讼的，可认定为不属于职工或者其近亲属自身原因超过工伤认定申请期限，被耽误的时间不计算在工伤认定申请期限内。但

是职工提起的人身损害赔偿诉讼，并非对是否存在劳动关系而主张确认，不符合上述法律规定，诉讼期间应计算在工伤认定申请期限内，不能扣除。①

有审判机关认为，基于职工法律意识的局限性，职工受伤时对寻求工伤救济存在模糊认识，其受伤后积极通过民事诉讼的方式寻求救济维护自身权益表明其未在规定期限内申请工伤认定并非因其怠于行使权利。根据《最高人民法院关于审理工伤保险行政案件若干问题的规定》（法释〔2014〕9号）第七条规定，由于不属于职工或者其近亲属自身原因超过工伤认定申请期限的，被耽误的时间不计算在工伤认定申请期限内，职工寻求救济维护自身权益的期间不应计算在工伤认定申请期限内，应予以扣除。②

专业解答

工伤保险法律制度与政策，只有符合中国现实实际，适应中国国情，才能实现其“保障因工作遭受事故伤害或者患职业病的职工获得医疗救治和经济补偿，促进工伤预防和职业康复，分散用人单位的工伤风险”的立法目的。根据国家统计局2023年4月28日发布的《2022年农民工监测调查报告》显示，2022年中国农民工总量29562万人，③已成为我国产业工人的主体。以农民工为主体的产业工人，发生工伤事故后大多不知道按照工伤认定程序进行救济，他们首先想到的是通过民事途径获得救济，且普遍缺乏时效意识。工伤认定申请期限的扣除应当考虑职工实际所处知识、能力的弱势地位，充分保障其申请权利，只要职工能够提供证据证实其在法定期限内并未怠于行使自己的权利，一般情况下，均不应从程序上制约职工提出工伤认定的申请。最高人民法院认为，为确认劳动关系申请劳动仲裁或提起民事诉讼系工伤认定申请人通过法定程序确认工伤认定受理必备要件事实的过程，由此导致工伤认定申请超过法定期限的，其因此而耽误的期限应予以扣除。如《最高人民法院公报》2016年第1期刊载的邹某诉广东省佛山市禅城区劳动和社会保障局工伤认定案中，邓某某通过民事诉讼途径最终确认与其存在事实劳动关

① 参见连云港市中级人民法院行政判决书，(2019)苏07行终277号；四川省南充市中级人民法院行政判决书，(2019)川13行终39号；福建省漳州市中级人民法院行政判决书，(2020)闽06行终57号。

② 参见四川省广安市中级人民法院行政判决书，(2020)川16行终116号。

③ 《2022年农民工监测调查报告》，载国家统计局网2023年4月28日，https://www.stats.gov.cn/xxgk/sjfb/zxfb2020/202304/t20230428_1939125.html。

系的用人单位是宏达豪纺织公司后，再提起工伤认定申请，属于因存在不能归责于其本人的原因而导致其维护合法权益的时间被拖长，社会保险行政部门应受理其申请并作出是工伤的认定决定。同理，职工因工受伤后就其人身损害赔偿问题先提起民事诉讼所耽误的期限亦属于《最高人民法院关于审理工伤保险行政案件若干问题的规定》(法释〔2014〕9 号)第七条规定的不属于职工或者其近亲属自身原因超过工伤认定申请期限的，被耽误的时间不计算在工伤认定申请期限内的规定，应予以扣除。

相关案例

山东省高级人民法院行政判决书，(2019)鲁行终 2348 号。

黑龙江省哈尔滨市中级人民法院行政判决书，(2020)黑 01 行终 455 号。

相关法条

《工伤保险条例》第十七条。

《最高人民法院关于审理工伤保险行政案件若干问题的规定》(法释〔2014〕9 号)第七条。

七十四、职工或近亲属因错误理解工伤认定被申请人、工伤受理机构，由此所耽误的时间是否予以扣除

现实中，有些工伤保险责任主体并不明朗，特别是在存在违法发包、转包、分包、挂靠关系中，部分职工可能仅知道包工头姓名，至于发包人或被挂靠单位是谁则不清楚。职工可能先以包工头等他的直接雇佣人作为被申请人申请工伤认定，在社会保险行政部门不予受理或经过诉讼程序后才弄清适格的工伤认定被申请人，继而再提起工伤认定申请时可能大大超期。也可能因区划调整或自身认识局限性而导致受伤职工或者近亲属向错误的社会保险行政部门提起工伤认定申请，在社会保险行政部门不予受理或经过诉讼程序后才搞清楚正确的工伤认定受理机构，继而再提起工伤认定申请时可能大大超期。职工或近亲属因错误地理解工伤认定被申请人、工伤受理机构所耽误的时间是否予以扣除在实践中也引起不少争议。

认定争议

在司法实践中，有审判机关认为，在工伤认定申请期限审查的尺度上不能过于苛责职工或其近亲属。职工或其近亲属就同一起工伤事故以不同用人单位，向不同社会保险行政部门提起工伤认定，表明其一直在积极主张权利，虽由于自身客观能力不足导致其以错误的被申请人或者向错误的社会保险行政部门申请工伤认定而耽误期限，但此类情形可归于不属于职工或者其近亲属自身原因超过工伤认定申请期限，被耽误的时间不计算在工伤认定申请期限内。[①]

有审判机关认为，法律法规的规定是客观存在的，一经公布即推定所有人知晓，不知晓不能构成法律上免责事由。职工或其近亲属主观认识错误属于职工或

---

① 参见河南省漯河市中级人民法院行政判决书，(2021)豫11行终15号。

近亲属自身原因造成的，其因主观认识错误以错误用人单位，向错误的社会保险行政部门提起工伤认定而耽误期限的，属于因职工或者其近亲属自身原因超过工伤认定申请期限，被耽误的时间不应予以扣除。[①]

专业解答

职工或其近亲属认识错误的原因有两种：一种是客观原因导致认识错误，另一种是主观原因导致认识错误。判断职工或其近亲属超过申请期限的缘由是否应当扣除应考虑其认识错误是因何而起。如果确实是客观原因导致的认识错误，如在机构合并、区划调整等情形下，普通人可能并不了解此类改革的具体事宜；职工对违法转包、分包、挂靠等发包单位、挂靠单位确实不清楚；因用工主体、工作地点的复杂性，职工或其近亲属不能准确识别用人单位，对于此类因客观原因导致认识错误而耽误期限的应当予以扣除。如果是主观原因导致的认识错误则不应扣除。一般来说，法律、法规、规章、全国范围内均适用的规范性文件、司法解释等一经公布即推定当事人知晓，对此类文件当事人以不知晓为由抗辩不能免责。例如，《人力资源社会保障部关于执行〈工伤保险条例〉若干问题的意见》（二）（人社部发〔2016〕29 号）第七条规定得非常明确，未参加工伤保险的职工，应当在生产经营地进行工伤认定、劳动能力鉴定，并按照生产经营地的规定依法由用人单位支付工伤保险待遇。如果职工或其近亲属坚持在企业注册地申请工伤认定耽误期限，则属于主观原因导致的认识错误不应扣除期限。又如，职工明知挂靠单位的存在，但因觉得找雇佣者承担责任更方便而以雇佣人为被申请人申请工伤认定，未成后转而又以挂靠单位作为被申请人申请工伤认定，其以雇佣者为被申请人申请工伤认定耽误的期限也不应扣除。

相关案例

浙江省绍兴市中级人民法院行政判决书，（2020）浙 06 行终 216 号。

陕西省榆林市中级人民法院行政判决书，（2021）陕 08 行终 8 号。

---

① 参见陕西省铜川市耀州区人民法院行政判决书，（2020）陕 0204 行初 5 号。

相关法条

《工伤保险条例》第十七条。

《最高人民法院关于审理工伤保险行政案件若干问题的规定》(法释〔2014〕9号)第七条。

七十五、用人单位与职工协商耽误的时间是否计算在工伤认定申请期限内

工伤事故发生后,有的用人单位与职工积极协商治疗和赔偿事宜,有的用人单位恶意欺骗受伤职工或者其近亲属以协商为由故意拖时间,甚至有的用人单位协商后又不执行协议造成职工或者其近亲属申请工伤认定超期。对于因与用人单位协商而超过工伤认定申请期限的,协商期间能否扣除,在实践中存在争议。

认定争议

在司法实践中,有审判机关认为,根据《工伤保险条例》第十七条的规定,职工发生事故伤害或者按照职业病防治法规定被诊断、鉴定为职业病后,所在单位应当首先向统筹地区社会保险行政部门提出工伤认定申请。用人单位未提出工伤认定申请的,工伤职工或者其近亲属才可以申请。如果有证据证明职工受伤后与用人单位就治疗和赔偿事宜进行协商,公司甚至通过支付必要的医疗费用和一定的工伤待遇显示其在积极处理职工受伤事宜,职工有理由相信用人单位会积极申请工伤认定或妥善处理工伤事宜的,职工未在 1 年内申请认定工伤,应当认定为属于用人单位原因耽误的期限,因此耽误的期限应当扣除。[①]

有审判机关认为,职工发生事故伤害或者按照职业病防治法规定被诊断、鉴定为职业病后,其所在单位一般均会就赔偿事宜先与职工或其近亲属协商,协商客观上并不能阻碍其到社会保险行政部门申请工伤,认定也不存在属于用人单位原因扣除法定申请期限的事由。用人单位与职工协商耽误的时间不能从工伤认定申请期限内扣除。[②]

---

① 参见辽宁省沈阳市中级人民法院行政判决书,(2016)辽 01 行终 51 号。

② 参见江西省南昌市中级人民法院行政判决书,(2015)赣 01 行终字第 33 号。

专业解答

职工发生事故伤害或者按照职业病防治法规定被诊断、鉴定为职业病，如果用人单位为职工缴纳了工伤保险费用，用人单位一般会积极地申报工伤认定，因为认定工伤后的工伤保险待遇主要是工伤保险基金承担。用人单位与职工协商多是用人单位没有为职工缴纳工伤保险费的情形。考虑不少职工法律意识淡薄、期限意识淡薄，有的职工甚至碍于伤情恢复后还要继续在用人单位工作的问题不敢主张自己的权利，用人单位与职工相比明显处于强势地位，为避免用人单位有意欺骗受伤职工或其近亲属，有证据证明的用人单位与职工协商耽误的时间应予以扣除，不应计算在工伤认定申请期限内。

相关案例

山东省青岛市中级人民法院行政判决书，(2019)鲁 02 行终 475 号。

上海市第二中级人民法院行政判决书，(2010)沪二中行终字第 111 号。

相关法条

《工伤保险条例》第十七条。

《最高人民法院关于审理工伤保险行政案件若干问题的规定》(法释〔2014〕9 号)第七条。

七十六、职工受伤后治疗期间、康复性休养期间身体行动不便能否在工伤认定申请期限内扣除

《工伤保险条例》第十七条规定，工伤职工或者其近亲属在事故伤害发生之日或者被诊断、鉴定为职业病之日起 1 年内，可以直接向用人单位所在地统筹地区社会保险行政部门提出工伤认定申请。实践中，职工因工受伤往往需要在医院住院治疗，出院后可能也需要一段时间的康复期，职工受伤后治疗期间、康复性休养期间身体行动不便能否在工伤认定申请期限内扣除在实践中具有争议。

认定争议

在司法实践中，有审判机关认为，职工受伤后如果医院严格要求持续康复性休养，不能行走，不能活动，或者因为受伤造成了较为严重的损害，比如下肢瘫痪或是全身瘫痪等，受伤职工客观上因为身体原因耽误不能及时申请工伤认定期间，符合《最高人民法院关于审理工伤保险行政案件若干问题的规定》（法释〔2014〕9 号）第七条第二款第二项人身自由受到限制的情形。受伤职工因治疗和休养，客观上身体自由受到限制，治疗和休养的期间依法不应计算在工伤认定申请期限内。①

有审判机关认为，根据《工伤保险条例》第十七条第二款的规定，用人单位未提出工伤认定申请的，工伤职工或者其近亲属、工会组织在事故发生之日或者被诊断、鉴定为职业病之日起 1 年内，可以直接向用人单位所在地统筹地区社会保险行政部门提出工伤认定申请。《最高人民法院关于审理工伤保险行政案件若干问题的规定》（法释〔2014〕9 号）第七条第二款第二项规定情形中的“人身自由受到限制”必须是受到具有限制人身自由权力的法定机关的限制，而非受伤职工身体行动不便。即使职工本人身体行动不便，其近亲属也可以代其申请工伤认定，职工受伤

---

① 参见河南省三门峡中级人民法院行政判决书，（2014）三行终字第 4 号。

后治疗期间、康复性休养期间身体行动不便不能在工伤认定申请期限内扣除。[①]

专业解答

根据《人力资源社会保障部关于执行〈工伤保险条例〉若干问题的意见(二)》(人社部发〔2016〕29号)第八条第二项的规定,职工由于被国家机关依法采取强制措施等人身自由受到限制不能申请工伤认定被延误的时间不计算在工伤认定申请时限内,可见职工受伤后治疗期间、康复性休养期间身体行动不便不属于人身自由受限制的情形,限制人身自由一般是指采用拘留、禁闭或者其他强制手段,剥夺或者限制他人按照自己意志支配自己身体活动的自由的行为。职工受伤后治疗期间、康复性休养期间身体行动不便从法律性质上来说不属于受他人强制而人身自由受限制的情形,在法律适用上不能适用人身自由受限制的条款。

根据《人力资源社会保障部关于执行〈工伤保险条例〉若干问题的意见(二)》(人社部发〔2016〕29号)第八条第五项的规定,因其他符合法律法规规定的情形而被延误的时间不计算在工伤认定申请时限内。职工受伤后治疗期间、康复性休养期间身体行动不便,如遭受意外伤害丧失行为能力,长期成植物人状态,无法找到近亲属或近亲属也无力为其申请工伤认定的,职工受伤后治疗期间、康复性休养期间身体行动不便的期限应当在工伤认定期限中扣除。如果职工近亲属有能力为其申请工伤认定,或职工出院后虽需要康复,但具有申请工伤认定的行为能力的,为方便社会保险行政部门调查,早日稳定工伤法律关系,保护职工合法权益,职工或其近亲属应在1年内申请工伤认定,职工受伤后治疗期间、康复性休养期间不能从工伤认定期限中扣除。

相关案例

广东省东莞市中级人民法院行政判决书,(2019)粤19行终529号。

陕西省榆林市中级人民法院行政判决书,(2021)陕08行终8号。

---

① 参见新疆维吾尔自治区巴音郭楞蒙古自治州人民法院行政判决书,(2016)新28行终6号。

相关法条

《工伤保险条例》第十七条。

《最高人民法院关于审理工伤保险行政案件若干问题的规定》(法释〔2014〕9号)第七条。

七十七、道路交通事故认定时间是否计算在工伤认定期限内

根据《道路交通事故处理程序规定》(公安部令第146号)第六十二条、第六十六条的规定,公安机关交通管理部门应当自现场调查之日起10日内制作道路交通事故认定书。交通肇事逃逸案件在查获交通肇事车辆和驾驶人后10日内制作道路交通事故认定书。对需要进行检验、鉴定的,应当在检验、鉴定结论确定之日起5日内制作道路交通事故认定书。逃逸交通事故尚未侦破,受害一方当事人要求出具道路交通事故认定书的,公安机关交通管理部门应当在接到当事人书面申请后10日内制作道路交通事故认定书,并送达受害一方当事人。道路交通事故认定书应当载明事故发生的时间、地点、受害人情况及调查得到的事实,有证据证明受害人有过错的,确定受害人的责任;无证据证明受害人有过错的,确定受害人无责任。道路交通事故认定书常常因需要调查、检验、鉴定、侦查而耽误较长的期限。道路交通事故认定时间是否计算在工伤认定期限内往往产生较大争议。

认定争议

在司法实践中,有审判机关认为,《最高人民法院关于审理工伤保险行政案件若干问题的规定》(法释〔2014〕9号)第七条规定,由于不属于职工或者其近亲属自身原因超过工伤认定申请期限的,被耽误的时间不计算在工伤认定申请期限内。并规定了因不可抗力、人身自由受到限制、属于用人单位原因、社会保险行政部门登记制度不完善、当事人对是否存在劳动关系申请仲裁、提起民事诉讼五种情形之一耽误申请时间的,应当认定为不属于职工或者其近亲属自身原因。该条款已对“不属于职工或者其近亲属自身原因”的情形进行了完全列举,其中并不包括交通事故认定。故交警部门作出事故责任认定的时间,并非法定的“被耽误的时间”。同时根据《工伤保险条例》第十八条的规定,提出工伤认定申请应当提交的材料是工伤认定申请表、与用人单位存在劳动关系(包括事实劳动关系)的证明材料及医疗诊断证明或者职业病诊断证明书(或者职业病诊断鉴定书),交通警察部门作出

的事故责任认定并非工伤职工或者其亲属申请工伤认定时必须提交的法定材料，且依据《工伤认定办法》第二十条的规定，社会保险行政部门受理工伤认定申请后，作出工伤认定决定需要以司法机关或者有关行政主管部门的结论为依据的，在司法机关或者有关行政主管部门尚未作出结论期间，作出工伤认定决定的时限中止，并书面通知申请人。事故责任认定书关于事故责任的认定，只影响能否认定为工伤，并不影响工伤申请的提出。故根据上述规定，交通事故认定的时间并不影响申请人在规定期限内提出工伤认定申请，道路交通事故责任认定的时间不属于可在工伤认定申请期限中扣除的情形。①

有审判机关认为，道路交通事故认定时间不应计算在工伤认定期限内。理由是，职工在上下班途中，受到非本人主要责任的交通事故或者城市轨道交通、客运轮渡、火车事故伤害的才能认定为工伤，"本人主要责任的交通事故"排除在认定工伤的范围之外，职工构成"本人主要责任的交通事故"的不符合工伤认定申请的受理条件，故实践中，用人单位、职工及其近亲属往往需待职工是否构成"本人非主要责任的交通事故"的认定尘埃落定后再决定是否申请工伤认定。"本人非主要责任的交通事故"的认定与"当事人对是否存在劳动关系申请仲裁、提起民事诉讼"情形类似，均属于对工伤认定是否符合受理条件的判定，应当属于可予以扣除工伤认定申请期限的情形。②

专业解答

原国务院法制办公室在《关于发生道路交通事故认定工伤申请期限如何确认问题的请示的复函》（国法秘函〔2006〕205 号）中认为，根据《工伤保险条例》第十七条第二款的规定，工伤职工或者其直系亲属、工会组织提出工伤认定申请的期限为 1 年。即工伤职工或者其直系亲属应在事故伤害发生之日起 1 年内向用人单位所在地统筹地区社会保险行政部门提出工伤认定申请。因为该函和《最高人民法院关于审理工伤保险行政案件若干问题的规定》（法释〔2014〕9 号）第七条和《人力资源社会保障部关于执行〈工伤保险条例〉若干问题的意见（二）》（人社部发

① 参见江苏省泰州市中级人民法院行政判决书，（2015）泰中行终字第 00100 号；浙江省宁波市鄞州区人民法院行政判决书，（2017）浙 0212 行初 194 号。

② 参见甘肃省张掖市中级人民法院行政判决书，（2020）甘 07 行终 35 号。

〔2016〕29号)第八条确实未列举道路交通事故认定时间属于可扣除期限,故在实践中,社会保险行政部门和法院一般都没有支持当事人要求扣除道路交通事故认定期限的诉求。但是笔者认为,根据《最高人民法院关于审理工伤保险行政案件若干问题的规定》(法释〔2014〕9号)第七条和《人力资源社会保障部关于执行〈工伤保险条例〉若干问题的意见(二)》(人社部发〔2016〕29号)第八条规定来看,不属于职工或者其近亲属自身原因应当是可以扣除申请期限的关键,如果有证据证明确实存在不能归责于职工本人或者其近亲属的正当事由,而非职工本人或者其近亲属怠于行使权利,因正当事由耽误的期限应当扣除。一方面,交通事故责任划分需要公安交通部门出具交通事故责任认定书,其调查、检验、鉴定等程序往往耗时较长,且多个省市均要求因"本人非主要责任的交通事故",申请工伤认定时应提交公安机关交通管理部门制作的道路交通事故认定书(如河南省),没有道路交通事故认定书不予受理工伤认定申请,如果道路交通事故认定时间不在工伤认定期限中扣除,显然限制了受伤职工的申请期限利益。另一方面,即使职工或者其近亲属在没有得到道路交通事故认定书的情况下去申请了工伤认定,社会保险行政部门受理了申请,社会保险行政部门最终要作出工伤认定决定可能还是需中止等待公安机关交通管理部门制作的道路交通事故认定书,即不管是在申请前等待道路交通事故认定书还是在申请后由社会保险行政部门中止工伤认定程序等待道路交通事故认定书,最终的工伤认定决定始终是要等待道路交通事故认定书的结论,倒不如将这种期限利益给到申请人,实现工伤保险制度保障工伤职工权利救济的立法目的。

相关案例

天津市第三中级人民法院行政判决书,(2020)津03行终182号。

江苏省泰州市中级人民法院行政判决书,(2016)苏12行终81号。

相关法条

《工伤保险条例》第十七条。

《最高人民法院关于审理工伤保险行政案件若干问题的规定》(法释〔2014〕9号)第七条。

《人力资源社会保障部关于执行〈工伤保险条例〉若干问题的意见(二)》(人社部发〔2016〕29 号)第八条。

七十八、因工外出期间发生事故下落不明的工伤认定起算时间点

《工伤保险条例》第十四条第五项规定，因工外出期间，由于工作原因发生事故下落不明的应当认定为工伤。《民法典》第四十条规定："自然人下落不明满二年的，利害关系人可以向人民法院申请宣告该自然人为失踪人。"第四十六条规定："自然人有下列情形之一的，利害关系人可以向人民法院申请宣告该自然人死亡：（一）下落不明满四年；（二）因意外事件，下落不明满二年。因意外事件下落不明，经有关机关证明该自然人不可能生存的，申请宣告死亡不受二年时间的限制。"职工因工外出期间发生事故下落不明，用人单位和职工家属往往会先穷尽一切办法寻找下落不明的职工，进而按照《民法典》第四十条、第四十六条的规定申请宣告下落不明的职工为失踪人，直至最后宣告死亡。甚至在职工宣告死亡后，又有更确凿的证据证明职工确实是死亡了。职工因工外出期间发生事故下落不明申请工伤认定的时间节点有如下几个：一是工伤认定申请期限自该职工下落不明之日开始起算；二是工伤认定申请期限自该职工被宣告失踪之日开始起算；三是工伤认定申请期限自该职工被宣告死亡之日开始起算；四是工伤认定申请期限自该职工被实际确认死亡之日开始起算。因工外出期间发生事故下落不明以上述节点中的哪一个时间节点开始计算工伤认定起算时间，《工伤保险条例》没有明确规定。实践中，主要争议集中在职工下落不明之日开始起算还是被宣告死亡之日开始起算。

认定争议

在司法实践中，有审判机关认为，立法设置宣告失踪或宣告死亡制度均是对过去已经发生事实的追认，其法律效果应该追溯到事故发生之当日。如果立法要求在职工下落不明情形下，其直系亲属必须经过宣告失踪或者宣告死亡制度来确认事故确已发生的事实，那么需要经历至少 2 年至 4 年，或者更久的时间才能获取相关的法律救济，这明显不利于受伤职工近亲属及时获取权益保护，也与《工伤保险

条例》第三十九条的立法精神相违背，故工伤申请应该自下落不明之日开始起算。[①]

有审判机关认为，从法律意义上看，宣告死亡判决的作用是解决因职工长期下落不明而产生的民事权利义务的不确定状态，保护其近亲属和其他利害关系人的合法权益，维护正常的社会生活秩序。申请工伤认定是失踪职工近亲属主张民事权利的一种方式和途径，而且职工伤亡是申请工伤认定的基础事实，因此死亡宣告之日应为工伤认定申请时间的起算点，没有宣告死亡，职工是因工死亡的事实也不确定，故职工因工外出期间发生事故下落不明申请工伤认定的起算时间从宣告死亡之日开始起算。[②]

专业解答

因工外出期间发生事故下落不明有上文中叙述的多个申请工伤认定的起算时间节点，站在不同的立场可能会有不同的主张，职工近亲属可能会认为法院宣告死亡的判决只是工伤职工待遇确定为工亡待遇的依据，并非工伤认定申请的前提，宣告死亡之日亦不是工伤认定申请的起算时间。宣告死亡只是一种拟制死亡，推定死亡，事实上该下落不明职工的生命不一定终结。如果下落不明职工被宣告死亡后确有证据证明已经死亡，工伤认定应以下落不明职工实际死亡身份确认的时间作为申请工伤认定的起算点。因为该起算点的计算对死亡职工近亲属最为有利。社会保险行政部门或用人单位可能会主张自职工下落不明之日开始起算，因为该起算点的计算对用人单位和工伤保险基金最为有利。

笔者认为，《工伤保险条例》的立法宗旨在于保障职工因工作原因遭受人身伤害时获得充分的救济权和经济补偿权，职工人身伤害确已发生是工伤申请的必备要素。职工因意外事故下落不明，可以确定意外事故已经发生，但并不意味着事故伤害结果已经发生，职工身体是否受到伤害仍处于模棱两可的境地。职工因工外出下落不明达法定期限，经利害关系人申请，由人民法院宣告其死亡，宣告死亡是人民法院以判决的方式推定职工死亡。民法典设立宣告死亡制度，意在结束下落

---

① 参见内蒙古自治区高级人民法院行政裁定书，(2020)内行申 113 号；内蒙古自治区锡林郭勒盟中级人民法院行政判决书，(2020)内 25 行终 2 号。

② 参见湖北省武汉铁路运输中级法院行政判决书，(2019)鄂 71 行终 62 号。

不明的职工与他人之间的人身关系和财产关系的不稳定状况，稳定社会经济生活。被宣告死亡的职工与他人之间现存的各种民事法律关系，在法律没有特别规定时，归于消灭。虽然立法设置宣告失踪和宣告死亡制度对这种不确定自然事实状态进行法律确定，但宣告失踪旨在确认失踪人的财产关系，并未结束人身关系的不确定状态，唯有宣告死亡同时结束财产关系和人身关系的不确定性。从这个意义上讲，职工被宣告死亡会产生与生理死亡同样的法律后果。因此，职工下落不明时申请工伤应该以法院宣告死亡为必备前提，因工外出期间发生事故下落不明的工伤职工的工伤认定起算时间点应从宣告死亡判决作出之日起算。

笔者亦不赞同下落不明职工被宣告死亡后确有证据证明已经死亡，工伤认定应以下落不明职工实际死亡确认的时间作为申请工伤认定的起算点，因为该起算点的计算虽然最有利于下落不明职工近亲属，但这将会使工伤保险和工伤保险待遇支付法律关系长期处于一种权利义务不明的状态，同时也可能在其他案件中成为社会保险行政部门不受理职工近亲属工伤认定申请的理由，反而不利于大多数职工近亲属的权益保障。

相关案例

内蒙古自治区锡林郭勒盟中级人民法院行政判决书，(2020)内25行终2号。

重庆市第五中级人民法院行政判决书，(2020)渝05行终209号。

相关法条

《民法典》第四十条、第四十六条。

《工伤保险条例》第十四条第五项、第十七条。

七十九、职工或其近亲属到社会保险行政部门咨询、申请后自行补正申请材料而耽误的工伤认定申请期限是否应当扣除

职工发生工伤事故后,经常发生职工或其近亲属到社会保险行政部门申请、咨询工伤认定相关事宜的情形,有的职工或其近亲属将咨询也理解为一种申请,有的职工或其近亲属经现场工作人员释明后将自己的工伤认定申请书收回并重新准备申请材料。如此种种情形可能导致工伤认定申请超期。如果职工或其近亲属正式向社会保险行政部门提交工伤认定申请,因工伤认定申请人提供材料不完整的,社会保险行政部门告知工伤认定申请人需要补正的材料,该补正期限不计入工伤认定申请期限在实践中并无多大争议。争议较大的是职工或其近亲属到社会保险行政部门咨询,或者有意申请工伤认定,但经工作人员解释后认为自己资料不齐需回去补充而收回工伤认定申请导致超期的能否扣除。

认定争议

在司法实践中,有审判机关认为,《工伤保险条例》第十八条规定:“提出工伤认定申请应当提交下列材料:(一)工伤认定申请表;(二)与用人单位存在劳动关系(包括事实劳动关系)的证明材料;(三)医疗诊断证明或者职业病诊断证明书(或者职业病诊断鉴定书)。工伤认定申请表应当包括事故发生的时间、地点、原因以及职工伤害程度等基本情况。工伤认定申请人提供材料不完整的,社会保险行政部门应当一次性书面告知工伤认定申请人需要补正的全部材料。申请人按照书面告知要求补正材料后,社会保险行政部门应当受理。”依据这一规定,工伤认定申请之日只能以职工或其近亲属正式提交工伤认定申请书到社会保险行政部门为准,社会保险行政部门收到资料后清点、核实,资料不齐的通知补正。职工或其近亲属到社会保险行政部门咨询,或者有意申请工伤认定,但经工作人员解释后认为自己资料不齐需回去补充而收回工伤认定申请属于没有正式向社会保险行政部门

提交申请的情形，由此耽误的期限属于因自身原因导致超期，不属于法定扣除期限事由，不应扣除。①

有审判机关认为，职工或其近亲属到社会保险行政部门咨询，或者有意申请工伤认定，但经工作人员解释后认为自己资料不齐需回去补充而收回工伤认定申请耽误的期限应当扣除。因为职工或其近亲属的上述行为表明其具有申请工伤认定的意愿，并且也以实际行动积极行使权利，只是因为法律意识欠缺导致申请超期不属于因自身原因导致超期，应当扣除。②

专业解答

发生工伤事故后，职工或其近亲属到社会保险行政部门咨询、申请，因种种原因社会保险行政部门没有登记职工或其近亲属的工伤认定申请导致职工或其近亲属再申请时超期的情形非常复杂。一种情形是，职工或其近亲属到社会保险行政部门进行纯粹的咨询，了解工伤认定的政策和需要提交的相关材料，当时并无立即申请工伤认定的意愿。此种情形下不能认定职工或其近亲属当时的咨询行为是一种申请，由此耽误的期限属于职工或其近亲属自身原因引起，不应扣除。另一种情形是，职工或其近亲属当时有立即申请工伤认定的意愿，但经社会保险行政部门工作人员解释后认为自己申请材料不齐需重新回去补充材料，从而收回自己的工伤认定申请。此种情形下是否扣除应作区分处理，如果是社会保险行政部门违反《工伤保险条例》及相关司法解释规定要求补正申请材料而耽误工伤认定申请的，耽误的时间应当扣除。比如，《最高人民法院关于审理工伤保险行政案件若干问题的规定》（法释〔2014〕9号）第三条规定，违法转分包、挂靠情形下的工伤认定无需提供劳动关系证明，而社会保险行政部门进行错误告知、释明，要求提供劳动关系证明，该种情形属于非工伤职工或其近亲属自身原因耽误的申请期限，应当扣除。如果社会保险行政部门工作人员的解释释明工作符合法律、司法解释规定，并无不当，工伤职工或其近亲属自愿收回工伤认定申请的，由此耽误的期限属于职工或其近亲属自身原因引起，不应扣除。实践中，社会保险行政部门应当完善工伤保险登记申请制度，并尽到告知义务，避免因登记制度不完善、未尽到合理告知义

① 参见河南省郑州市中级人民法院行政判决书，(2018)豫01行终211号。

② 参见江苏省宿迁市中级人民法院行政判决书，(2016)苏13行终52号。

务引发行政争议。

相关案例

四川省成都市中级人民法院行政判决书，(2021)川 01 行终 597 号。

江苏省徐州市中级人民法院行政判决书，(2019)苏 03 行终 753 号。

相关法条

《工伤保险条例》第十七条、第十八条。

《最高人民法院关于审理工伤保险行政案件若干问题的规定》(法释〔2014〕9号)第三条、第七条。

八十、因医疗机构“漏诊”导致受伤职工再申请补充工伤认定超过申请期限，社会保险行政部门是否受理

工伤认定中，对受伤部位的认定，是凭医疗机构出具的受伤后诊断证明书或者职业病诊断证明书，它是专门机构的文书，医疗机构诊断证明书没有载明的，社会保险行政部门无权作出认定。实践中，漏诊在医院治疗过程中常有发生，如发生交通事故后到医院去救治，当日因未针对受伤部位进行 CT 等技术设备检查故未诊断出骨折等病情，但是病历中有胸部、腹部等相应部位疼痛的记录，时隔多日受伤职工因疼痛加剧再次就医，经 CT 等技术设备检查后诊断为骨折等，医院的就诊记录记载了发生工伤事故与病情的关联性。而《工伤保险条例》第十七条规定，职工发生事故伤害或者按照《职业病防治法》规定被诊断、鉴定为职业病，所在单位应当自事故伤害发生之日或者被诊断、鉴定为职业病之日起 30 日内，向统筹地区社会保险行政部门提出工伤认定申请。用人单位未按前款规定提出工伤认定申请的，工伤职工或者其近亲属、工会组织在事故伤害发生之日或者被诊断、鉴定为职业病之日起 1 年内，可以直接向用人单位所在地统筹地区社会保险行政部门提出工伤认定申请。受伤职工在此之前已经向社会保险行政部门针对工伤事故（职业病）伤害申请了工伤认定，因医疗机构“漏诊”导致受伤职工再申请补充工伤认定的时间距事故发生之日可能已经超过 1 年的期限，社会保险行政部门对职工的补充工伤认定申请是否受理在实践中有一定争议。

认定争议

在司法实践中，有审判机关认为，因医疗机构“漏诊”导致受伤职工在申请补充工伤认定超过申请期限，社会保险行政部门不应受理。理由：其一，工伤认定申请期限的起算，应严格以《工伤保险条例》第十七条规定为准。对事故伤害知晓时间，应以“事故伤害发生之日”起算，而非“知道或应当知道事故伤害发生之日”，

“事故伤害发生之日”是一个客观时间点，不以人的意志为转移。其二，医疗机构“漏诊”行为不属于《最高人民法院关于审理工伤保险行政案件若干问题的规定》（法释〔2014〕9 号）第七条和《人力资源社会保障部关于执行〈工伤保险条例〉若干问题的意见（二）》（人社部发〔2016〕29 号）第八条列举的可以扣除申请期限的情形。其三，因医疗机构“漏诊”导致受伤职工申请补充工伤认定超过申请期限，无法得到工伤救济的，可以通过民事救济渠道向医院或用人单位主张权利。[①]

有审判机关认为，因医疗机构“漏诊”导致受伤职工申请补充工伤认定超过申请期限，社会保险行政部门应当受理。理由是，其一，若以医疗机构“漏诊”导致受伤职工申请工伤超期为由，将受伤职工申请工伤的权利拒之“门”外，那么可能会导致“漏诊”的受伤部位无法被认定为工伤。其二，即使因医疗机构“漏诊”导致受伤职工申请补充工伤认定超过申请期限，无法得到工伤救济的，可以通过民事救济渠道向医院或用人单位主张权利。也可能因为社会保险行政部门不受理职工因“漏诊”行为导致的补充工伤认定申请，职工无法证明“漏诊”行为与享受工伤保险待遇之间是否具有因果关系以及工伤保险待遇的具体标准而导致受伤职工在民事诉讼中举证不能而败诉，职工难以通过向医疗机构或用人单位要求赔偿的途径获取工伤保险待遇。[②]

专业解答

非因受伤职工过错的医疗机构“漏诊”，导致受伤职工在申请补充工伤认定之时超过事故伤害发生之日或者被诊断、鉴定为职业病之日起 1 年的，但是未超过受伤职工知晓“漏诊”诊断结果之日起 1 年的，社会保险行政部门可以追加“漏诊”所涉及部位的工伤认定。社会保险行政部门应对“漏诊”中所涉伤害部位的情况与工伤事故（职业病）伤害是否具有关联性进行审查和认定。理由如下：其一，因医疗机构导致的“漏诊”，并非受伤职工主观意愿或人为因素导致的，属于受伤职工本人不能预见、不能避免且不能克服的客观情况，受伤职工对此“漏诊”的行为无过错。医疗机构导致的“漏诊”行为，属于受伤职工针对“漏诊”伤害部位申请工伤认定的障碍。因受伤职工在此之前已经向社会保险行政部门针对工伤事故（职业

① 参见山东省青岛市中级人民法院行政判决书，（2019）鲁 02 行终 275 号。

② 参见湖北省宜昌市中级人民法院行政判决书，（2016）鄂 05 行终 65 号。

病)伤害申请了工伤认定,因此,针对“漏诊”伤害部位的工伤认定申请时限应从受伤职工知晓“漏诊”诊断结果之日起算。其二,在全国也有部分省市出台文件支持对“漏诊”部位的工伤认定申请。例如,青岛市人力资源和社会保障局于 2021 年 11 月 18 日印发的《青岛市人力资源和社会保障局工伤认定工作规程》第三十条规定:“工伤认定机构已经作出工伤认定决定并出具《认定工伤决定书》,但工伤职工存在下列情形之一的,可以追加工伤部位的认定:(一)经初诊医疗机构确认漏诊的;(二)初诊住院治疗期间,医疗机构作出与工伤相关的新诊断的;(三)工伤认定申请时遗漏伤害部位,而病历中确有该部位伤害记载的。追加工伤部位认定,应当由申请人向工伤认定机构提出申请,填写《追加工伤部位认定申请表》,并提供医疗机构诊断证明材料。”该规范性文件中,对“初诊医疗机构漏诊”的情形予以了明确。《黔南州工伤认定业务规程》(试行)第二十九条、《达州市工伤认定工作规则》第二十四条等省市均对该类情形予以明确。可见,全国范围内,是存在当地社会保险行政部门认可并执行了对医疗机构“漏诊”伤害部位追加工伤认定情形的。

相关案例

山东省青岛市中级人民法院行政判决书,(2019)鲁 02 行终 620 号。

重庆市酉阳土家族苗族自治县人民法院行政判决书,(2020)渝 0242 行初 93 号。

相关法条

《工伤保险条例》第十七条。

《最高人民法院关于审理工伤保险行政案件若干问题的规定》(法释〔2014〕9 号)第七条。

《人力资源社会保障部关于执行〈工伤保险条例〉若干问题的意见(二)》(人社部发〔2016〕29 号)第八条。

八十一、职工自愿放弃社保，是否影响工伤认定及享受工伤待遇

社保是社会保险的简称，是指养老保险、医疗保险、生育保险、失业保险、工伤保险五个险种。按照《社会保险法》的规定，单位为职工缴纳的保险包括以上五险。而职工以个人身份缴纳的社会保险只有养老保险和医疗保险两种。在我国，用人单位和职工不按时足额缴纳社保费用一直是长期以来存在的问题，有的职工为了眼前利益，为每月多拿到一些到手的现金，会主动跟用人单位协商不交社保，要求把应该交社保的部分费用直接发给本人。一些用人单位认为，不缴纳社保也能在一定程度上减少成本，对职工的要求欣然接受。职工自愿不缴纳社保，意味着也不缴纳工伤保险，一旦发生工伤事故，无工伤保险基金兜底，关于工伤保险责任该谁来承担的问题就产生争议。

认定争议

用人单位通常会认为，其没有为职工缴纳工伤保险费系因职工本人请求造成，职工书面承诺了放弃参加社保，这是其对于自身权利的一种处理，通常职工的免责声明中也清楚写明所有后果由其本人承担，与用人单位无关，无须经过工伤认定程序，用人单位也无须按照工伤保险待遇赔偿。

职工或其近亲属通常会认为，工伤保险是法定社会保险，具有强制性，《工伤保险条例》第十条规定，用人单位应当按时缴纳工伤保险费，职工个人不缴纳工伤保险费。职工即使自愿不缴纳社会保险费，但用人单位依法为职工缴纳工伤保险费是法律的强制性规定，职工自愿不缴纳社会保险费的请求因违反法律的强制性规定而无效，用人单位不能以职工个人不愿意参保免责，其必须对职工在劳动工作中因工伤所产生的损失承担支付工伤保险的责任。用人单位没有依法为职工缴纳工伤保险费，其工伤待遇给付义务应当由用人单位承担。[①]

---

① 参见广西壮族自治区藤县人民法院民事判决书，(2016)桂0422民初1287号。

专业解答

《社会保险法》第三十三条规定，职工应当参加工伤保险，由用人单位缴纳工伤保险费，职工不缴纳工伤保险费。《工伤保险条例》第十条规定，用人单位应当按时缴纳工伤保险费，职工个人不缴纳工伤保险费。《工伤保险条例》第六十二条第二款规定，应当参加工伤保险而未参加工伤保险的用人单位职工发生工伤的，由该用人单位按照规定的工伤保险待遇项目和标准支付费用。用人单位参加工伤保险，为职工缴纳工伤保险费是法律、行政法规规定的强制性义务，是否参加工伤保险、缴纳工伤保险费不属于职工和用人单位可以自由协商处分的范围，也不是职工可以自由处分的权利。即使职工书面承诺放弃参加社保，也是违反法律规定的，这种书面承诺无效。职工自愿放弃社保不仅有损个人社会保险利益，给用人单位增加用工风险，也侵害了工伤保险基金的整体运行，侵害全体社会的整体利益，职工与用人单位这种不缴纳社保的约定违反了法律、行政法规强制性规定，属于无效约定。职工自愿放弃社保，不影响工伤认定及职工应当享受的工伤待遇。

相关案例

湖北省十堰市郧阳区人民法院行政判决书，(2020)鄂0304行初11号。

江苏省苏州市姑苏区人民法院行政判决书，(2020)苏0508行初380号。

相关法条

《社会保险法》第三十三条。

八十二、工伤认定申请人或者用人单位隐瞒有关情况或者提供虚假材料，社会保险行政部门该如何认定

工伤认定程序中时常遇到有的工伤认定申请人或用人单位隐瞒有关情况或提供虚假材料的情形。一种情形是，职工与用人单位合谋骗取工伤保险基金支付工伤保险待遇。如职工缴纳了工伤保险费，其在家受伤后与用人单位商定伪造在单位受伤的证据材料骗取工伤保险基金支付工伤保险待遇。另一种情形是，职工存在双重劳动关系，在 A 单位缴纳工伤保险费，在 B 单位未缴纳工伤保险费，职工在 B 单位因工受伤时，A 单位、B 单位与职工合谋伪造在 A 单位受伤的证据材料而骗取工伤保险基金支付工伤保险待遇。根据《人力资源社会保障部关于执行〈工伤保险条例〉若干问题的意见（二）》（人社部发〔2016〕29 号）第十条规定，因工伤认定申请人或者用人单位隐瞒有关情况或者提供虚假材料，导致工伤认定决定错误的，社会保险行政部门发现后，应当及时予以更正。对于上述两种情形，社会保险行政部门发现后，应当根据《社会保险法》第八十八条、《劳动保障监察条例》第二十七条第二款、《工伤保险条例》第六十条、《全国人民代表大会常务委员会关于〈中华人民共和国刑法〉第二百六十六条的解释》等规定及时予以更正并责令退还工伤保险基金，并处罚款，情节严重的还可以诈骗公私财物罪追究刑事责任。

但是对于工伤认定申请人或者用人单位隐瞒有关情况或者提供虚假材料申请工伤认定没有成功，转而以真实材料申请工伤认定，社会保险行政部门如何认定，在实践中具有一定争议。如在上面举的例子中，职工存在双重劳动关系，在 A 单位缴纳工伤保险费，在 B 单位未缴纳工伤保险费，职工在 B 单位因工受伤时，A 单位、B 单位与职工合谋伪造在 A 单位受伤的证据材料而骗取工伤保险基金支付工伤保险待遇，社会保险行政部门经调查后未确认，职工转而以 B 单位作为用工单位申请工伤认定，社会保险行政部门该如何处理。

认定争议

在司法实践中，有审判机关认为，社会保险行政部门对职工所受伤害是否为工伤的认定，是依据申请人提交的工伤认定材料以及依职权对工伤调查之后，依照法定程序作出的。申请人在前后两个不同的工伤认定程序中提交不同的工伤认定材料，对于材料不一致的部分，社会保险行政部门应当经过调查后作出符合客观事实的认定。不能仅仅以申请人提供的材料前后不一致，简单地在程序上不予受理或者不予认定，而忽视事实和受伤职工享受工伤保险待遇的权利。①

有审判机关认为，申请人在前后两个不同的工伤认定程序中提交不同的工伤认定材料，有违诚实信用原则、禁止反言原则，法律上不应当提倡这种行为，应给予一定惩罚。对工伤认定申请人或者用人单位隐瞒有关情况或者提供虚假材料，在前后两个不同的工伤认定程序中提交不同的工伤认定材料，社会保险行政部门在后一个工伤认定程序中可不予受理或不予认定。②

专业解答

首先，职工作为弱势群体，其因工受伤后的工伤保障权益属于基本权益，应该首先保障。其次，工伤待遇要么是用人单位支付，要么是工伤保险基金支付，工伤职工隐瞒有关情况或者提供虚假材料多是基于用人单位意志转移用人单位支付风险，因用人单位这种规避风险的行为导致职工受伤不能认定为工伤最终伤害职工的权益不合理。因此，申请人在前后两个不同的工伤认定程序中提交不同的工伤认定材料，对于材料不一致的部分，社会保险行政部门应当经过调查后作出符合客观事实的认定。对于申请人或者用人单位隐瞒有关情况或者提供虚假材料的情况，社会保险行政部门可以通过其他措施予以惩戒，不得以此限制受伤职工认定工伤并享受工伤保险待遇的权利。

---

① 参见甘肃省高级人民法院行政判决书，(2018)甘行终 161 号。

② 参见安徽省滁州市中级人民法院行政判决书，(2019)皖 11 行终 11 号。

相关案例

内蒙古自治区包头市中级人民法院行政判决书，(2019)内02行终163号。

河南省商丘市中级人民法院行政判决书，(2020)豫14行终162号。

相关法条

《工伤保险条例》第六十条。

《最高人民法院关于审理工伤保险行政案件若干问题的规定》(法释〔2014〕9号)第九条。

《人力资源社会保障部关于执行〈工伤保险条例〉若干问题的意见(二)》(人社部发〔2016〕29号)第十条。

八十三、达到、超过法定退休年龄的工伤职工，是否可获得一次性工伤医疗补助金和一次性伤残就业补助金

一次性工伤医疗补助金是工伤职工因工致残被鉴定为五级、六级伤残，经工伤职工本人提出，与用人单位解除或者终止劳动关系的，以及工伤职工因工致残被鉴定为七级至十级伤残，劳动合同期满终止或者职工本人提出解除劳动合同的，由工伤保险基金或用人单位一次性支付的医疗保障费用。一次性伤残就业补助金，是指工伤职工因工致残被鉴定为五级、六级伤残，经工伤职工本人提出，与用人单位解除或者终止劳动关系的，以及工伤职工因工致残被鉴定为七级至十级伤残，劳动合同期满终止，或者职工本人提出解除劳动合同的，由用人单位一次性支付的伤残就业补助金额。一次性工伤医疗补助金和一次性伤残就业补助金，是法律规定由用人单位或工伤保险基金向解除劳动关系的五级至十级工伤的职工一次性支付的费用，分别用于伤残后的医疗费用和对因工伤导致的就业能力损失的补偿。超龄职工因工伤亡的，并不必然排除《工伤保险条例》的适用，超龄职工因工伤亡被认定工伤后是否可获得一次性工伤医疗补助金和一次性伤残就业补助金在实践中争议很大。

认定争议

在司法实践中，有审判机关认为，首先，《工伤保险条例》第三十六条第二款、第三十七条第二项，均将一次性工伤医疗补助金和一次性伤残就业补助金这两种补助金放在一起进行阐述，就是基于劳动关系的解除或者终止可能对伤残职工再就业时造成的就业、医治困难而设立的。而达到法定退休年龄的工伤职工，是满足法定退休条件的，对其再就业的保障不属于《工伤保险条例》调整的范围，不应发放一次性伤残就业补助金。用人单位或工伤保险基金也不支付一次性工伤医疗补助金，达到法定退休年龄的工伤职工在退休后工伤复发，需要治疗的，可以按照《工

伤保险条例》第三十八条的规定，享受工伤待遇，工伤保险基金和用人单位可继续支付其治疗工伤产生的医疗费用，达到法定退休年龄的工伤职工无须通过一次性工伤医疗补助金的形式来保障其后续治疗。其次，《工伤保险条例》第三十六条第二款、第三十七条第二项规定，五级至十级工伤职工与用人单位的劳动、聘用合同期满终止，或者职工本人提出解除、终止劳动、聘用合同的，由工伤保险基金和用人单位支付一次性工伤医疗补助金和一次性伤残就业补助金。对此处"劳动、聘用合同期满终止，或者职工本人提出解除、终止劳动、聘用合同"的理解，应与《劳动合同法》第四十四条和《劳动合同法实施条例》第二十一条相结合，此处的"劳动、聘用合同期满终止，或者职工本人提出解除、终止劳动、聘用合同"是指职工与用人单位签订的劳动合同约定期限届满或职工主动提出解除、终止合同的情形，与达到法定退休年龄导致劳动合同法定终止是要作区分的。因此，超过法定退休年龄的工伤职工，不属于"劳动、聘用合同期满终止，或者职工本人提出解除劳动、聘用合同"的情形，不能再获得一次性工伤医疗补助金和一次性伤残就业补助金。按照此意见执行的省市有山东、重庆等地。例如，《山东省贯彻〈工伤保险条例〉实施办法》第二十五条第四款规定，工伤职工与用人单位解除或者终止劳动合同时，达到法定退休年龄或者按规定办理了退休手续的，不支付一次性工伤医疗补助金和一次性伤残就业补助金。又如，重庆市以渝府发〔2012〕22 号《重庆市人民政府关于印发重庆市工伤保险实施办法的通知》第三十六条对一次性工伤医疗补助金和伤残就业补助金计发标准进行了具体规定，明确了针对达到法定退休年龄的工伤职工是不计发一次性伤残就业补助金的。虽然渝府发〔2012〕22 号通知并未对达到法定退休年龄的工伤职工是否计发一次性工伤医疗补助金进行规定，但是在实际执行中不支付一次性工伤医疗补助金。①

有审判机关认为，《人力资源社会保障部关于执行〈工伤保险条例〉若干问题的意见（二）》（人社部发〔2016〕29 号）第二条第一款规定："达到或超过法定退休年龄，但未办理退休手续或者未依法享受城镇职工基本养老保险待遇，继续在原用人单位工作期间受到事故伤害或患职业病的，用人单位依法承担工伤保险责任。"工伤职工已经达到法定退休年龄，但是其并未享受退休待遇或者其他社会养老保险待遇，需要通过劳动获取报酬满足生活的需要。达到法定退休年龄的职工因工伤导致主动或被动解除、终止劳动关系也可能对其造成再就业损失、医治困难，达到法定退休年龄的职工需要一次性工伤医疗补助金来保障后续医治费用，需要一

① 参见重庆市第五中级人民法院行政判决书，（2019）渝 05 行终 562 号。

次性伤残就业补助金来弥补其再就业时因前面的工伤造成的就业能力下降的损失,从保障工伤职工合法权益的角度出发,被认定为工伤的超龄职工,应获得一次性工伤医疗补助金和一次性伤残就业补助金。①

专业解答

职工因工伤被鉴定为五级至六级伤残的,称为大部分丧失劳动能力,经工伤职工本人提出,可以与用人单位解除或者终止劳动关系;职工因工伤被鉴定为七级至十级伤残的,又称为部分丧失劳动能力,劳动合同期满或者工伤职工本人提出可以与用人单位解除或者终止劳动关系。解除或者终止劳动合同的上述工伤职工在伤病治愈或医疗终结后,有可能伤病发生变化需要治疗,而且可能会在今后的求职就业中与非工伤人员相比存在一定的困难。劳动关系的解除或者终止使伤残职工丧失了一个重要的经济来源或者增加了重新就业过程中的花费,这是工伤事故导致的,因而工伤保险基金和用人单位应当向上述工伤职工支付一次性工伤医疗补助金和一次性伤残就业补助金。实行这些补助金,是为了使工伤职工在寻找到新的工作以前,基本生活开支有必要的保障,并有能力医治疾病。其领取的一次性工伤医疗补助金和一次性伤残就业补助金是《工伤保险条例》对该类工伤职工离职以后可能发生的工伤治疗和生活的一次性保障,是对此次工伤事故伤害的一次性结算,对此类解除、终止劳动关系的工伤职工的工伤治疗不再享受工伤医疗待遇,就业困难不再给予补助。对于达到、超过法定退休年龄的工伤职工,一方面,《人力资源社会保障部关于执行〈工伤保险条例〉若干问题的意见(二)》(人社部发〔2016〕29 号)第二条之所以将达到或超过法定退休年龄,但未办理退休手续或者未依法享受城镇职工基本养老保险待遇的职工纳入工伤认定范畴,是考虑未办理退休手续或者未依法享受城镇职工基本养老保险待遇的职工其基本生活没有养老待遇来支撑,其因工受伤若不纳入工伤保障范畴会使其生活陷入绝境,不能解决其基本生活保障问题。工伤职工已经达到法定退休年龄,但是其并未享受退休待遇或者其他社会养老保险待遇,需要通过劳动获取报酬满足生活的需要。达到、超过法定退休年龄的工伤职工发生工伤后必然对其再就业和后续治疗产生影响,与未超龄职工面临同样的就业和治疗问题。达到、超过法定退休年龄的工伤职工被认定为工

① 参见北京市第二中级人民法院行政判决书,(2020)京 02 民终 9113 号。

伤后，应当按照《工伤保险条例》的规定享受相应的工伤保险待遇，包括一次性工伤医疗补助金和一次性伤残就业补助金。另一方面，《工伤保险条例》对职工发生工伤后相应的工伤保险待遇项目有明确的规定，各个省市在制定实施《工伤保险条例》的具体意见时只能在《工伤保险条例》规定的工伤保险待遇项目的具体标准上落实，不能对工伤待遇的项目进行缩减，此种对工伤保险待遇支付项目的裁剪行为属于违反上位法规定的情形。比如，各个省市可以对一次性工伤医疗补助金、一次性伤残就业补助金的具体支付标准进行规定，但是无权在超越《工伤保险条例》的基础上规定哪些情形下不支付一次性工伤医疗补助金、一次性伤残就业补助金。

相关案例

重庆市第一中级人民法院行政判决书，(2019)渝 01 行终 200 号。

江苏省连云港市中级人民法院行政判决书，(2020)苏 07 行终 53 号。

江苏省连云港经济技术开发区人民法院行政判决书，(2019)苏 0791 行初 469 号。

相关法条

《工伤保险条例》第三十六条、第三十七条。

八十四、五级、六级伤残职工退休后养老保险与伤残津贴之间的差额由谁补贴

《工伤保险条例》第三十五条第一款第三项规定，一级至四级伤残职工达到退休年龄并办理退休手续后，停发伤残津贴，按照国家有关规定享受基本养老保险待遇。基本养老保险待遇低于伤残津贴的，由工伤保险基金补足差额。《工伤保险条例》第三十六条关于五级、六级伤残职工达到退休年龄并办理退休手续后，基本养老保险待遇低于伤残津贴的，是否补足差额，是由工伤保险基金补足差额还是用人单位补足差额没有规定。这使五级、六级伤残职工退休后伤残津贴的补差问题在实践中有一定争议。

认定争议

在司法实践中，有审判机关认为，《社会保险法》第四十条规定，工伤职工符合领取基本养老金条件的，停发伤残津贴，享受基本养老保险待遇。基本养老保险待遇低于伤残津贴的，从工伤保险基金中补足差额。该条是对职工享受工伤津贴与基本养老金的衔接所作出的原则性规定，《工伤保险条例》第五章则逐条针对不同伤残等级人员的工伤待遇进行了具体详细的规定。其中第三十五条第一款针对一级至四级工伤人员的工伤待遇总共规定了三项内容，第二项规定的是工伤人员的伤残津贴与当地最低工资标准比较后的补差原则，第三项规定的是养老保险待遇与伤残津贴比较后的补差原则。工伤职工因工致残被鉴定为五级、六级伤残，保留与用人单位的劳动关系，本应由用人单位安排适当工作，但难以安排的，分别由工伤保险基金或用人单位对其按月支付津贴，伤残津贴实际金额低于当地最低工资标准的，由用人单位补足差额。第三十六条对五级、六级工伤人员的待遇则只规定了保留劳动关系的五级、六级工伤人员的伤残津贴与当地最低工资标准比较后的补差原则，并没有规定五级、六级工伤人员养老保险待遇与伤残津贴之间比较适用“就高原则”。职工退休后并不存在难以安排工作的前提，五级、六级伤残职工达

到退休年龄并办理退休手续后，基本养老保险待遇低于伤残津贴的，不补足差额。①

有审判机关认为，伤残津贴是指工伤职工因工致残被鉴定为一级至四级伤残，与单位保留劳动关系，退出工作岗位的，以及被鉴定为五级、六级伤残，保留与用人单位的劳动关系，本应由用人单位安排适当工作，但难以安排的，分别由工伤保险基金或用人单位对其按月支付的津贴。职工因工受伤，在伤情恢复后，由于伤情原因不能参加正常工作。为了照顾伤者的生活，根据国家规定按月发给受伤职工本人一定的生活补助，帮助工伤职工正常生活，这部分补助就叫伤残津贴。因伤残津贴是对工伤职工收入损失的替代，《社会保险法》第四十条明确规定："工伤职工符合领取基本养老金条件的，停发伤残津贴，享受基本养老保险待遇。基本养老保险待遇低于伤残津贴的，从工伤保险基金中补足差额。"《社会保险法》对从工伤保险基金中补差的对象，没有区分等级，且《工伤保险条例》第三十六条亦未对五级、六级伤残职工享受该待遇作出任何禁止性的规定。五级、六级伤残职工的伤残津贴虽由用人单位支付，但退休后基本养老保险待遇低于伤残津贴的差额仍应由工伤保险基金支付。②

也有审判机关认为，《工伤保险条例》第三十六条第一款第二项规定，五级、六级伤残职工保留与用人单位的劳动关系，由用人单位安排适当工作。难以安排工作的，由用人单位按月发放伤残津贴。伤残津贴实际金额低于当地最低工资标准的，由用人单位补足差额。可见工伤保险基金不负担五级、六级伤残职工的伤残津贴。同时根据《社会保险法》第四十条的规定，职工退休后，符合领取基本养老金条件的，停发伤残津贴，享受基本养老保险待遇，养老保险待遇低于伤残津贴的，应当由用人单位补足差额。③

专业解答

五级、六级工伤职工单位无法安排工作的，由单位发给伤残津贴，用人单位应

---

① 参见四川省峨眉山市人民法院行政判决书，（2016）川1181行初114号；吉林省白山市中级人民法院民事判决书，（2017）吉06民初48号；辽宁省阜新市中级人民法院行政判决书，（2016）辽09行终17号；北京市第二中级人民法院民事判决书，（2015）二中民终字第01982号。

② 参见江苏省南通市中级人民法院行政判决书，（2012）通中行终字第0088号；四川省达州市中级人民法院行政判决书，（2017）川17行终11号；山东省德州市中级人民法院行政判决书，（2020）鲁14行终285号；河南省安阳市中级人民法院行政判决书，（2019）豫05行终297号。

③ 参见湖北省武汉市中级人民法院民事判决书，2019）鄂01民终7953号。

当为其继续缴纳社会保险费,工伤职工继续参加各项社会保险,其中也包括基本养老保险。因此,这部分工伤职工达到退休年龄后理应按照基本养老保险制度的规定,领取基本养老保险待遇,停发伤残津贴。由于该部分工伤职工以伤残津贴为缴费基数缴纳基本养老保险,缴费基数比其本人原来的工资低,养老保险待遇自然较低,若其退休后享受的基本养老保险待遇低于伤残津贴的,应当进行补差才符合《社会保险法》第四十条的规定,但是因工伤保险基金不负担五级、六级伤残职工的伤残津贴,故伤残津贴与基本养老保险待遇之差应当由用人单位补足。

相关案例

辽宁省辽阳市中级人民法院行政判决书,(2019)辽 01 行终 170 号。

相关法条

《社会保险法》第四十条。
《工伤保险条例》第三十六条。

八十五、用人单位未依法缴纳一级至四级工伤职工的基本养老保险费的，工伤职工达到法定退休年龄后，工伤保险基金是否支付伤残津贴

《社会保险法》第十条规定，职工应当参加基本养老保险，由用人单位和职工共同缴纳基本养老保险费。第四十条规定，工伤职工符合领取基本养老金条件的，停发伤残津贴，享受基本养老保险待遇。基本养老保险待遇低于伤残津贴的，从工伤保险基金中补足差额。按照上述规定，用人单位和职工在职工退休前应当依法缴纳养老保险，职工退休后领取养老保险待遇，工伤职工退休前领取伤残津贴的，退休后领取养老保险待遇，不再领取伤残津贴。《工伤保险条例》第三十五条规定，职工因工致残被鉴定为一级至四级伤残的，由用人单位和职工个人以伤残津贴为基数，缴纳基本医疗保险费。从《工伤保险条例》第三十五条规定看，对于一级至四级伤残的工伤人员，并未强调用人单位负担除相关基本医疗保险费外的基本养老保险费。实践中，有用人单位认为《工伤保险条例》只是规定了一级至四级工伤职工需要缴纳基本医疗保险费，故用人单位不需要为职工缴纳基本养老保险费。若用人单位未为职工缴纳基本养老保险费，即存在一级至四级伤残的工伤人员到了法定退休年龄后无法按照《社会保险法》第四十条规定领取养老保险，在此种情形下，工伤保险基金是否需继续承担支付伤残津贴的责任在实践中具有一定争议。

认定争议

在司法实践中，有审判机关认为，一级至四级工伤职工达到法定退休年龄后，用人单位未依法缴纳一级至四级工伤职工的基本养老保险费，职工暂不符合享受基本养老保险待遇条件的，应继续领取伤残津贴。例如，《重庆市人力资源和社会保障局关于一至四级工伤职工养老保险缴费和待遇有关问题的补充通知》（渝人社发〔2022〕65 号）第一条规定：工伤职工达到法定退休年龄，不符合领取基本养老

保险待遇条件的,由工伤保险基金继续按月发放伤残津贴。该规定修正了《重庆市人力资源和社会保障局、重庆市财政局关于一至四级工伤职工养老保险缴费和待遇有关问题通知》(渝人社发〔2014〕153号)第四条规定,用人单位不按该通知规定缴纳工伤职工基本养老保险费的,工伤职工达到法定退休年龄的次月起,应停发伤残津贴,按该通知第二、三条规定计发的基本养老金由用人单位支付。又如,《贵州省关于大力推进农民工参加工伤保险的意见》第七条规定,经社会保险行政部门依法认定为工伤且劳动能力鉴定伤残等级达到一至四级的农民工,应按月享受的伤残津贴、生活护理费等长期待遇,直至丧失领取条件为止。经农民工本人申请,自愿提出一次性结算工伤保险长期待遇的,应与用人单位解除或者终止劳动关系,与所在统筹地区工伤保险经办机构签订协议,领取一次性长期待遇费用后终止待遇领取关系。①

有审判机关认为,用人单位未按规定缴纳一级至四级工伤职工的基本养老保险费的,从工伤职工达到法定退休年龄的次月起,工伤保险基金停发伤残津贴,由用人单位支付不低于伤残津贴的养老金。如《重庆市高级人民法院印发〈关于审理工伤行政案件若干问题的解答〉的通知》第二十三条规定:"用人单位未依法缴纳一级至四级工伤职工的基本养老保险费的,工伤职工达到法定退休年龄后,工伤保险基金是否支付伤残津贴?答:用人单位未按规定缴纳一级至四级工伤职工的基本养老保险费的,从工伤职工达到法定退休年龄的次月起,工伤保险基金停发伤残津贴,由用人单位支付不低于伤残津贴的养老金。"②

专业解答

伤残津贴是因工致残被鉴定为一级至四级伤残的职工享受的一种工伤保险待遇,其性质为对职工因工致残后丧失的原工资收入的补偿,旨在补偿职工因工伤致残而导致的经济损失,用于保障工伤职工及其扶养人员的基本生活。工伤职工及其扶养人员的基本生活是社会保障的基本范畴,工伤职工因工致残导致其不能从事相应工作,不能通过劳动获得收入时社会保险应当为其提供基本保障,故《工伤保险条例》第三十五条第一款规定:"职工因公致残被鉴定为一级至四级伤残的,

① 参见贵州省遵义市中级人民法院民事判决书,(2021)黔03民终6122号。
② 参见重庆市第二中级人民法院行政判决书,(2019)渝02行终38号。

保留劳动关系,退出工作岗位,享受以下待遇……(三)工伤职工达到退休年龄并办理退休手续后,停发伤残津贴,按照国家有关规定享受基本养老保险待遇。基本养老保险待遇低于伤残津贴的,由工伤保险基金补足差额”。《社会保险法》第四十条规定:“工伤职工符合领取基本养老金条件的,停发伤残津贴,享受基本养老保险待遇。基本养老保险待遇低于伤残津贴的,从工伤保险基金中补足差额。”从社会保险的立法目的和上述规定可知,社会保险部门停发工伤职工的伤残津贴,需“工伤职工达到退休年龄并办理退休手续”或“工伤职工符合领取基本养老金条件”。即工伤职工及其扶养人员的基本生活退休前由工伤保险基金保障,退休后由养老保险基金保障,从社会保障的基本出发点来看,工伤职工及其扶养人员的基本生活不能面临没有着落的局面。倘若因用人单位未依法缴纳一级至四级工伤职工的基本养老保险费,导致工伤职工达到法定退休年龄后不符合领取养老保险的条件,工伤保险基金又停止支付伤残津贴的话,显然会使工伤职工及其扶养人员的基本生活面临没有着落而陷入困境的局面。比如,《山西省劳动和社会保障厅关于一至四级工伤人员退休后享受基本养老保险待遇的通知》(晋劳社厅发〔2009〕6 号)第二条就规定:“未参加基本养老保险企业的一至四级工伤职工达到退休年龄时,继续享受工伤保险待遇。”故笔者认为,用人单位未依法缴纳一级至四级工伤职工的基本养老保险费的,工伤职工达到法定退休年龄后,工伤保险基金不能停止支付伤残津贴,不能将用人单位的不作为生成的风险转嫁给工伤职工。社会保险行政部门可依据《社会保险法》第六十三条“用人单位未按时足额缴纳社会保险费的,由社会保险费征收机构责令其限期缴纳或补足”和第八十六条“用人单位未按时足额缴纳社会保险费的,由社会保险费征收机构责令限期缴纳或补足,并自欠缴之日起,按日加收万分之五的滞纳金;逾期仍不缴纳的,由有关行政部门处欠缴数额一倍以上三倍以下的罚款”的规定,对用人单位未及时为职工缴纳养老保险费的行为采取必要的监管措施。

相关案例

山西省晋城市中级人民法院行政判决书,(2018)晋 05 行终 21 号。

贵州省毕节市中级人民法院行政判决书,(2019)黔 05 行终 340 号。

相关法条

《社会保险法》第十条、第四十条。

《工伤保险条例》第三十五条第一款。

八十六、按建设工程项目参加工伤保险的一级至四级工伤职工后续按月支付待遇是否应当由工伤保险基金支付

人力资源社会保障部等部门于 2014 年 12 月印发《关于进一步做好建筑业工伤保险工作的意见》(人社部发〔2014〕103 号),对不能按用人单位参保、工程建设项目使用的流动就业的从业人员特别是短期雇佣的农民工(包括专业承包单位、劳务分包单位等使用的从业人员),应当按工程建设项目参加工伤保险。《社会保险法》第三十八条规定:“因工伤发生的下列费用,按照国家规定从工伤保险基金中支付:(一)治疗工伤的医疗费用和康复费用;(二)住院伙食补助费;(三)到统筹地区以外就医的交通食宿费;(四)安装配置伤残辅助器具所需费用;(五)生活不能自理的,经劳动能力鉴定委员会确认的生活护理费;(六)一次性伤残补助金和一至四级伤残职工按月领取的伤残津贴;(七)终止或者解除劳动合同时,应当享受的一次性医疗补助金;(八)因工死亡的,其遗属领取的丧葬补助金、供养亲属抚恤金和因工死亡补助金;(九)劳动能力鉴定费。”《工伤保险条例》第三十五条规定:“职工因工致残被鉴定为一级至四级伤残的,保留劳动关系,退出工作岗位,享受以下待遇:(一)从工伤保险基金按伤残等级支付一次性伤残补助金,标准为:一级伤残为 27 个月的本人工资,二级伤残为 25 个月的本人工资,三级伤残为 23 个月的本人工资,四级伤残为 21 个月的本人工资;(二)从工伤保险基金按月支付伤残津贴,标准为:一级伤残为本人工资的 90%,二级伤残为本人工资的 85%,三级伤残为本人工资的 80%,四级伤残为本人工资的 75%。伤残津贴实际金额低于当地最低工资标准的,由工伤保险基金补足差额;(三)工伤职工达到退休年龄并办理退休手续后,停发伤残津贴,按照国家有关规定享受基本养老保险待遇。基本养老保险待遇低于伤残津贴的,由工伤保险基金补足差额。职工因工致残被鉴定为一级至四级伤残的,由用人单位和职工个人以伤残津贴为基数,缴纳基本医疗保险费。”

在用工单位依法足额缴纳建设工程项目工伤保险参保费用的情况下,以建设项目参加工伤保险的职工因工伤导致一级至四级伤残的情形下,按照上述规定应当由工伤保险基金支付两种待遇,一种是一次性形成的待遇,含《社会保险法》第

三十八条中的第一、二、三、六、八项和第九项中的一次性伤残补助金。另一种是后续需按月支付或多次支付的待遇，含《社会保险法》第三十八条中的第四项中置换伤残辅助器具所需费用，第五项中生活护理费，第六项中一级至四级伤残职工按月领取的伤残津贴，以及补足达到法定退休年龄后基本养老保险待遇与伤残津贴的差额。

在实践中，对于按建设工程项目参加工伤保险的一级至四级工伤职工应当由工伤保险基金支付一次性形成的待遇并无争议。争议较大的是一级至四级工伤职工后续待遇支付问题，即在项目结束后，工伤职工是否继续享受后续工伤待遇，包括上文中提到的置换伤残辅助器具费用、生活护理费、按月领取的伤残津贴、达到法定退休年龄后基本养老保险待遇与伤残津贴的差额。在工伤保险项目参保领域，在项目结束后，工伤职工是否继续享受后续待遇，法律、法规、政策没有全国性的统一规定，这在实践中引起较大争议。

认定争议

在司法实践中，有审判机关认为，《人力资源社会保障部关于执行〈工伤保险条例〉若干问题的意见（二）》（人社部发〔2016〕29 号）第二条规定，用人单位招用已经达到、超过法定退休年龄或已经领取城镇职工基本养老保险待遇的人员，在用工期间因工作原因受到事故伤害或患职业病的，如招用单位已按项目参保等方式为其缴纳工伤保险费的，应适用《工伤保险条例》。依照上述规定，即使是已经领取城镇职工基本养老保险待遇的人员，只要其参加项目保险并缴纳工伤保险费，应适用《工伤保险条例》领取相关工伤保险待遇。对没有领取城镇职工基本养老保险待遇的人员，更应支持他们只要参加项目保险并缴纳工伤保险费，就适用《工伤保险条例》领取相关工伤保险待遇。只要招用单位已按项目参保等方式为职工缴纳工伤保险费的，工伤保险经办机构均应适用《工伤保险条例》向职工支付相关工伤保险待遇。按照权利义务对等原则，若职工按项目参保后被认定为因工受伤，招用单位已经为其缴纳了工伤保险费，应适用《工伤保险条例》的相关规定，保障职工和用人单位的合法权益。职工经劳动能力鉴定委员会确认为一级至四级伤残的，工伤保险经办机构应从工伤保险基金按月支付职工生活护理费、伤残津贴等。①

---

① 参见内蒙古包头市中级人民法院行政判决书，（2018）内 02 行终 52 号。

有审判机关认为，根据《工伤保险条例》第三十五条第一款二项的规定，职工因工致残被鉴定为一级至四级伤残的，保留劳动关系，退出工作岗位，按月领取伤残津贴待遇。伤残津贴待遇的实质是对工伤职工工资收入损失的补偿，前提是职工必须与用人单位存在劳动关系。以项目参保的形式缴纳工伤保险，在项目建设工期结束后，此项目自然消失，职工与用人单位的关系无法存续，不具备支付伤残津贴的前提条件。《工伤保险条例》第三十四条第一款规定："工伤职工已经评定伤残等级并经劳动能力鉴定委员会确认需要生活护理的，从工伤保险基金按月支付生活护理费。"按月支付生活护理费的前提是用人单位按时足额缴纳工伤保险费，按项目参保职工因与用人单位不存在劳动关系，用人单位无法为其按月缴纳工伤保险费，只有用人单位一次性缴纳工伤保险统筹费用后，工伤保险基金才能按规定支付待遇，若用人单位没有按政策规定为职工一次性缴纳工伤统筹费，职工不能请求工伤保险基金按月支付生活护理费。[①]

专业解答

按建设工程项目参加工伤保险的一级至四级工伤职工后续待遇支付周期长，支付费用大，工伤保险基金负担重。后续按月支付待遇能否得到完全落实往往依赖于各个省市的地方政策。像上海、宁波等经济发达，财政宽裕的省市对按建设工程项目参加工伤保险的一级至四级工伤职工后续待遇给予充分保障，由工伤保险基金按规定继续支付相关工伤保险待遇至其失去享受条件时止。也有部分省市认为按照《工伤保险条例》第十条及各个省市的规定，职工享受工伤保险待遇的前提是用人单位依法足额缴纳工伤保险费用，按建设工程项目参加工伤保险的一级至四级工伤职工后续要领取工伤待遇需以用人单位继续按月缴纳工伤保险费为前提，这在实践中导致两种结果，一种是直接导致按建设工程项目参加工伤保险的一级至四级工伤职工后续待遇无法获得支付，因为该类工伤职工往往是农民等流动就业人员，其未与施工单位、建设单位建立劳动关系，施工单位、建设单位无法按用人单位参加工伤保险的相关规定将其纳入参保范围，按月为其缴纳工伤保险费用。另一种是社会保险经办机构按建设工程项目参加工伤保险的一级至四级工伤职工后续需缴纳的工伤保险费用一次性计提工伤保险统筹费用，要求用人单位一次性

① 参见重庆市高级人民法院行政裁定书，(2019)渝行申 94 号。

缴纳后才支付该类工伤职工后续工伤保险待遇,在用人单位拒绝支付一次性计提工伤保险统筹费用的情况下,拒绝支付该类工伤职工后续待遇。如重庆市即参照《重庆市工伤保险实施办法》(渝府发〔2012〕22 号)第四十二条“用人单位依法破产、关闭或注销时,工伤职工的工伤保险待遇按以下规定办理:(一)一至四级工伤职工、已办理退休的五至十级工伤职工以及享受工亡职工供养亲属抚恤金待遇的人员,由用人单位按本市有关规定一次性缴纳工伤保险统筹费用后,由工伤保险基金按规定支付待遇,领取工伤保险待遇的相关手续移交其长期居住地的乡镇(街道)社会保障服务机构,实行社会化管理服务”的规定,要求用人单位一次性缴纳工伤保险统筹费用后,再由工伤保险基金按规定支付待遇。

在工伤保险项目参保领域,项目结束后,如何保障工伤职工享受后续工伤保险待遇亟须在全国统一规定。建设工程项目参保正是基于工伤保险参保覆盖率低、一线建筑工人特别是农民工工伤维权能力弱、工伤待遇落实难等问题广泛存在而建立的制度,旨在保障建筑工人在从业期间或在某些特定情况下遭遇意外事故,造成伤残、职业病、死亡等伤害时,为建筑工人提供医疗救治和康复服务,保证建筑工人及其家属生活的保障制度。只要建设单位、施工单位在项目参保期间按时足额缴纳了工伤保险费用,就应当视为建设单位、施工单位在建筑工人从业期间依法按时足额缴纳了工伤保险费用,工伤保险基金就应当充分保障按建设工程项目参加工伤保险的一级至四级工伤职工的权益,对其后续待遇的给付不应当设置支付条件。即便是以继续缴纳工伤保险费用作为继续享受工伤保险待遇的前提,也需要尽快出台关于按项目参保的一级至四级伤残职工如何按用人单位参加工伤保险的制度。若要求缴纳一次性统筹费用,在用人单位不愿意缴纳的情况下,也应该由征收部门去征收,可适用《社会保险法》第六十三条的规定划拨,而不是限制职工领取后续工伤保险待遇的权利。

相关案例

重庆市荣昌区人民法院行政判决书,(2018)渝 0153 行初 30 号。

重庆市第一中级人民法院行政判决书,(2016)渝 01 行终 719 号。

相关法条

《社会保险法》第三十八条、第六十三条。

《工伤保险条例》第三十四条、第三十五条。

《关于进一步做好建筑业工伤保险工作的意见》(人社部发〔2014〕103 号)。

《人力资源社会保障部关于执行〈工伤保险条例〉若干问题的意见(二)》(人社部发〔2016〕29 号)第二条。

八十七、工伤保险待遇先行支付的条件中“用人单位未依法缴纳工伤保险费用”是否包含“职工未办理社会保险登记”的情形

《社会保险法》第四十一条规定:“职工所在用人单位未依法缴纳工伤保险费,发生工伤事故的,由用人单位支付工伤保险待遇。用人单位不支付的,从工伤保险基金中先行支付。从工伤保险基金中先行支付的工伤保险待遇应当由用人单位偿还。用人单位不偿还的,社会保险经办机构可以依照本法第六十三条的规定追偿。”第四十二条规定:“由于第三人的原因造成工伤,第三人不支付工伤医疗费用或者无法确定第三人的,由工伤保险基金先行支付。工伤保险基金先行支付后,有权向第三人追偿。”《社会保险基金先行支付暂行办法》(人社部令第15号)第四条规定:“个人由于第三人的侵权行为造成伤病被认定为工伤,第三人不支付工伤医疗费用或者无法确定第三人的,个人或者其近亲属可以向社会保险经办机构书面申请工伤保险基金先行支付,并告知第三人不支付或者无法确定第三人的情况。”第六条规定:“职工所在用人单位未依法缴纳工伤保险费,发生工伤事故的,用人单位应当采取措施及时救治,并按照规定的工伤保险待遇项目和标准支付费用。职工被认定为工伤后,有下列情形之一的,职工或者其近亲属可以持工伤认定决定书和有关材料向社会保险经办机构书面申请先行支付工伤保险待遇:(一)用人单位被依法吊销营业执照或者撤销登记、备案的;(二)用人单位拒绝支付全部或者部分费用的;(三)依法经仲裁、诉讼后仍不能获得工伤保险待遇,法院出具中止执行文书的;(四)职工认为用人单位不支付的其他情形。”《人力资源和社会保障部关于印发工伤保险经办规程的通知》(人社部发〔2012〕11号)第七十五条第二款规定:“用人单位拒不支付工伤待遇,工伤职工或近亲属申请先行支付的,需提供以下资料:(一)工伤职工与用人单位的劳动关系证明;(二)社会保险行政部门出具的用人单位拒不支付证明材料;(三)认定工伤决定书;(四)工伤职工或近亲属先行支付书面申请资料;(五)省、自治区、直辖市经办机构规定的其他资料。”第七十六条规定:“按照《社会保险基金先行支付暂行办法》,涉及第三人责任申请先行支付的,第三人不支付工伤医疗费用或者无法确定第三人的,业务部门审核以下资料:

（一）认定工伤决定书；（二）工伤职工或近亲属先行支付书面申请资料；（三）人民法院出具的民事判决书等材料；（四）对肇事逃逸、暴力伤害等无法确定第三人的，需提供公安机关出具的证明材料；（五）由社会保险行政部门提供的第三人不予支付的证明材料；（六）由职工基本医疗保险先行支付的情况材料；（七）省、自治区、直辖市经办机构规定的其他资料。”第七十七条第一款规定：“业务部门核定先行支付的工伤保险待遇，对本规程第七十五条规定的情况先行支付由工伤保险基金支付的各项工伤保险待遇；对本规程第七十六条规定的情况先行支付工伤医疗费。”

通过以上条文可知，工伤保险待遇先行支付的情形有两种：一种是职工所在用人单位未依法缴纳工伤保险费，发生工伤事故，用人单位不支付工伤保险待遇的，从工伤保险基金中先行支付；另一种是因第三人侵权造成工伤，第三人不支付工伤医疗费用或者无法确定第三人的，由工伤保险基金先行支付。实践中，因第三人侵权造成工伤而申请工伤保险基金先行支付工伤医疗费用的案例较少，也无多大争议。故此处重点讨论职工所在用人单位未依法缴纳工伤保险费的情形。

职工所在用人单位未依法缴纳工伤保险费的先行支付条件主要有两个：一是用人单位未依法缴纳工伤保险费用；二是用人单位不支付工伤保险待遇。

实践中，“用人单位未依法缴纳工伤保险费用”存在两种情形，一种情形是用人单位未办理社会保险登记。《社会保险法》第五十七条第一款规定：“用人单位应当自成立之日起三十日内凭营业执照、登记证书或者单位印章，向当地社会保险经办机构申请办理社会保险登记。社会保险经办机构应当自收到申请之日起十五日内予以审核，发给社会保险登记证件”。第五十八条规定：“用人单位应当自用工之日起三十日内为其职工向社会保险经办机构申请办理社会保险登记。未办理社会保险登记的，由社会保险经办机构核定其应当缴纳的社会保险费。自愿参加社会保险的无雇工的个体工商户、未在用人单位参加社会保险的非全日制从业人员以及其他灵活就业人员，应当向社会保险经办机构申请办理社会保险登记。国家建立全国统一的个人社会保障号码。个人社会保障号码为公民身份号码。”通过以上规定可知，用人单位应当自成立之日起 30 日内办理单位的社会保险登记，招录职工后的 30 日内为职工办理社会保险登记，获得职工个人社会保障号码，办理社会保险登记后方能依法缴纳社会保险费用。无论是单位未办理社会保险登记还是单位已办理社会保险登记但是未为职工办理社会保险登记均属于职工未办理社会保险登记，职工显然无从参保，不可能缴纳社会保险费用，亦不能缴纳工伤保险费用。另一种情形是用人单位为职工办理了社会保险登记,但未按时足额为职工缴纳社会保险费,只缴纳了部分,存在欠缴的情况。对于“用人单位未依法缴纳工伤保险费用”是否包含第一种情形,实践中一度存在较大争议。

认定争议

在司法实践中,有审判机关认为,“职工未办理社会保险登记”与“用人单位未依法缴纳工伤保险费用”是两个独立的法律概念。虽然职工均具有参加工伤保险的资格,但是工伤保险登记的意义在于经由登记,使抽象的被保险资格具体化为被保险人地位。从时间上来看,被保险人地位的效力也自登记确认行为生效之日起产生。未参保登记属于基础社会保险法律关系未成立,不属于工伤保险体系保障范畴,要求工伤保险基金承担先行支付义务不具有合理性。且工伤保险基金先行支付范围过大,势必损害到依法参保缴费的用人单位及职工,也违背工伤保险基金集中社会力量、分散用人单位工伤风险的初衷,客观上危及工伤保险制度的有序实施,最终损害到用人单位及工伤职工的合法权益。①

有审判机关认为,工伤保险法律关系在符合法定条件的事实(一般是劳动关系开始)成就之时,保险人与被保险人的基础保险法律关系即自动产生,无须申请登记,也无须核准或确认。未参加工伤保险登记的职工只要与用人单位建立劳动关系即属于工伤保险制度的保障对象,即使用人单位未为其办理社会保险登记,在符合条件的情况下,也有资格申请工伤保险基金先行支付。②

专业解答

从《社会保险法》第五十七条、第五十八条的规定来看,用人单位自成立之日起 30 日内有参加社会保险登记的义务,用人单位自与职工建立劳动关系之日起 30 日内有为职工办理社会保险登记的义务。从上述规定可知,用人单位为职工办理社会保险登记是一种强制性的义务。用人单位不为职工办理社会保险登记的,根

① 参见湖南省郴州市中级人民法院行政判决书,(2020)湘 10 行终 103 号。

② 参见重庆市第二中级人民法院行政判决书,(2016)渝 02 行终 389 号,(2015)渝二中行终字第 00293 号。

据《社会保险法》第八十四条“用人单位不办理社会保险登记的，由社会保险行政部门责令限期改正；逾期不改正的，对用人单位处应缴社会保险费数额一倍以上三倍以下的罚款，对其直接负责的主管人员和其他直接责任人员处五百元以上三千元以下的罚款”的规定，社会保险行政部门可以责令改正和施以行政处罚。用人单位与职工建立劳动关系之日起，职工即应获得工伤社会保障，用人单位登记缴费义务即成立，社会保险经办机构的监督职责亦已成立。后续的工伤保险登记和缴纳工伤保险费用只是操作层面的技术性问题，这些环节的问题不能从根本上影响职工获得工伤保障权益，不能将用人单位未依法为职工缴纳工伤保险费和社会保险行政部门对用人单位未依法参保、缴费未尽监督责任的工伤风险直接转嫁给工伤职工本人。职工发生工伤后，无论是用人单位未为职工参保登记还是参保登记后未按时足额缴纳工伤保险费用，只要用人单位不支付工伤保险待遇的，均应当由工伤保险基金兜底保障工伤职工的基本权益。

且最高人民法院曾在《最高人民法院行政审判庭关于赵某诉重庆市巫山县社会保险局行政给付一案的答复》[（2017）最高法行他 16 号]中明确指出，《社会保险法》第四十一条规定的“用人单位未依法缴纳工伤保险费”的情形，包括用人单位未为职工参加工伤保险，自始未缴纳工伤保险费和用人单位为职工参加了工伤保险后未按时足额缴纳工伤保险费两种情形。《人力资源社会保障部、住房城乡建设部、安全监管总局、全国总工会关于进一步做好建筑业工伤保险工作的意见》（人社部发〔2014〕103 号）第八条规定：“落实工伤保险先行支付政策。未参加工伤保险的建设项目，职工发生工伤事故，依法由职工所在用人单位支付工伤保险待遇，施工总承包单位、建设单位承担连带责任；用人单位和承担连带责任的施工总承包单位、建设单位不支付的，由工伤保险基金先行支付，用人单位和承担连带责任的施工总承包单位、建设单位应当偿还；不偿还的，由社会保险经办机构依法追偿。”由此可知，未参加工伤保险的建设项目，该项目职工必然未参加工伤保险登记，职工发生工伤的仍然可以申请工伤保险先行支付。“未依法缴纳工伤保险费用”应当理解为用人单位未为职工参加工伤保险，自始未缴纳工伤保险费和用人单位为职工办理社会保险登记后未依法缴纳工伤保险费两种情形均可申请先行支付。

相关案例

山西省吕梁市中级人民法院行政判决书,(2019)晋 11 行终 106 号。

山东省聊城市中级人民法院行政判决书,(2020)鲁 15 行终 122 号。

相关法条

《社会保险法》第四十一条、第四十二条、第五十七条、第五十八条。

《工伤保险条例》第六十二条第二款。

《社会保险基金先行支付暂行办法》(人社部令第 15 号)第四条、第六条。

《人力资源和社会保障部关于印发工伤保险经办规程的通知》(人社部发〔2012〕11 号)第七十五条、第七十六条。

八十八、先行支付金额是否应当按照民事生效判决书确定的用人单位应当赔偿的工伤待遇金额进行支付

职工发生工伤后，因用人单位未缴纳工伤保险费，职工往往需依法经历如下程序才能申请工伤保险基金先行支付：仲裁确认劳动关系—工伤认定—劳动能力鉴定—民事诉讼确定用人单位应当赔偿的工伤保险费用—申请执行—执行中止（终结）。在上述程序进行完职工仍不能获得工伤保险待遇的情况下，职工向工伤保险基金申请先行支付的范围以民事判决书认定的金额为准还是以工伤保险基金核定的金额为准在实践中产生一定争议。因为根据《社会保险法》第三十八条、第三十九条的规定，在用人单位依法足额为职工缴纳工伤保险费用的情况下，职工发生工伤后由工伤保险基金和用人单位分别支付不同类别的工伤待遇。因用人单位未缴纳工伤保险费的民事判决确定的金额包括工伤职工应享受的所有工伤保险待遇，对工伤保险基金是否应先行支付所有的工伤保险待遇产生争议。

认定争议

在司法实践中，有审判机关认为，民事生效判决的羁束力范围可及于先行支付行政行为，先行支付金额应当以民事判决确定的金额为准。《社会保险法》第四十一条第一款规定："职工所在用人单位未依法缴纳工伤保险费，发生工伤事故的，由用人单位支付工伤保险待遇。用人单位不支付的，从工伤保险基金中先行支付。"民事生效判决确认了用人单位应当支付的所有工伤保险待遇，工伤保险基金的支付范围应当以民事判决为准。①

有审判机关认为，工伤保险基金先行支付的范围限于工伤保险待遇中应由工伤保险基金支付的项目，不包括应当由用人单位支付的项目。民事生效判决的羁

① 参见湖南省湘西土家族苗族自治州中级人民法院行政判决书，（2019）湘31行终55号。

束力范围不可及于先行支付行政行为。《社会保险基金先行支付暂行办法》(人社部令第15号)第八条规定:“用人单位未按照第七条规定按时足额支付的,社会保险经办机构应当按照社会保险法和《工伤保险条例》的规定,先行支付工伤保险待遇项目中应当由工伤保险基金支付的项目。”民事生效判决的赔偿金额往往包含了用人单位应当支付的那一部分工伤保险费用,按照上述规定,用人单位应当支付的那一部分工伤保险费用不属于工伤保险基金先行支付范围,工伤职工申请先行支付应当由社会保险行政部门按照《社会保险基金先行支付暂行办法》第八条的规定进行核定后支付,而不能以民事判决书中载明的金额作为支付依据。①

专业解答

《社会保险法》第三十八条规定:“因工伤发生的下列费用,按照国家规定从工伤保险基金中支付:(一)治疗工伤的医疗费用和康复费用;(二)住院伙食补助费;(三)到统筹地区以外就医的交通食宿费;(四)安装配置伤残辅助器具所需费用;(五)生活不能自理的,经劳动能力鉴定委员会确认的生活护理费;(六)一次性伤残补助金和一至四级伤残职工按月领取的伤残津贴;(七)终止或者解除劳动合同时,应当享受的一次性医疗补助金;(八)因工死亡的,其遗属领取的丧葬补助金、供养亲属抚恤金和因工死亡补助金;(九)劳动能力鉴定费。”第三十九条规定:“因工伤发生的下列费用,按照国家规定由用人单位支付:(一)治疗工伤期间的工资福利;(二)五级、六级伤残职工按月领取的伤残津贴;(三)终止或者解除劳动合同时,应当享受的一次性伤残就业补助金。”上述两个条文对于已参保职工发生工伤后工伤保险基金和用人单位的支付范围问题作了明确规定。对于未参保职工,按照《社会保险法》第四十一条的规定,职工所在用人单位未依法缴纳工伤保险费,发生工伤事故的,由用人单位支付工伤保险待遇。可见,前述所有的工伤待遇均由用人单位支付。对于用人单位未依法缴纳工伤保险费的先行支付范围,《社会保险法》并未明确。对此,《社会保险基金先行支付暂行办法》第八条规定,用人单位未按照第七条规定按时足额支付的,社会保险经办机构应当按照社会保险法和《工伤保险条例》的规定,先行支付工伤保险待遇项目中应当由工伤保险基金支付的项目,即因用人单位未依法缴纳工伤保险费待遇的先行支付范围为《社会保险法》第

① 参见云南省昆明市中级人民法院行政判决书,(2019)云01行终235号。

三十八条所列项目。该规定的精神与先行支付制度的救急、救困相一致，亦不至导致未缴纳工伤保险费的用人单位职工享受与足额缴纳工伤保险单位职工相同的补偿标准，诱发更多的企业不缴纳工伤保险费用。

相关案例

湖南省高级人民法院行政判决书，(2019)湘行再 80 号。

辽宁省锦州市中级人民法院行政判决书，(2021)辽 07 行终 73 号。

山东省潍坊市中级人民法院行政判决书，(2021)鲁 07 行终 32 号。

相关法条

《社会保险法》第四十一条第一款。

《社会保险基金先行支付暂行办法》(人社部令第 15 号)第八条。

八十九、用人单位未参加工伤保险但以职工作为受益人已参加商业保险，工伤职工可否同时向用人单位主张工伤保险与商业保险待遇

用人单位为职工购买商业性人身意外伤害等保险的，能否因此免除其为职工购买工伤保险的法定义务；职工获得用人单位为其购买的人身意外伤害保险赔付后，是否仍然有权向用人单位主张工伤保险待遇在实践中存在较大争议。

认定争议

在司法实践中，有审判机关认为，《工伤保险条例》第二条第一款规定："中华人民共和国境内的企业、事业单位、社会团体、民办非企业单位、基金会、律师事务所、会计师事务所等组织和有雇工的个体工商户（以下称用人单位）应当依照本条例规定参加工伤保险，为本单位全部职工或者雇工（以下称职工）缴纳工伤保险费。"根据该规定，为职工缴纳工伤保险费是用人单位的法定义务，该法定义务不得通过任何形式予以免除或变相免除。第六十二条第二款又进一步规定："依照本条例规定应当参加工伤保险而未参加工伤保险的用人单位职工发生工伤的，由该用人单位按照本条例规定的工伤保险待遇项目和标准支付费用。"在用人单位未为职工缴纳工伤保险费的情况下，由用人单位支付工伤保险待遇。用人单位为职工购买的以职工作为受益人的商业性意外伤害保险，性质上是用人单位为职工提供的一种福利待遇，不能免除用人单位负有的法定的缴纳工伤保险费的义务或支付工伤保险待遇的义务。用人单位为职工购买以职工作为受益人的商业性人身意外伤害保险的，不因此免除其为职工购买工伤保险的法定义务。职工获得用人单位为其购买的人身意外伤害保险赔付后，仍然有权向用人单位主张工伤保险待遇。①

---

① 参见广东省高级人民法院民事判决书，（2016）粤民终字第711号。

有审判机关认为，根据人身损害赔偿损失弥补原则，用人单位通过为职工购买人身意外保险或者其他商业保险，使职工在受到工伤后能够通过商业保险理赔弥补人身损害损失的，职工再要求用人单位给付工伤保险待遇损失的，应不予支持。①

专业解答

根据《工伤保险条例》第二条第一款的规定，为职工缴纳工伤保险费是用人单位的法定义务，该法定义务不得通过任何形式予以免除或变相免除。又根据第六十二条第二款的规定，在用人单位未为职工缴纳工伤保险费的情况下，用人单位应向职工及家属支付工伤保险待遇。即使用人单位为职工购买了意外伤害等商业保险，也不能免除用人单位负有的法定的缴纳工伤保险费的义务或支付工伤保险待遇的义务。且根据《最高人民法院关于审理工伤保险行政案件若干问题的规定》（法释〔2014〕9号）第八条第一款规定，职工因第三人的原因受到伤害，社会保险行政部门以职工或者其近亲属已经对第三人提起民事诉讼或者获得民事赔偿为由，作出不予受理工伤认定申请或者不予认定工伤决定的，人民法院不予支持。第八条第三款规定，职工因第三人的原因导致工伤，社会保险经办机构以职工或者其近亲属已经对第三人提起民事诉讼为由，拒绝支付工伤保险待遇的，人民法院不予支持，但第三人已经支付的医疗费用除外。可见，法律及司法解释并不禁止受工伤的职工或其家属获得双重赔偿。即受工伤的职工可同时获得民事赔偿和工伤保险待遇赔偿。用人单位为职工购买商业性人身意外伤害等保险的，不能因此免除其为职工购买工伤保险的法定义务。职工获得用人单位为其购买的人身意外伤害保险赔付后，仍然有权向用人单位主张工伤保险待遇。

相关案例

安某、兰某诉深圳市水湾远洋渔业有限公司工伤保险待遇纠纷案，最高人民法院公报案例（2017年第12期）。

辽宁省铁岭市中级人民法院行政判决书，（2019）辽12行终138号。

① 参见江苏省南通市中级人民法院民事判决书，（2016）苏06民终2541号。

相关法条

《社会保险法》第四十一条第一款。

《工伤保险条例》第二条第一款、第六十二条第二款。

《最高人民法院关于审理工伤保险行政案件若干问题的规定》(法释〔2014〕9号)第八条第一款。

九十、用人单位被注销，社会保险行政部门还能否受理工伤认定申请

实践中，职工发生工伤事故后，企业为规避工伤赔偿责任或因其他原因被注销，其作为用人单位的法律主体资格已经消灭，职工以已经被注销的企业作为被申请人提出工伤认定申请是否受理，在实践中存在争议。

认定争议

在司法实践中，有审判机关认为，工伤认定所依据的劳动关系这一基础事实，应当以申请工伤认定时依然存续为准。用人单位被注销，其作为用人单位的法律主体资格已经消灭，用人单位不复存在，无法进行工伤认定及相应的法律救济活动，故社会保险行政部门可以不受理职工或其近亲属工伤认定申请并作出工伤认定。且用人单位不复存在，职工或其近亲属要求其承担相关的工伤待遇赔偿责任也无法实现。工伤职工可就其工伤事故伤害，依据《工伤保险条例》第六十六条“无营业执照或者未经依法登记、备案的单位以及被依法吊销营业执照或者撤销登记、备案的单位的职工受到事故伤害或者患职业病的，由该单位向伤残职工或者死亡职工的近亲属给予一次性赔偿，赔偿标准不得低于本条例规定的工伤保险待遇；用人单位不得使用童工，用人单位使用童工造成童工伤残、死亡的，由该单位向童工或者童工的近亲属给予一次性赔偿，赔偿标准不得低于本条例规定的工伤保险待遇。具体办法由国务院社会保险行政部门规定”和《公司法》第一百九十条的规定向用人单位清算组成员主张民事赔偿责任。[①]

有审判机关认为，工伤认定所依据的劳动关系这一基础事实，应当以发生工伤事故而不是申请工伤认定或者作出工伤认定决定时为准。职工发生工伤事故后用人单位被注销的，不影响作出工伤认定。若因用人单位主体消灭，而使工伤职工主张工伤待遇的实体权利陷入困境，不符合工伤保险制度立法本意，由职工来承担不

---

① 参见重庆市云阳县人民法院行政判决书，(2019)渝0235行初116号。

利后果显失公平。[①]

专业解答

工伤职工或其近亲属依据《工伤保险条例》第十八条第一款第二项、《工伤认定办法》第六条第一项的规定，提出工伤认定申请，应当提交与用人单位存在劳动关系的证明材料。该劳动关系证明材料应当是发生工伤事故时的劳动关系而非提出工伤认定申请时的劳动关系。要求工伤职工申请工伤认定时依然与用人单位存在劳动关系不符合立法本意。比如职工因工死亡，该类职工发生工伤事故后作为劳动者的主体已经消亡，也不存在还与用人单位存在劳动关系一说，但《工伤保险条例》仍然把这一类职工纳入工伤认定范围。又如，《人力资源社会保障部关于执行〈工伤保险条例〉若干问题的意见》（人社部发〔2013〕34 号）第八条第一款规定："曾经从事接触职业病危害作业、当时没有发现罹患职业病、离开工作岗位后被诊断或鉴定为职业病的符合下列条件的人员，可以自诊断、鉴定为职业病之日起一年内申请工伤认定，社会保险行政部门应当受理：（一）办理退休手续后，未再从事接触职业病危害作业的退休人员；（二）劳动或聘用合同期满后或者本人提出而解除劳动或聘用合同后，未再从事接触职业病危害作业的人员。"该规定也是要求职工发生工伤时与用人单位存在劳动关系，而不是申请工伤认定时与用人单位存在劳动关系。如果工伤事故发生后因用人单位被注销就不再受理工伤职工或其近亲属的工伤认定申请，会形成法律漏洞，导致用人单位为逃避工伤保险责任，于发生工伤事故后恶意注销企业，不利于《工伤保险条例》"保障因工作遭受事故伤害或者患职业病的职工获得医疗救治和经济补偿"立法目的的实现。

相关案例

四川省攀枝花市中级人民法院行政判决书，（2019）川 04 行终 59 号。

黑龙江省哈尔滨市中级人民法院行政判决书，（2019）黑 01 行终 637 号。

---

① 参见安徽省马鞍山市中级人民法院行政判决书，（2020）皖 05 行终 131 号。

相关法条

《工伤保险条例》第十四条、第十八条第一款。

《工伤认定办法》第六条。

九十一、用人单位在职工因工伤亡后予以注销，工伤保险待遇由谁支付

实践中，如果企业没有为职工购买工伤保险，职工发生工伤，伤残严重或死亡，用人单位往往面临巨额的赔偿责任，常常发生有的用人单位在职工工伤认定之后不久，劳动能力鉴定出来之前注销，使职工因找不到承担责任的主体而面临仲裁和诉讼困难，用人单位以“金蝉脱壳”的方式规避责任。工伤职工的工伤保险待遇如何得到救济争议较大。

认定争议

在司法实践中，有审判机关认为，依据及参照《工伤保险条例》第十九条、《人力资源社会保障部关于执行〈工伤保险条例〉若干问题的意见》（人社部发〔2013〕34号）等工伤认定及工伤保险待遇支付等方面的行政法规及规范性文件所作的规定，并未排斥用人单位注销工商登记后，工伤职工申请工伤认定或获得工伤保险待遇。且工伤职工申请工伤认定，就行政行为性质而言属于行政确认行为，并不因用人单位注销而否认职工在单位工作期间因工作原因受伤及视同工伤之事实。用人单位虽于职工发生工伤后注销，但其注销之前所应承担的责任仍应由经营者承担，即使用人单位在职工因工伤亡后予以注销，出资人和实际经营者仍然应当承担支付工伤保险待遇的责任。[①]

有的社会保险行政部门认为，人社部门对此类工伤案件可以不予受理。一是因为《工伤保险条例》第十八条规定，职工提出工伤认定申请应当提交与用人单位存在劳动关系的证明材料。而用人单位被依法注销后，职工没有申请主体，人社部门应不予受理其工伤认定申请。二是职工的救济权并未丧失，根据《职业病防治法》第六十二条等法律规定，职工可以向地方人民政府民政部门申请医疗救助和生

---

① 参见福建省莆田市中级人民法院民事判决书，（2017）闽03民终3474号；四川省成都市中级人民法院行政判决书，（2020）川01行终1454号。

活方面的救助，而不应当申请工伤认定。三是作为工伤认定和工伤保险待遇支付主体的用人单位已经不存在，无法开展调查询问、取证、告知、送达等工作，工伤认定程序无法开展，无论行政机关作出认定工伤决定书还是不予认定工伤决定书都会因为程序违法导致具体行政行为违法。因此，人社部门对此类工伤案件可以不予受理。①

专业解答

如果职工发生因工伤亡前正常缴纳了工伤保险费，职工或其近亲属在规定时限内提出工伤认定申请，后经社会保险行政部门认定为工伤，工伤保险待遇该由工伤保险基金支付的那一部分还是应该由工伤保险基金支付。对于应当由企业支付的那一部分或者因企业没有为职工缴纳工伤保险费，企业应当全额支付的工伤保险费，根据《工伤保险条例》第四十三条的规定，企业破产的，在破产清算时依法拨付应当由单位支付的工伤保险待遇费用。《企业破产法》第一百一十三条第一款规定："破产财产在优先清偿破产费用和共益债务后，依照下列顺序清偿：（一）破产人所欠职工的工资和医疗、伤残补助、抚恤费用，所欠的应当划入职工个人账户的基本养老保险、基本医疗保险费用，以及法律、行政法规规定应当支付给职工的补偿金；（二）破产人欠缴的除前项规定以外的社会保险费用和破产人所欠税款；（三）普通破产债权。"《公司法》第一百八十六条第一、二款规定："清算组在清理公司财产、编制资产负债表和财产清单后，应当制定清算方案，并报股东会、股东大会或者人民法院确认。公司财产在分别支付清算费用、职工的工资、社会保险费用和法定补偿金，缴纳所欠税款，清偿公司债务后的剩余财产，有限责任公司按照股东的出资比例分配，股份有限公司按照股东持有的股份比例分配。"具体来说，对于企业注销，无论是通过破产清算还是其他方式解散，按照条例规定应当由企业向工伤职工支付的工伤保险待遇列入除破产费用和共益债务后的第一顺序清偿。该法第一百八十九条第三款规定："清算组成员因故意或者重大过失给公司或者债权人造成损失的，应当承担赔偿责任。"若企业清算时，清算组成员明知职工工伤的情形存在，而未在公司清算过程中将工伤职工的工伤保险待遇计算在公司债权中，可认定

① 参见重庆市第三中级人民法院行政判决书，(2019)渝 03 行终 2 号案中重庆市南川区人力资源和社会保障局的观点。

存在故意或过失，应当由清算组成员承担对工伤职工的工伤待遇赔偿责任。若是其他合伙组织或个体工商户，则可参照上述规定由出资人和实际经营者承担支付工伤保险待遇的责任。

相关案例

四川省眉山市中级人民法院行政判决书，(2019)川 14 行终 198 号。
江苏省扬州市中级人民法院行政判决书，(2020)苏 10 行终 143 号。

相关法条

《企业破产法》第一百一十三条。
《公司法》第一百八十六条。
《工伤保险条例》第四十三条。

九十二、用人单位未参加工伤保险但参加了商业保险，工伤职工在已获得商业赔付的情形下，能否申请工伤保险基金先行支付

前已述及，用人单位未参加工伤保险但以职工作为受益人参加了商业保险，工伤职工可同时向用人单位主张工伤保险与商业保险待遇。《社会保险法》第四十一条规定，职工所在用人单位未依法缴纳工伤保险费，发生工伤事故的，由用人单位支付工伤保险待遇。用人单位不支付的，从工伤保险基金中先行支付。工伤职工或其近亲属在已经获得商业赔付的情况下，遇到用人单位无力支付工伤保险待遇情形，是否可以申请工伤保险基金先行支付其工伤保险待遇在实践中有争议。

认定争议

在司法实践中，有审判机关认为，工伤职工或其近亲属可以从工伤保险基金中申请先行支付其应得的工伤保险待遇。理由是，《社会保险法》第四十一条第一款规定，职工所在用人单位未依法缴纳工伤保险费，发生工伤事故的，由用人单位支付工伤保险待遇。用人单位不支付的，从工伤保险基金中先行支付。职工被认定为工伤，且符合《社会保险基金先行支付暂行办法》第六条第二款的情形，职工或其近亲属可以持工伤认定决定书和有关材料向社会保险经办机构书面申请先行支付工伤保险待遇。前述规定并未将工伤职工获得商业保险赔偿金作为申请工伤保险基金先行支付的限制，故只要符合工伤保险基金先行支付的法定条件，工伤职工可以申请工伤保险基金先行支付，社会保险经办机构应从工伤保险基金中先行支付用人单位无力支付的工伤保险待遇。[①]

有审判机关认为，工伤职工或近亲属只能申请从工伤保险基金中先行支付工伤保险待遇的不足部分，即商业保险金低于应获得工伤保险待遇的部分。理由是，

---

① 参见山东省滨州市沾化区人民法院行政判决书，(2020)鲁 1603 行初 18 号。

《社会保险法》第四十一条、《社会保险基金先行支付暂行办法》中虽未明确已经享受商业险待遇的工伤职工是否可以申请工伤保险基金先行支付，但工伤保险基金先行支付制度设置目的在于更好地保障工伤职工的合法权益，避免职工在遭受意外伤害时因赔偿给付不足而陷入困境，故工伤保险基金的先行支付在于“救急、救困”，而非是对工伤职工的“双重保障”。用人单位为职工参加商业险的目的是减少其用工风险，而非增加福利，故职工因工伤事故获得商业保险赔偿金应视为用人单位履行的工伤保险责任。社会保险经办机构是否仍需从工伤保险基金中先行支付工伤保险待遇，在于工伤职工获得的商业保险赔偿金是否低于工伤保险待遇，若低于工伤保险待遇，工伤职工就可以申请从工伤保险基金中先行支付差额待遇。[①]

专业解答

用人单位参加的商业保险一般有两种：一种是以用人单位作为受益人的雇主责任险，另一种是以职工作为受益人的人身险、意外险等。雇主责任险指的用人单位职工发生工伤事故，按照《工伤保险条例》，雇主需要承担相应赔偿责任时，可以把赔偿责任转移给保险公司，由保险公司在合同约定责任范围内赔偿。雇主责任险具有转移用人单位用工风险的功能，职工发生工伤向用人单位要求赔偿的时候，用人单位可以用雇主责任险抵扣应当支付的工伤保险费用，剩余不能支付的部分，符合工伤保险先行支付条件的，可以申请先行支付。企业以职工作为受益人购买人身险、意外险等不能免除企业的工伤保险投保义务，受伤职工以意外伤害等保险受益人身份取得商业保险赔偿金后，仍有权向用人单位主张工伤保险赔偿，但是向工伤保险基金申请先行支付时，只能主张工伤保险赔偿与商业保险赔偿金差额中应当由工伤保险基金支付的项目。理由是，先行支付制度是在职工因工伤亡，用人单位未缴纳工伤保险费又不支付工伤保险费用时，由工伤基金先行支付职工有关待遇，社保经办机构再向用人单位追偿的制度。先行支付的实质是利用其他参保人员所缴纳的工伤保险费对未参保人员的紧急、人道救济。先行支付具有垫付性质，其公法上的作用在于工伤职工的基本权益在用人单位不履行相关支付义务的

① 参见云南省砚山县人民法院行政判决书，(2019)云2622行初10号。

情况下也能得到及时的救济。① 用人单位未缴纳工伤保险费用的，社会保险行政部门并不具有支付工伤保险费用的职责，社会保险行政部门履行先行支付义务是基于国家对职工因工受伤的关怀和救助，社会保险行政部门并非最终的责任主体，社会保险行政部门先行支付后即取得代位追偿的权利。在确定先行支付范围时，应考虑保障工伤保险基金的支付能力，对缴费职工和用人单位的公平性，以及社会保险行政部门追偿权的实施难度，兼顾工伤保险基金的平稳运行及工伤职工救济的紧急困难程度。对于已经获得商业保险赔偿金的那部分工伤待遇，不具有先行支付的紧迫性和公平性，社保经办机构可不予先行支付。

相关案例

山西省高级人民法院行政裁定书，(2015)晋行申字第 167 号。

云南省昆明铁路运输法院行政判决书，(2020)云 7101 行初 91 号。

相关法条

《社会保险法》第四十一条第一款。

《社会保险基金先行支付暂行办法》第六条、第八条。

---

① 参见周文蓉、陆杏龙、蔡文星：《工伤保险基金先行支付后追偿的实践与思考》，载《中国医疗保险》2017 年第 12 期。

九十三、工伤职工与用人单位达成和解，能否就放弃的工伤保险待遇再申请先行支付

实践中,有的工伤职工在受伤后与用人单位自行达成和解协议或者在人民法院的执行程序中达成和解终止执行。和解往往意味着工伤职工要放弃部分工伤保险待遇,就放弃的部分能否再申请先行支付在实践中有一定争议。

认定争议

在司法实践中,有审判机关认为,虽然工伤职工在和解协议或执行和解中放弃了对用人单位再行主张部分工伤待遇的权利,但是放弃部分的工伤待遇属于工伤职工应得的补偿,在和解过程中,如因用人单位客观原因不能足额支付,职工与用人单位达成和解协议的,并非主动放弃,仍符合"用人单位拒绝支付全部或者部分费用"的情形,就放弃部分的工伤待遇,职工可根据《社会保险法》第四十二条之规定申请先行支付。[①]

有审判机关认为,对部分工伤费用的放弃,是职工自由处分其民事权利的表现。因工伤职工的放弃,工伤保险经办机构理论上和实际上都丧失了向用人单位追偿的可能,对于工伤职工放弃的权利,如仍可以申请工伤保险基金先行支付待遇,不利于工伤保险基金的安全和稳定,也有违《社会保险法》的立法本意。[②]

专业解答

工伤保险先行支付制度的设立目的在于,当工伤职工穷尽所有法律上可以使用的手段仍不能获得工伤保险待遇赔付时,由工伤保险基金先行支付工伤保险待

① 参见湖南省常德市中级人民法院行政判决书,(2017)湘07行终116号。

② 参见江苏省常州市中级人民法院行政判决书,(2017)苏04行终157号。

遇中应由工伤保险基金支付的项目以保障受伤职工基本的医疗救治、生活支出等基本权益。但该制度适用的前提是工伤职工穷尽所有法律上可以使用的手段仍不能获赔，实践中主要是经依法仲裁、诉讼、执行后仍不能获得工伤保险待遇。但实质上，用人单位未依法为职工缴纳工伤保险的，工伤保险待遇最终责任应由用人单位承担。在职工穷尽法律手段仍未获得工伤保险待遇支付时，方可申请工伤保险基金先行支付，工伤保险基金在先行支付后取得向用人单位依法追偿的权利。故工伤职工不管是在双方自愿的民事和解中还是执行和解中与用人单位就工伤保险待遇数额达成和解协议，自愿放弃一部分工伤待遇，其在放弃部分工伤待遇时对其处分后果具有明确的认识，属于工伤职工对自身权利的处置行为，其放弃的部分工伤待遇不属于穷尽法律手段而未获得的工伤保险待遇，其再就该部分工伤待遇申请工伤保险基金先行支付，不应得到支持。于此，也能避免用人单位与工伤职工“合意”套取工伤保险基金的道德风险。

相关案例

重庆市第一中级人民法院行政判决书，(2019)渝 01 行终 491 号。

浙江省温州市中级人民法院行政判决书，(2019)浙 03 行终 314 号。

相关法条

《社会保险法》第四十一条第一款。

《社会保险基金先行支付暂行办法》第六条、第九条。

九十四、因第三方侵权造成工伤的职工获得侵权损害赔偿后是否还可申请工伤保险先行支付

前已述及，根据《最高人民法院关于审理工伤保险行政案件若干问题的规定》（法释〔2014〕9号）第八条的规定，在同一个伤害事故中，侵权损害赔偿和工伤保险待遇除医疗费外可以兼得。那么因第三方侵权造成工伤的职工获得侵权损害赔偿后是否还可申请工伤保险先行支付在实践中存在争议。

认定争议

在司法实践中，有审判机关认为，《最高人民法院关于审理人身损害赔偿案件适用法律若干问题的解释》第三条第二款规定："因用人单位之外的第三人侵权造成劳动者人身损害，赔偿权利人请求第三人承担民事赔偿责任的，人民法院应予支持。"《最高人民法院关于审理工伤保险行政案件若干问题的规定》（法释〔2014〕9号）第八条第三款规定："职工因第三人的原因导致工伤，社会保险机构以职工或者近亲属已经对第三人提起民事诉讼为由，拒绝支付工伤保险待遇的，人民法院不予支持，但第三人支付的医疗费除外。"即在发生第三人侵权与工伤事故竞合的情况下，除去医疗费外，工伤职工或者其近亲属可以同时获得民事侵权赔偿和工伤保险待遇。故因第三人侵权造成工伤，职工既可以请求第三人支付侵权损害赔偿，也可以要求用人单位支付除医疗费之外的其他工伤待遇，在用人单位未缴纳工伤保险费，职工穷尽法律手段不能从用人单位处获得工伤保险待遇时，可以申请先行支付。[①]

有审判机关认为，在发生第三人侵权与工伤事故竞合的情况下，除去医疗费外，工伤职工或者其近亲属可以同时获得民事侵权赔偿和工伤保险待遇，但是《社

---

① 参见安徽省芜湖市中级人民法院行政判决书，(2020)皖02行终162号。

会保险基金先行支付暂行办法》第十一条规定："个人已经从第三人或者用人单位处获得医疗费用、工伤医疗费用或者工伤保险待遇的，应当主动将先行支付金额中应当由第三人承担的部分或者工伤保险基金先行支付的工伤保险待遇退还给基本医疗保险基金或者工伤保险基金，社会保险经办机构不再向第三人或者用人单位追偿。个人拒不退还的，社会保险经办机构可以从以后支付的相关待遇中扣减其应当退还的数额，或者向人民法院提起诉讼。"根据该规定，个人获得第三人支付的人身损害赔偿的，工伤保险基金不再先行支付。职工从第三人处获得的侵权损害赔偿可以解决其基本的就医、生活保障问题，工伤保险基金无先行支付的必要性和紧迫性。[1]

专业解答

未依法缴纳工伤保险费的用人单位是应当支付工伤保险待遇的主体，导致工伤发生的第三人是应当支付人身损害赔偿待遇的主体，为了更好地保障工伤职工的合法权益，使工伤职工能够得到及时的救助，在上述责任主体不支付或无法支付职工相关工伤保险待遇时，工伤保险基金承担起了先行垫付职能，先行支付后获得追偿的权利。先行支付制度的目的也是在于救急、救穷、救困，避免职工因工伤无法获得责任主体支付工伤待遇而陷入困境，因此在第三方侵权造成工伤的职工获得侵权损害赔偿后是否还可申请工伤保险先行支付需视工伤职工从第三方获得的赔偿金额能否解决职工的急、困问题而定。如果第三方支付的侵权损害赔偿金额高于职工能够通过先行支付方式获得的金额，那么工伤保险基金不应再先行支付。如果第三方就侵权损害赔偿金与工伤职工达成和解，工伤职工放弃部分赔偿金额，那么工伤保险基金也不应再先行支付。工伤职工通过诉讼、执行程序从第三方获得的侵权损害赔偿金的数额低于职工能够通过先行支付方式获得的金额的，工伤保险基金应当先行支付补足。

---

① 参见广东省广州铁路运输中级法院行政判决书，(2020)粤 71 行终 2636 号。

相关案例

湖南省郴州市中级人民法院行政判决书,(2020)湘10行终70号。

云南省丽江市中级人民法院行政判决书,(2020)云07行终2号。

相关法条

《社会保险法》第四十二条。

《最高人民法院关于审理工伤保险行政案件若干问题的规定》(法释〔2014〕9号)第八条第三款。

《社会保险基金先行支付暂行办法》第十一条。

《最高人民法院关于因第三人造成工伤的职工或其亲属在获得民事赔偿后是否还可以获得工伤保险补偿问题的答复》(〔2006〕行他字第12号)。

九十五、用人单位是否需要为一级至四级伤残的工伤职工缴纳基本养老保险费

《工伤保险条例》第三十五条第二款规定："职工因工伤致残被鉴定为一级至四级伤残的，由用人单位和职工个人以伤残津贴为基数，缴纳基本医疗保险费。"该条款明确规定了用人单位和职工需要缴纳基本医疗保险费，但对于用人单位是否需要为一级至四级伤残的工伤职工缴纳基本养老保险费则没有规定，导致实务中对用人单位是否需要为一级至四级伤残职工缴纳基本养老保险费存在争议。

认定争议

在司法实践中，有审判机关认为，《工伤保险条例》第三十五条第二款并未规定用人单位为工伤职工缴纳养老保险，而只是规定缴纳基本医疗保险，医疗保险和养老保险是有着区别的。既然《工伤保险条例》没有明确规定，用人单位就没有为职工缴纳养老保险费的法定义务，无须缴纳。社保机构在没有法律、法规、规章授权的情况下，无法征收一级至四级伤残的工伤职工的基本养老保险费。①

有审判机关认为，《社会保险法》第十条规定了职工参加养老保险是法定义务，养老保险是一种强制社会保险，用人单位和职工必须缴纳基本养老保险费。一级至四级伤残的工伤职工只是退出工作岗位，但保留劳动关系，仍然属于用人单位的职工，用人单位继续为工伤职工缴纳基本养老保险费和基本医疗保险费是其法定义务，故依法需要缴纳基本养老保险费。②

专业解答

从《人力资源社会保障部对十三届全国人大二次会议第1104号建议的答复》

---

① 参见天津市高级人民法院民事裁定书，(2015)津高民申字第1386号。

② 参见湖北省高级人民法院民事判决书，(2013)鄂民监二再终字第00048号。

(人社建字〔2019〕29号)来看,《工伤保险条例》对于一级到四级工伤职工是否继续缴纳养老保险费没有作出明确规定并非立法空白,而是有意为之,当时作这样的规定主要考虑一是减轻一级至四级工伤职工需个人缴纳费用的负担,二是减轻企业负担,三是基金补差政策使少数一级至四级工伤职工即使没有缴纳15年养老保险费,也能保证其退休后的养老待遇不低于退休前的伤残津贴。但笔者认为一级到四级工伤职工应继续缴纳养老保险费,立法机构修订《工伤保险条例》时应不断完善工伤保险政策,对一级到四级工伤职工退休养老和医疗待遇进行衔接,一级到四级工伤职工由用人单位和职工个人以伤残津贴为基数,继续缴纳基本养老保险费和基本医疗保险费。理由如下:首先,《社会保险法》第十条规定,职工应当参加基本养老保险,由用人单位和职工共同缴纳基本养老保险费。而《工伤保险条例》第三十五条规定,一级至四级伤残的工伤职工只是退出工作岗位,但保留劳动关系,仍然属于用人单位的职工,故依法需要缴纳基本养老保险费。其次,《社会保险法》第十六条"享受基本养老保险待遇"的前提是工伤职工累计缴纳基本养老保险费满十五年,如果工伤职工在累计缴纳基本养老保险费未满十五年时即因工致一级至四级伤残,不继续缴纳养老保险费会导致其达到退休年龄时无法办理退休手续,从而无法享受基本养老保险待遇。最后,举重以明轻,《工伤保险条例》第三十六条规定,职工因工致残被鉴定为五级、六级伤残的,保留与用人单位的劳动关系,由用人单位安排适当工作。难以安排工作的,由用人单位按月发给伤残津贴,并由用人单位按照规定为其缴纳应缴纳的各项社会保险费。从上述规定可推知,由用人单位按照规定为一级至四级伤残的工伤职工缴纳应缴纳的各项社会保险费用也是应有之义。综上,从保障伤残职工权益及综合理解适用《工伤保险条例》及《社会保险法》的角度出发,用人单位需要为一级至四级伤残的工伤职工缴纳基本养老保险费。实践中,部分省份关于工伤保险的地方性立法也要求用人单位为一级至四级伤残的工伤职工缴纳基本养老保险费。如《湖北省工伤保险实施办法》第三十五条规定:"一级至四级工伤职工领取伤残津贴期间,由用人单位和职工个人以伤残津贴为基数,缴纳基本医疗、基本养老保险费。扣除职工个人缴纳的基本医疗、基本养老保险费后,伤残津贴实际金额低于当地最低工资标准的,由工伤保险基金补足差额。"《重庆市人力资源和社会保障局、重庆市财政局关于一至四级工伤职工养老保险缴费和待遇有关问题通知》(渝人社发〔2014〕153号)第一条规定:"工伤职工在领取伤残津贴期间由用人单位缴纳基本养老保险费,申报缴费基数以工伤职工领取的伤残津贴为基数,若伤残津贴低于本单位职工同年度基本养老保险人均缴费基数的，以本单位职工同年度基本养老保险人均缴费基数申报缴纳，单位缴费费率按照我市企业职工基本养老保险政策规定的当期单位缴费费率执行，工伤职工自愿缴纳基本养老保险个人缴费部分的，应计入个人账户部分的金额，按我市企业职工基本养老保险政策规定的个人账户计入办法执行。”《河南省工伤保险条例》第二十四条规定：“职工因工致残被鉴定为一级至四级伤残的，由用人单位和职工个人以伤残津贴为基数按规定缴纳基本养老保险费、基本医疗保险费至正常退休年龄。扣除个人缴纳的各项社会保险费后，伤残津贴低于当地最低工资标准的，由工伤保险基金补足差额。一级至四级工伤伤残农民工，可选择一次性享受或者长期享受工伤保险待遇。一次性享受工伤保险待遇的具体办法由省人民政府另行制定。”《浙江省工伤保险条例》第二十六条规定，一级至四级工伤职工保留劳动关系，退出工作岗位，按照《工伤保险条例》规定享受相关待遇。在劳动关系存续期间，用人单位和工伤职工个人以伤残津贴为基数，按照规定缴纳基本养老保险费、基本医疗保险费。

相关案例

吉林省高级人民法院民事判决书，(2019)吉民再 286 号。

湖北省随州市中级人民法院民事判决书，(2018)鄂 13 民终 97 号。

相关法条

《社会保险法》第十条。

《工伤保险条例》第三十五条。

九十六、长期的工伤保险待遇能否一次性支付

根据《社会保险法》第三十八条和《工伤保险条例》第三十二条、第三十四条至第三十六条的规定，职工因工致残的，后续置换伤残辅助器具所需费用、生活护理费，一级至六级伤残职工按月领取的伤残津贴，以及补足达到法定退休年龄后基本养老保险待遇与伤残津贴的差额，属于伤残职工可以长期领取的工伤保险待遇，按照规定这些待遇属于按需领取和按月领取的范畴，从便民的角度受伤职工能否一次性领取所有工伤保险待遇在实践中存在一定争议。

认定争议

在司法实践中，有审判机关认为，职工因在住所地外受伤不方便到受伤地领取后续工伤保险待遇或者用人单位未为职工缴纳工伤保险费用，用人单位应支付所有工伤保险费用时，应允许受伤职工一次性领取所有工伤待遇。因为农民工是我国产业工人的主体，其往往是在外出打工期间因工致残，不具有继续通过劳动挣取收入的能力的时候往往会回到自己的家乡度过余生，按月、按需领取的工伤保险待遇如果不能一次性支付，每一次需要到受伤地社会保险行政部门或用人单位办理手续，领取费用，会大大地增加其成本。且在用人单位未为职工缴纳工伤保险费用，用人单位应支付所有工伤待遇费用等情况下，不排除用人单位后续破产、清算无法支付后续工伤保险待遇的情况，反而不利于工伤职工的权益保护。①

有审判机关认为，根据《工伤保险条例》有关规定，伤残津贴、供养亲属抚恤金、生活护理费是长期待遇，按月发放，由统筹地区社会保险行政部门根据职工平均工资和生活费用变化等情况适时调整。在有工伤保险基金作为保障的情况下，随着社会收入水平增加，工伤保险待遇长期支付可以更好地保障工伤职工的权益。且根据《人力资源社会保障部关于执行〈工伤保险条例〉若干问题的意见》（人社部

① 参见吉林省长春市中级人民法院民事判决书，(2020)吉01民终781号；四川省乐山市中级人民法院民事判决书，(2018)川11民终795号；四川省成都市中级人民法院民事判决书，(2018)川01民终279号。

发〔2013〕34号）第十三条"由工伤保险基金支付的各项待遇应按《条例》[1]有关规定支付，不得采取将长期待遇改为一次性支付的办法"的规定，工伤职工长期的工伤保险待遇不能一次性支付。[2]

专业解答

随着信息技术的发展，工伤保险基金支付待遇基本采用电子支付的方式，一定程度上免除了受伤职工跨区流动领取工伤保险待遇的问题。若用人单位依法按时足额为职工缴纳工伤保险，则伤残津贴、生活护理费及辅助器具费应从社保机构工伤保险基金中领取。工伤保险基金是由用人单位缴纳的工伤保险费、工伤保险基金的利息和依法纳入工伤保险基金的其他资金构成，由专门机构管理并专门用于支付参保人员工伤待遇的专项资金，其管理规范，运行安全，支付有保障，不存在支付的风险。且一级至四级工伤职工的伤残津贴需以上年度各省（区、市）一级至四级工伤职工月人均伤残津贴为基数，综合考虑职工平均工资增长和居民消费价格指数变化情况，侧重职工平均工资增长因素，兼顾工伤保险基金支付能力和相关社会保障待遇调整情况，综合进行调整，生活护理费及辅助器具费也会视不同年份和市场价格进行调整，故为保障一级至四级伤残职工合法权益，由工伤保险基金支付的伤残津贴、生活护理费及辅助器具费应当按照《人力资源社会保障部关于执行〈工伤保险条例〉若干问题的意见》（人社部发〔2013〕34号）第十三条的规定按《工伤保险条例》有关规定支付，不得采取将长期待遇改为一次性支付的方式支付。

若用人单位未依法按时足额为职工缴纳工伤保险，则职工应当享受的伤残津贴、生活护理费及辅助器具费等长期待遇需由用人单位支付，由用人单位支付的长期待遇可采用一次性支付的办法进行支付。理由如下：其一，2013年4月25日颁布的《人力资源社会保障部关于执行〈工伤保险条例〉若干问题的意见》（人社部发〔2013〕34号）第十三条规定：由工伤保险基金支付的各项待遇应按《条例》相关规定支付，不得采取将长期待遇改为一次性支付的办法。该条适用范围限于由工伤

---

① 指《工伤保险条例》。

② 参见江苏省扬州市邗江区人民法院民事判决书，（2015）扬邗民初字第2806号；河南省郑州市中级人民法院民事判决书，（2018）豫01民终5667号；海南省第一中级人民法院民事判决书，（2014）海南一中民一终字第151号。

保险基金支付的待遇。其二,若用人单位未为职工缴纳工伤保险,则由用人单位承担工伤保险责任,若受伤职工离用人单位距离较远,甚至跨省流动,用人单位不自觉支付工伤待遇的话,职工每月向用人单位主张伤残津贴等较为麻烦。其三,根据2004年6月1日原劳动和社会保障部颁布的《关于农民工参加工伤保险有关问题的通知》(劳社部发〔2004〕18号)第四条的规定,对跨省流动的农民工,即户籍不在参加工伤保险统筹地区所在省的农民工,一级至四级伤残长期待遇的支付,可试行一次性支付和长期支付两种方式,供农民工选择,由用人单位支付的长期待遇采用一次性支付的办法进行支付具有法律依据。其四,用人单位一般属于商业性的营利机构,没有工伤待遇费用的专款设置,企业存在经营失败等各种商业风险,也存在资金风险,严重的可能有解散、破产风险,工伤职工的合法权益无法保护。且伤残津贴和生活护理费由统筹地区社会保险行政部门根据职工平均工资和生活费用变化等情况适时调整,工伤职工需要的辅助器具费标准等也在不断地调整,这些工伤待遇项目在社保机构能够严格贯彻执行,而在职工单位很难得到保障,由此导致工伤职工的合法权益无法保障。综上,不应依据《人力资源社会保障部关于执行〈工伤保险条例〉若干问题的意见》(人社部发〔2013〕34号)第十三条的规定排除将应由用人单位支付的长期工伤待遇进行一次性支付。如《河南省工伤保险条例》第二十四条规定,一级至四级工伤伤残农民工,可选择一次性享受或者长期享受工伤保险待遇。

相关案例

江苏省徐州市中级人民法院民事判决书,(2021)苏03民终8706号。

山西省晋中市中级人民法院民事判决书,(2019)晋07民终1608号。

相关法条

《社会保险法》第三十八条。

《工伤保险条例》第三十二条、第三十四条、第三十五条、第三十六条。

九十七、村、居委会聘用人员的用工关系符合劳动关系特征，聘用人员履行工作职责受到的伤害，能否认定为工伤

实践中，社会各方面对基层工作的要求越来越高，基层工作专业化分工越来越细，村、居委会聘用专人从事有关管理、服务工作也越来越常见。村、居委会聘用的人员发生职业伤害是否认定为工伤，现行法律并没有规定，在实践中存在争议。

认定争议

在司法实践中，有审判机关认为，《村民委员会组织法》第二条规定："村民委员会是村民自我管理、自我教育、自我服务的基层群众性自治组织，实行民主选举、民主决策、民主管理、民主监督。村民委员会办理本村的公共事务和公益事业，调解民间纠纷，协助维护社会治安，向人民政府反映村民的意见、要求和提出建议。"第五条规定："乡、民族乡、镇的人民政府对村民委员会的工作给予指导、支持和帮助，但是不得干预依法属于村民自治范围内的事项。村民委员会协助乡、民族乡、镇的人民政府开展工作。"《城市居民委员会组织法》第二条规定："居民委员会是居民自我管理、自我教育、自我服务的基层群众性自治组织。不设区的市、市辖区的人民政府或者它的派出机关对居民委员会的工作给予指导、支持和帮助。居民委员会协助不设区的市、市辖区的人民政府或者它的派出机关开展工作。"据此，村、居委会是群众自治组织。《工伤保险条例》第二条规定："中华人民共和国境内的企业、事业单位、社会团体、民办非企业单位、基金会、律师事务所、会计师事务所等组织和有雇工的个体工商户（以下称用人单位）应当依照本条例规定参加工伤保险，为本单位全部职工或者雇工（以下称职工）缴纳工伤保险费。中华人民共和国境内的企业、事业单位、社会团体、民办非企业单位、基金会、律师事务所、会计师事务所等组织的职工和个体工商户的雇工，均有依照本条例的规定享受工伤保险待遇的权利。"村、居委会不在上述用人单位范围之列，是一种特殊的用工主体，不

适用《工伤保险条例》的有关规定。[①]

《劳动合同法》第二条规定："中华人民共和国境内的企业、个体经济组织、民办非企业单位等组织（以下称用人单位）与劳动者建立劳动关系，订立、履行、变更、解除或者终止劳动合同，适用本法。国家机关、事业单位、社会团体和与其建立劳动关系的劳动者，订立、履行、变更、解除或者终止劳动合同，依照本法执行。"有审判机关认为，村、居委会作为依法成立的基层群众自治组织，其与劳动者签订书面劳动合同或形成事实劳动关系，应受《劳动法》、《劳动合同法》及《工伤保险条例》的调整，村、居委会聘用人员的用工关系符合劳动关系特征，聘用人员履行工作职责受到的伤害，应当认定为工伤。[②]

专业解答

《民法典》第一百零一条第一款规定："居民委员会、村民委员会具有基层群众性自治组织法人资格，可以从事为履行职能所需要的民事活动。"村、居委会招聘外部工作人员从事劳动，与其之间的用工关系符合《劳动法》和《劳动合同法》规定的形式及实质要件的，二者之间形成劳动关系，聘用人员在工作时间、工作场所内因工作原因受到的伤害，应认定为工伤。居民委员会、村民委员会具有基层群众性自治组织法人资格，可以从事为履行职能所需要的民事活动，其聘请工作人员在社区从事相关工作，双方形成了稳定的关系，居民委员会、村民委员会属于特别法人，其雇请人员从事固定工作，与《工伤保险条例》第二条确定的"中华人民共和国境内的企业、事业单位、社会团体、民办非企业单位、基金会、律师事务所、会计师事务所等组织和有雇工的个体工商户"等用人单位具有共性。

村、居委会聘用的工作人员因工受伤有第三方侵权人的，可以直接通过民事诉讼的方式请求侵权人承担侵权损害赔偿责任；对于不存在侵权人的，若不将村、居委会聘用的工作人员纳入工伤保险，则村、居委会聘用的工作人员因工受伤没有专门的法律救济途径。村、居委会聘用的工作人员从事一线的公共服务和公共管理职责，如居委会聘用的社区保洁员、村委会聘用的管线维护人员，他们遭遇职业伤害时无法得到救济也违背公平原则。将村、居委会聘用的工作人员纳入工伤保险

---

① 参见辽宁省本溪市中级人民法院行政判决书，(2017)辽05行终136号。

② 参见湖南省长沙市天心区人民法院行政判决书，(2017)湘0103行初123号书。

是实现社会保险制度全覆盖的要求。

综上，笔者认为村、居委会聘用的工作人员属于《工伤保险条例》的调整范围，村、居委会聘用人员的用工关系符合劳动关系特征，聘用人员履行工作职责受到的伤害，应当认定为工伤。

相关案例

四川省宜宾市中级人民法院行政判决书，(2021)川 15 行终 11 号。

湖南省宁乡县人民法院行政判决书，(2019)湘 0124 行初 93 号。

相关法条

《民法典》第一百零一条。

《工伤保险条例》第二条。

九十八、若超龄职工所在用人单位为其购买工伤保险并依法足额缴纳工伤保险费用，工伤保险基金是否支付相应工伤待遇

实践中,往往存在职工超过法定退休年龄后未办理退休,用人单位一直为其按时足额缴纳工伤保险费,社会保险行政部门也一直接收职工所在用人单位缴纳的工伤保险费的情形。在职工符合《工伤保险条例》第十四条、第十五条规定的情形下,工伤保险基金是否支付相应工伤待遇产生一定争议。

认定争议

实践中,有的社会保险行政部门认为,职工达到法定退休年龄后即无法再与用人单位建立劳动关系,用人单位不应再缴纳工伤保险费用,职工应依法退出工伤保险关系,由用人单位申请减员。按照《工伤保险经办规程》(人社部发〔2012〕11号)第八条规定,用人单位依法为其职工办理社会保险登记时,需填报《参加社会保险人员登记变动申报名册》,职工参加或退出工伤保险的,应由用人单位向社会保险经办机构填报《参加社会保险人员登记变动申报名册》,即若职工依法退出工伤保险的,应由用人单位申请减员,再由社会保险经办机构审查受理,依法为其办理减员手续。若因用人单位未依法申请减员且继续进行缴费申报导致社会保险经办机构收取工伤保险费的,对用人单位已缴纳的工伤保险费用,应通过退费程序办理。用人单位未申请办理退费的,不能视为社会保险经办机构已接受用人单位为不符合参保条件的职工参保,社会保险行政部门不具有支付超龄职工工伤保险待遇的义务。[①]

有的审判机关认为,《人力资源社会保障部关于执行〈工伤保险条例〉若干问题的意见(二)》(人社部发〔2016〕29 号)第二条第二款规定:“用人单位招用已经

① 参见福建省泉州市中级人民法院行政判决书,(2021)闽 05 行终 72 号。

达到、超过法定退休年龄或已经领取城镇职工基本养老保险待遇的人员，在用工期间因工作原因受到事故伤害或患职业病的，如招用单位已按项目参保等方式为其缴纳工伤保险费的，应适用《工伤保险条例》。"《最高人民法院行政审判庭关于离退休人员与现工作单位之间是否构成劳动关系以及工作时间内受伤是否适用〈工伤保险条例〉问题的答复》（〔2007〕行他字第6号）规定，离退休人员受聘于现工作单位，现工作单位已经为其缴纳了工伤保险费，其在受聘期间因工作受到事故伤害的，应当适用《工伤保险条例》的有关规定处理。可见，超龄人员所在用人单位继续为其缴纳工伤保险费用的，社会保险经办机构若认为超龄人员不能再参保，可以直接拒绝收取保费，而一旦经审核收取了保费，该收费行政行为即发生法律效力，社会保险经办机构就应承担相应的法律责任，而不能以参保人员发生伤亡时已超龄抗辩。若超龄职工所在用人单位为其购买工伤保险并依法足额缴纳工伤保险费用的，工伤保险基金应支付相应工伤待遇。①

专业解答

《人力资源社会保障部关于执行〈工伤保险条例〉若干问题的意见（二）》（人社部发〔2016〕29号）第二条第二款规定："用人单位招用已经达到、超过法定退休年龄或者已经领取城镇职工基本养老保险待遇的人员，在用工期间因工作原因受到事故伤害或者患职业病的，如招用单位已按项目参保等方式为其缴纳工伤保险费的，应适用《工伤保险条例》。"《最高人民法院行政审判庭关于离退休人员与现单位之间是否构成劳动关系以及工作时间内受伤是否适用〈工伤保险条例〉问题的答复》（〔2007〕行他字第6号）认为，根据《工伤保险条例》第二条、第六十一条等有关规定，离退休人员受聘于现工作单位，现工作单位已经为其缴纳了工伤保险费，其在受聘期间因工作受到事故伤害的，应当适用《工伤保险条例》的有关规定处理。虽然上述两个规定只涵盖项目参保人员和离退休人员，但笔者认为只要用人单位为职工依法缴纳工伤保险费用，工伤保险基金应支付相应工伤保险待遇，包括用人单位为超龄农民工、超龄未办理退休手续或者未依法享受城镇职工基本养老保险待遇的职工缴纳了工伤保险费用的情形。理由如下：从信赖利益保护原则出发，用人单位为超龄职工缴纳了工伤保险费，社会保险经办机构并未禁止该行为，

① 参见福建省泉州市中级人民法院行政判决书，（2021）闽05行终72号。

用人单位和工伤职工形成信赖利益，超龄职工因工受伤，社会保险经办机构应从工伤保险基金中支付职工相关待遇。从权利义务对等原则出发，如果用人单位依法为超龄职工缴纳了工伤保险费用，那么在该统筹地区的“工伤保险基金池”中就有用人单位为该职工缴纳的工伤保险费，该统筹地区的“工伤保险基金池”就有义务保障超龄工伤职工因工受伤的合法权益和分散用工单位的用工风险。

且该类情形下的工伤认定不以存在劳动关系为前提，职工无须提交劳动关系证明。因为：(1)按项目参保的工伤认定不以存在劳动关系为前提。(2)《最高人民法院关于审理劳动争议案件适用法律问题的解释(一)》(法释〔2020〕26号)第三十二条规定：“用人单位与其招用的已经依法享受养老保险待遇或者领取退休金的人员发生用工争议而提起诉讼的，人民法院应当按劳务关系处理。”可见，依法享受养老保险待遇或退休金待遇的已达退休年龄的职工，与用人单位所建立的关系是劳务关系而非劳动关系，对此并无争议，已达成共识，要求已享受养老保险待遇或退休金待遇的超龄职工提供劳动关系证明客观上不具有可能性。(3)对于已达法定退休年龄而尚未依法享受养老保险待遇或退休金待遇的职工与用人单位建立的关系到底按照劳动关系处理还是按劳务关系处理在实践中具有争议，要求超龄职工提供通过仲裁、诉讼方式获得劳动关系证明，仲裁机构、人民法院不一定会支持，客观上具有一定难度，各个地方的做法也不一致，既然用人单位为职工依法缴纳了工伤保险费用，应视为社会保险行政部门对劳动关系的认可，无须再提交劳动关系证明。

相关案例

福建省泉州市中级人民法院行政判决书，(2021)闽05行终72号。

四川省成都市中级人民法院行政判决书，(2021)川01行终414号。

相关法条

《社会保险法》第三十六条、第三十八条。

《人力资源社会保障部关于执行〈工伤保险条例〉若干问题的意见(二)》(人社

部发〔2016〕29 号）第二条。

《最高人民法院行政审判庭关于超过法定退休年龄的进城务工农民因工伤亡的，应否适用〈工伤保险条例〉请示的答复》（〔2010〕行他字第 10 号）。

《最高人民法院关于超过法定退休年龄的进城务工农民在工作时间内因公伤亡的，能否认定工伤的答复》（〔2012〕行他字第 13 号）。

九十九、用人单位招用已经依法享受养老保险待遇或者领取退休金的超龄职工，但未缴纳工伤保险费用，发生工伤，是否由用人单位支付工伤待遇

前已述及，从信赖利益保护原则、权利义务对等原则出发，只要用人单位为职工依法缴纳工伤保险费用，工伤保险基金应支付相应工伤保险待遇，包括用人单位为超龄农民工、超龄未办理退休手续或者未依法享受城镇职工基本养老保险待遇的职工缴纳了工伤保险费用的情形。但实践中，存在用人单位招用已经依法享受养老保险待遇或者领取退休金的超龄职工，但未缴纳工伤保险费用，发生工伤，是由用人单位按工伤标准支付工伤待遇还是按照人身损害赔偿支付赔偿金的争议。

认定争议

实践中，有的审判机关认为，工伤认定一般以劳动关系作为前提，《最高人民法院关于审理劳动争议案件适用法律问题的解释（一）》（法释〔2020〕26 号）第三十二条规定："用人单位与其招用的已经依法享受养老保险待遇或者领取退休金的人员发生用工争议而提起诉讼的，人民法院应当按劳务关系处理。"可见，用人单位与已经依法享受养老保险待遇或者领取退休金的超龄职工之间不存在劳动关系，在没有法律法规特殊规定的情况下，自无适用工伤保险制度的余地，超龄职工可按人身损害赔偿的民事救济程序进行处理。①

有的审判机关认为，是否达到法定退休年龄既不是区分其是否属于合格劳动者的要件，也不是区分其是否与用人单位存在劳动关系的要件。虽然职工年届退休，但只要能够认定其为用人单位提供劳动的事实，那么该职工与用人单位之间就存在（事实）劳动关系。已经依法享受养老保险待遇或者领取退休金的超龄职工

---

① 参见广东省佛山市中级人民法院行政判决书，（2020）粤 06 行终 457 号。

发生工伤，亦应当由用人单位支付工伤待遇。[①]

专业解答

上述情形应该区别对待。

第一种情形是，已经依法享受养老保险待遇或者领取退休金的超龄职工如果是接受原用人单位的返聘，双方之间是聘用关系，发生工伤，应当通过民事救济程序解决。理由是，超龄职工从原单位退休，领取退休金，则证明双方之间已经按照《劳动合同法》的规定解除了劳动关系，超龄职工接受原单位的返聘，一方面领取退休金或享受养老保险待遇，另一方面领取用人单位给付的劳动报酬，很难说双方具有重新建立劳动关系的合意，将这种返聘关系界定为劳务聘用关系更符合客观实际。在劳务聘用关系前提下，若没有法律法规、司法解释的特别规定，无适用《工伤保险条例》进行调整的法律依据。

第二种情形是，已经依法享受养老保险待遇或者领取退休金的超龄职工如果是接受非原用人单位的聘请，双方签订的书面劳动合同中明确双方之间的关系是劳动关系，在工资标准、工时、休假、违法解除劳动关系赔偿金等方面均有约定，则应当认可双方之间的劳动关系，如发生工伤则应由现用工单位承担工伤待遇支付责任。因为劳动者达到退休年龄并不能被禁止参加劳动，其仍有劳动的权利，其与用人单位签订的劳动合同合法有效。《劳动合同法实施条例》虽然有劳动者达到法定退休年龄，劳动合同终止的规定，从法律规范构成的角度分析，不能将其理解为强制性规范和义务性规范，而应将其理解为权利性规范，法定年龄退休是劳动者的一项权利，并非是剥夺其劳动的权利，劳动者可以选择在达到退休年龄后退休，也可选择继续工作建立新的劳动关系。[②] 如果用人单位与超龄职工之间有建立劳动关系的合意，则应尊重双方的意见。

第三种情形是，已经依法享受养老保险待遇或者领取退休金的超龄职工与用人单位之间没有明确约定是劳动关系，则一般应推定为劳务关系。发生工伤，超龄职工可按人身损害赔偿的民事救济程序进行处理。因为双方若无特别约定，则应

---

① 参见湖南省常德市中级人民法院行政判决书，(2021)湘 07 行终 10 号。

② 参见《超过法定退休年龄的劳动者仍享有劳动者的合法权益》，载《人民法院报》2018 年 8 月 23 日，第 6 版。

按照《最高人民法院关于审理劳动争议案件适用法律问题的解释(一)》(法释〔2020〕26号)第三十二条规定认定双方之间仅形成劳务关系。在劳务关系前提下,没有法律、法规及司法解释的特别规定,无适用《工伤保险条例》进行调整的法律依据。

相关案例

广东省高级人民法院行政裁定书,(2018)粤行申1699号。

广东省广州铁路运输中级法院行政判决书,(2020)粤71行终1760号。

湖南省长沙市中级人民法院民事判决书,(2021)湘01民终8311号。

相关法条

《劳动合同法》第四十四条。

《工伤保险条例》第二条。

《最高人民法院关于审理劳动争议案件适用法律问题的解释(一)》(法释〔2020〕26号)第三十二条。

一百、非法用工是否需要工伤认定才能享受工伤待遇

依据《劳动法》的相关规定，劳动关系主体需满足两个基本要件：其一，劳动者具有劳动权利能力和劳动行为能力，未满16周岁的公民不能成为《劳动法》规定的劳动者，不能成为劳动关系的主体；其二，劳动者所在单位具有用工主体资格，这就意味着无营业执照的单位或者未经依法登记、备案的单位以及被依法吊销营业执照或者撤销登记、备案的单位不能成为《劳动法》规定的用人单位，也不能成为劳动关系的主体。在上述情况下，劳动者由于无法与其工作单位之间形成劳动关系，被排除在工伤保险保障之外。但为保障这些劳动者合法权益，《工伤保险条例》第六十六条规定："无营业执照或者未经依法登记、备案的单位以及被依法吊销营业执照或者撤销登记、备案的单位的职工受到事故伤害或者患职业病的，由该单位向伤残职工或者死亡职工的近亲属给予一次性赔偿，赔偿标准不得低于本条例规定的工伤保险待遇；用人单位不得使用童工，用人单位使用童工造成童工伤残、死亡的，由该单位向童工或者童工的近亲属给予一次性赔偿，赔偿标准不得低于本条例规定的工伤保险待遇。具体办法由国务院社会保险行政部门规定。"上述规定设置了不属于工伤保险但又不低于同样情形下工伤保险待遇标准的救济方案。《非法用工单位伤亡人员一次性赔偿办法》（人社部令第9号）第八条规定："伤残职工或者死亡职工的近亲属、伤残童工或者死亡童工的近亲属就赔偿数额与单位发生争议的，按照劳动争议处理的有关规定处理。"该条文设计了争议的处理路径，即按照民事救济的途径进行处理。工伤保险待遇的获得一般需要经过工伤认定、劳动能力鉴定、申请支付等程序。非法用工单位向其伤亡职工支付不低于《工伤保险条例》规定的一次性工伤赔偿待遇的前提是职工受到事故伤害或者患职业病，职工遭受的事故伤害或职业病是否需要工伤认定，《工伤保险条例》和《非法用工单位伤亡人员一次性赔偿办法》（人社部令第9号）并未规定，实践中争议也较大。

认定争议

实践中，有的审判机关认为，非法用工单位伤亡人员无须进行工伤认定。因为非法用工的劳动关系主体本身不合法，没有建立合法的劳动关系，不适用《工伤保险条例》。若认定工伤，伤残职工与单位之间的纠纷可能因工伤认定而转换成伤残职工或用人单位与社会保险行政部门的行政争议。伤残职工或用人单位对社会保险行政部门的工伤认定不服还可以提起行政复议和行政诉讼，增加伤残职工维权成本。①

有的审判机关认为，应当由社会保险行政部门进行工伤认定。理由是不进行工伤认定无法判断伤亡职工遭受的事故伤害或职业病是否属于因工作原因引起；没有工伤认定，无法启动劳动能力鉴定，这会导致职工无法确定伤残等级，进而无法量化非法用工单位支付一次性赔偿金的标准；社会保险行政部门有一套现存的、成熟的工伤认定运行机制，由社会保险行政部门工作人员依据《工伤保险条例》第十四条至第十六条规定进行工伤认定比较权威，易于定分止争。②

专业解答

《工伤保险条例》第六十六条的规定只是对非法用工中的职业伤害确定了一个赔偿标准，即赔偿标准不得低于《工伤保险条例》规定的工伤保险待遇。《非法用工单位伤亡人员一次性赔偿办法》（人社部令第 9 号）第八条规定了争议的处理路径，即按照劳动争议的途径进行处理。非法用工中的职业伤害就是用工单位与职工之间的民事争议，职工遭受的事故伤害或职业病是否属于因工作原因引起是这个争议中的事实认定，没有必要必须要求社会保险行政部门介入进行工伤认定，一方面因劳动关系主体不合法，没有法律、法规、司法解释的特别规定，不具备工伤认定的条件；另一方面，也没有必要将用工单位与职工之间的简单的民事法律关系复杂化为用工单位、职工和社会保险行政部门之间的行政争议、民事争议等多重法

① 参见河南省许昌市中级人民法院行政判决书，(2020)豫 10 行终 43 号。

② 参见江苏省高级人民法院行政裁定书，(2020)苏行申 270 号。

律关系。只要有劳动事实存在，劳动争议仲裁机构、司法机关在处理相关民事争议时，可以对是否属于“非法用工单位”，是否符合《工伤保险条例》第十四条至第十六条的条件进行确认。一些地方性法规也支持社会保险行政部门对非法用工中的工伤认定申请不予受理。如《湖南省实施〈工伤保险条例〉办法》第十六条规定：“申请人提出工伤认定申请，有下列情形之一的，社会保险行政部门不予受理，并应当说明理由：（一）不符合管辖规定的；（二）属于《条例》第六十六条规定情形的。”但是，《非法用工单位伤亡人员一次性赔偿办法》（人社部令第 9 号）第三条规定：“一次性赔偿包括受到事故伤害或者患职业病的职工或童工在治疗期间的费用和一次性赔偿金。一次性赔偿金数额应当在受到事故伤害或者患职业病的职工或童工死亡或者经劳动能力鉴定后确定。劳动能力鉴定按照属地原则由单位所在地设区的市级劳动能力鉴定委员会办理。劳动能力鉴定费用由伤亡职工或童工所在单位支付。”非法用工单位伤亡人员的劳动能力鉴定是必须进行的，因为《工伤保险条例》根据受伤职工伤残等级的不同确定了不同的待遇标准，《工伤保险条例》第六十六条规定对非法用工中的职业伤害的一次性赔偿不得低于《工伤保险条例》规定的工伤保险待遇标准，只有经过劳动能力鉴定才能量化非法用工单位对伤残职工的赔偿标准。非法用工单位伤亡职工的劳动能力鉴定不需按照《工伤保险条例》第二十三条“劳动能力鉴定由用人单位、工伤职工或者其近亲属向设区的市级劳动能力鉴定委员会提出申请，并提供工伤认定决定和职工工伤医疗的有关资料”的规定提交工伤认定决定，因为非法用工单位伤亡职工可能因社会保险行政部门不受理其工伤认定申请而无法提供工伤认定决定。非法用工单位伤亡职工、非法用工单位自行申请劳动能力鉴定，对鉴定结论不服，可依据《工伤保险条例》第二十六条的规定提出再次鉴定申请。非法用工单位伤亡职工、非法用工单位在仲裁、民事诉讼中的劳动能力鉴定则按照相关仲裁、诉讼中的鉴定程序进行，双方当事人可从有资质的鉴定机构中选定或者由仲裁庭、法庭指定鉴定机构，对鉴定结论不服，可申请复核。

相关案例

广东省高级人民法院行政判决书，（2019）粤行终 1157 号。

甘肃省高级人民法院行政判决书，（2021）甘行终 7 号。

江苏省南京市中级人民法院行政判决书,(2020)苏01行终729号。

相关法条

《工伤保险条例》第六十六条。
《非法用工单位伤亡人员一次性赔偿办法》(人社部令第9号)第三条。

后记　我当行政审判法官的那些年

当启笔写本书时，我已离开我热爱的行政审判工作岗位，入职西南政法大学作一名专任教师。人到中年，重新开启一份新职业，甚感迷茫，同时又无比怀念过去，于是想要写下本书来回顾过去，也与未来相拥而悦。

我自 2008 年研究生毕业后入职重庆市高级人民法院，2012 年开始接触行政审判直到 2023 年离职。在这 12 年的时光中，我有幸见证了我国行政审判的发展。尤其是自 2015 年《行政诉讼法》修订后，各级法院受理行政诉讼案件数量呈井喷式增长。在这些海量的行政诉讼案件中，工伤行政案件数量一直占行政审判的重要一极。

从一名行政审判的法官助理到员额法官直至团队负责人，我不断积累行政审判的专业知识和实践经验。工伤认定行政案件作为行政审判工作的重要一极，自然是我要面对的挑战。尤其是在领导安排下进行工伤行政案件调研、指导全市法院工伤认定行政审判工作后，我更是加强了对这方面理论和实务知识的学习，积累了丰富经验。

长期办理工伤行政案件的经验让我发现发生工伤的场景非常丰富，现有的相关法律依据难以涵盖工伤认定的各种情形，一些裁判规则存在模糊地带。法官作出的裁判，容易受个人情感偏好影响，而人对弱者怀有一种天然的同情和悲悯，法官也不例外。在这种怜悯之心的支配下，法官容易受各方当事人的利益、情感、道德等因素的影响，这导致法官在工伤认定模糊地带适用裁判规则时可能出现不同程度的偏离，进而出现实践中同案不同判的现象。习近平总书记指出："努力让人民群众在每一个司法案件中感受到公平正义。"[①]如果法院就同类案件作出不同判决，人民群众就已知的类案难以预知自身案件的结果，很难说能让当事人感到公平正义。而工伤认定案件实践中这种类案裁判规则不一致的情况较多，应当逐步统一。但现在法院行政庭存在"案多人少""事多人少"的窘境，大量的结案和化解矛盾纠纷已给法官们造成较大压力，他们在个别重要法律适用问题上能出台指导意

---

① 习近平：《高举中国特色社会主义伟大旗帜　为全面建设社会主义现代化国家而团结奋斗——在中国共产党第二十次全国代表大会上的报告（2022 年 10 月 16 日）》，载《人民日报》2022 年 10 月 26 日，第1版。

见已属不易，很难再有精力对工伤行政案件中模糊地带的裁判规则进行系统梳理，给出统一观点。我在还是一名行政审判法官时就在心里种下应当尽量统一认识的想法。之前一直专注办案，时间精力有限，当我转而成为一名专任教师后，在时间比较自由的情况下，我心里的这颗种子开始生根发芽。

于是我开始整理过去这些年的资料、搜集案例、列出 130 多项工伤案件实践中类案不同判的问题，经过合并、剔除，最后确定了 100 个问题作为我写作的"标的"。本书的写作，正好伴随我走完教师职业生涯的第一年，写作这本书时我只有一个念头，想尽快让我心里面那些热乎乎的想法变成文字，呈现给读者。本书的写作，并不是一个一气呵成、水到渠成的过程，中间经历了诸多卡顿，以及不断的自我怀疑，怀疑自己的观点能否经得起实践检验，自己能否承受来自理论和实务届的批判。好在内心的热爱信念得以让我继续坚持写作，经过艰辛的写作后，本书终于面世。

在本书的出版过程中，我得到了许多师友的帮助，他们的支持是本书能够顺利出版的重要因素。首先，我要向重庆市政府人文社科重点研究基地——中国社会稳定与危机管理研究中心、重庆市十四五重点一级学科公共管理学科表达我最深的谢意。基地的资助使我得以出版本书。在新职业生涯的起始，我非常感恩能得到学院和学科的支持和帮助。

其次，我要感谢法律出版社法治与经济分社社长助理陈妮博士和其他编辑老师。他们在整个出版过程中给予了我非常大的支持。陈妮博士曾与我进行多次沟通交流，对我的稿件反复审阅和提出修改意见。他们严谨的专业精神和细致入微的工作态度让我折服。

再次，我要感谢广州外国语学校税国策同学，为本书的资料搜集和整理提供帮助。他对公共政策非常感兴趣，与他的交流也让我获得启发。

然后，我还要感谢我的家人。是爱人的支持、老人的分担、孩子的懂事让我能"净心"完成本书的撰写。

最后，我要感谢我在法院工作那些年的领导和同事，是他们的信任、支持和不吝赐教让我得以提升、积累丰富的知识和实践经验。这些知识和经验成为本书的重要内容。过去的美好深深地印在我的生命里，我们在讨论案件时的那些坚持、争执和玩笑，亦如同一幅美丽的画卷，永远留存在我的回忆里，我对他们有着真挚的怀念和感激。

同时，我要对书中可能存在的疏漏或不足向读者表达歉意。工伤认定规则疑难复杂，见仁见智，我真诚地希望能与读者沟通交流书中的内容和观点，反思自己的不足。我的邮箱是 561050469@ qq. com,欢迎读者批评和指正。

再次感谢所有给予我帮助和支持的师友。

期待与更多的人分享我的知识和经验,共同推动工伤认定规则的统一。

谭秋勤

2025 年 2 月